Baedeker

Allianz Reiseführer

Kroatische Adriaküste

Dalmatien

www.baedeker.com

Verlag Karl Baedeker

TOP-REISEZIELE ★★

Dalmatien ist zwar einigermaßen überschaubar, aber auch hier gilt: Unterschiedliche Regionen bieten unterschiedliche Sehenswürdigkeiten. Zur ersten Orientierung haben wir hier die schönsten Landschaften und Städte kurz beschrieben.

1 ★★ Paklenica (Nationalpark)
Zwei tiefe, von schroffen Felsen eingerahmte Schluchten sind das Herzstück des Wanderparadieses. ► **Seite 212**

2 ★★ Zadar
Für die Liebhaber von Kirchen hält die Handelsmetropole Zadar einige Kostbarkeiten bereit. ► **Seite 276**

3 ★★ Luka Telašćica (Dugi Otok)
In der als Naturpark ausgewiesenen Bucht oder am nahe gelegenen Salzsee Mir lässt es sich herrlich baden, wandern oder Boot fahren. ► **Seite 143**

4 ★★ Kornaten (Nationalpark)
Wer taucht, kann nicht nur die 89 Inseln des oberirdischen Nationalparks, sondern auch den maritimen Park unter der Wasseroberfläche erkunden. ► **Seite 171**

Sveti Stjepan
Die Kathedrale beherrscht das Stadtbild von Hvar.

Weltnaturerbe der UNESCO
Der Nationalpark Plitwitzer Seen diente den Winnetou-Klassikern als grandiose Hintergrundkulisse.

DIE BESTEN BAEDEKER-TIPPS

Von allen Baedeker-Tipps in diesem Buch haben wir hier die interessantesten für Sie zusammengestellt! Erleben und genießen Sie die kroatische Adriaküste von ihrer schönsten Seite.

! Rundgang auf der Wehrmauer
Um sich einen Überblick über Dubrovnik zu verschaffen, sollte man zuerst die Festungsmauern hinaufsteigen und dort die Stadt umrunden. ► **Seite 121**

! »Cold drinks with the most beautiful view«
So steht es auf einem Holzschild geschrieben, das zur »Buža« genannten Bar in Dubrovnik führt. ► **Seite 135**

! Španjola
Empfehlenswert ist ein Aufstieg zu dem nördlich über der Stadt Hvar gelegenen Spanischen Fort (Španjola), das 1557 fertig gestellt wurde. ► **Seite 153**

! Zu den Pakleni otoci
Es ist nicht nur Seglern und Jachtbesitzern vorbehalten, die zahlreichen, einsamen und wunderschönen Buchten der Pakleni otoci zu erkunden, Anker zu werfen, wo es einem gefällt, vom Boot ins glasklare Wasser zu springen ... ► **Seite 157**

! Konoba Humac – rustikaler geht's nicht!
Obwohl Humac eine menschenleere Siedlung ist, hält die Familie Franičević den Betrieb eines kleinen Lokals aufrecht. ► **Seite 161**

Von der Wehrmauer Dubrovniks blickt man über die Dächer der Stadt.

! Cuba Libre auf dem Wehrturm
Wie kommt man auf den Zakerjan-Turm in Korčula? Über Treppen erreicht man eine bessere Holzleiter, über die man die letzten Höhenmeter erklimmt, zwängt sich durch eine Luke – und wird von einem Ober willkommen geheißen. ► **Seite 165**

! Nix für Schüchterne!
Wer die Klosterinsel Visovac besichtigen will, muss zwar ins Boot, aber nicht unbedingt an einer organisierten Exkursion teilnehmen. ► **Seite 183**

! Würzige Delikatesse
Wussten Sie, dass die Qualität des berühmten Pager Schafskäses und des beliebten Lammfleisches von den Kräutern,

In einem ausgeliehenen Boot geht es zu den beeindruckenden Pakleni otoci.

von denen sich die Schafe ernähren, und von der salzigen Meeresluft herrührt?
► **Seite 204**

! Tauchen
Höhepunkt bei den Tauchaktivitäten auf Pelješac ist ein Wracktauchgang zum 1944 gesunkenen deutschen Torpedoboot S 57.
► **Seite 218**

Kristallklares Wasser, gute Sicht, schön bewachsene Felsen: Die kroatische Adria bietet eine Vielzahl unterschiedlicher Tauchreviere.

! Restaurant oder Trödelmarkt?
Man öffnet die alte Holztür der Gaststätte Santa Maria in Vodice und glaubt, in einer exotischen Vogelvoliere gelandet zu sein: Im Foyer wird man von zwei Aras empfangen, im Restaurant stolziert ein Hahn herum. ► **Seite 239**

Die kroatische Adriaküste ist auch ein Paradies für passionierte Angler!

! Panoramablick auf 25 Inseln
Von der Ortschaft Zlarin aus lohnt sich eine Wanderung auf den Gipfel des Klepac, mit 170 m ü. d. M. die höchste Erhebung der Insel. ► **Seite 240**

! »Anheuern« auf der »Tomiša«
In der Hafenbucht von Jezera ankert der Fischkutter »Tomiša«. ► **Seite 242**

! Split your costs ...
... with Splitcard! Ein guter Slogan für eine gute Sache: Für 5 Euro – bei einem längeren Aufenthalt ist sie gar kostenlos – erhält man u. a. in der Touristeninfo und Hotels die Splitcard. ► **Seite 245**

! Ritterspiele Sinjska alka
Als Erinnerung an den Sieg über die Türken 1715 werden in Sinj am ersten Sonntag im August die legendären Ritterspiele Sinjska alka veranstaltet. ► **Seite 255**

! Musikabende in Sveti Donat
Wegen seiner außergewöhnlichen Akustik dient das massige Bauwerk von Sveti Donat in Zadar während des Sommers fast täglich als Kulisse für klassische Musikabende. ► **Seite 285**

! Töpferei in Veli Iž
Einen Besuch der einzigen Töpferwerkstatt in ganz Dalmatien sollte man nicht versäumen. ► **Seite 297**

Kulturschätze

In der Schatzkammer von Sveti Duje in Split werden wertvolle Handschriften und aufwendig illustrierte Bücher ausgestellt.

► **Seite 38**

HINTERGRUND

Preiskategorien

► **Hotels**
Luxus: ab 130 €
Komfortabel: 80 – 130 €
Günstig: bis 80 €

Eine Übernachtung im Doppelzimmer mit Frühstück

► **Restaurants**
Fein & teuer: ab 13 €
Erschwinglich: 8 – 13 €
Preiswert: bis 8 €

Für ein Hauptgericht

PRAKTISCHE INFORMATIONEN VON A bis Z

Hvar
Kleine Inseln, wie hier vor Hvar, gibt es zuhauf an der kroatischen Adriaküste. Und fast alle sind mit einem Leuchtturm ausgestattet.
▸ **Seite 148**

TOUREN

REISEZIELE VON A bis Z

nachdenken • klimabewusst reisen
atmosfair

Dubrovnik
Die süddalmatinische Stadt weiß mit mediterranem Charme zu faszinieren.
▸ **Seite 118**

Hintergrund

WELCHE VÖLKER LEBTEN AN DER DALMATINISCHEN KÜSTE? WARUM GALT TITO ALS GROSSER STAATSMANN? WER DALMATIENS SCHÖNHEITEN ENTDECKT, MÖCHTE SCHON BALD MEHR ÜBER LAND UND LEUTE WISSEN. HIER FINDEN SIE DAS WICHTIGSTE KURZ UND VERSTÄNDLICH ZUSAMMENGEFASST.

KROATIENS SÜDEN

Weiße Kiesstrände, unzählige winzige Inseln und tiefblaues Meer: Die kroatische Adriaküste zwischen Karlobag und Dubrovnik ist wie geschaffen für einen grandiosen Urlaub. Kaum ein Küstenabschnitt, an dem man nicht schwimmen, schnorcheln oder sonnenbaden kann, kaum ein Ort ohne Boots- und Tauchgeräteverleih.

Als in den 1960er-Jahren das damalige Jugoslawien als eines der ersten sozialistischen Länder seine Pforten für Urlauber aus dem Westen öffnete, gingen den ersten Besuchern fast die Augen über: Neben wild-romantischen Felsküsten entdeckten sie traumhaft schöne Städte, deren architektonische Eigenarten vor allem auf Nord- und Mitteleuropäer fremd und geheimnisvoll wirkten. In den 1970er- und 1980er-Jahren hatte das Land bereits einen Spitzenplatz unter den europäischen Urlaubsregionen inne. Mit Zelt, Schlauchboot und Campingwagen drängten Touristen an die Küste und gründeten Ferienkolonien, die sich oft über Jahre hinweg Sommer für Sommer in ähnlicher Besetzung hielten. Unzählige Deutsche, die heute zwischen 25 und 40 Jahre alt sind, haben im flachen, klaren Wasser dalmatischer Buchten ihre ersten Schwimmversuche gemacht. Exakt den Geschmack der Urlaubsgäste traf auch die jugoslawische Vorliebe für Grillspezialitäten und herzhafte Beilagen. Dass diese paradiesische, freundliche Urlaubswelt zum Kriegsschauplatz werden könnte, war für viele eingefleischte Jugoslawien-Fahrer unvorstellbar.

Omiš
Auch der Badeort an der mitteldalmatinischen Küste war schon früh »in touristischen Händen«.

Neubeginn an der Küste und im Hinterland

Dementsprechend tief rührte der Schock, den die Nachrichten und Bilder vom Jugoslawienkrieg 1991 bis 1995 auslösten. Ende der 90er-Jahre setzte der Fremdenverkehr zögerlich wieder ein und trug das Seine dazu bei, dass Normalität in die Städte und Dörfer zurückkehrte. Nach wie vor konzentriert sich das Hauptinteresse ausländischer Gäste auf die Küste, doch auch für die im Hinterland versteckten Naturschönheiten lohnt sich ein Umweg. Das gilt vor allem für die

Baden mit Blick auf Postkartenmotive ...
wie hier in Primošten kann man in Kroatien an vielen Stellen. Denn die dalmatinischen Fischerorte an der Küstenmagistrale sind oft schöne alte Dörfer, malerisch gelegen und noch nicht durch große Hotelkomplexe verschandelt.

Flanieren unter der Sonne des Südens
Unter den wenigen großen Städten Dalmatiens nimmt Dubrovnik einen besonderen Platz ein. Die zum Weltkulturerbe erhobene Festungsstadt birgt bedeutende Sehenswürdigkeiten und Kunstschätze.

Landwirtschaft
In weiten Landstrichen der Küstenregion und auch auf den Inseln wie hier auf Brač spielt die Landwirtschaft noch immer eine wichtige Rolle. Angebaut werden vor allem Wein, Oliven, Gemüse, Obst und Getreide.

Kulinarische Spezialitäten
An der kroatischen Adriaküste gehören Fisch und Meeresfrüchte zu den unbestrittenen Favoriten auf der Speisekarte.

Wasserfälle im Nationalpark Krka
Im eher kargen Binnenland Dalmatiens stechen ein paar grüne Oasen wie die Nationalparks Krka oder Paklenica hervor. Wer mehr davon möchte, sollte einen Ausflug zu den Plitwitzer Seen unternehmen.

Hafen von Vrboska auf Hvar
Bootsbesitzer sind unbestritten die »Könige« in Dalmatien. Können sie doch abseits vom Massentourismus kleine Buchten oder eine der unzähligen Inselchen in der Adria ansteuern.

Schutzgebiete. In Dalmatien bieten vier Nationalparks die Chance, seltene Pflanzen und Tiere in ihrer natürlichen Umgebung zu erleben: die verkarsteten Canyons von Paklenica, die Inselwelt der Kornaten, der Flusslauf der Krka und der westliche Teil der Insel Mljet. Einen Ausflug wert ist auch der an der Grenze zu Bosnien-Herzegowina gelegene Nationalpark Plitwitzer Seen, wo zwischen 1962 und 1968 viele Szenen für die berühmten Winnetoufilme gedreht wurden. Das gilt auch für die Zrmanja-Schlucht, die als »Rio Pecos« und »Colorado« ihren »Auftritt« hat (►Baedeker-Special S. 290). Bedenken sollte man allerdings, dass sich im Unterschied zur Küste das Hinterland bei weitem noch nicht von den Kriegsereignissen erholt hat. Leer stehende Hotels und zerstörte Freizeitanlagen erinnern hier schmerzhaft an die jüngste Vergangenheit. Meiden sollte man die Orte deshalb nicht, denn gerade im Hinterland hat man die Einnahmen durch den Tourismus nötig.

Städte voller Geschichte

Römische Architektur
Eindrucksvollstes Beispiel: der Diokletianpalast, in dessen Mauern die Altstadt von Split entstanden ist.

Dass Dalmatien trotz des Kriegs viele seiner kulturellen Schätze bewahren konnte, war eine der guten Nachrichten des Jahres 1995. Griechen, Römer, Byzantiner, Venezianer und Habsburger haben ihre Spuren in dieser Region hinterlassen, in der West und Ost, mitteleuropäischer und mediterraner Kulturkreis aufeinander treffen und zu einer neuen eigenständigen Kultur verschmelzen. Die fast unverändert erhaltenen Städte mit ihren engen Treppengassen, stimmungsvollen Plätzen und Häuserfassaden aus dem hellen Stein der Region laden zum Bummeln und Kaffeetrinken ein. Das wohl eindrucksvollste Erbe der bewegten Vergangenheit, der Diokletianpalast in Split, begeistert wieder Besucher aus aller Welt. Die Blütezeit kroatischer Städtebaukunst ist in Dubrovnik besonders eindrucksvoll dokumentiert. Die einstmals freie Stadtrepublik konnte es mit Venedig oder Genua aufnehmen. Mit ihrer von Festungsmauern umschlossenen Altstadt beansprucht die Metropole Süddalmatiens auch heute noch eine Sonderstellung. Warum? Sie hat alles, was die Küstenstädte Dalmatiens so sehenswert macht.
Nach Dubrovnik und zu vielen anderen reizvollen Orten an der dalmatischen Küste möchte dieser Reiseführer einladen. Aufgenommen wurden auch einige Reiseziele im Hinterland, der etwa 21 km breite Korridor von Bosnien-Herzegowina bei Neum sowie die in der Herzegowina gelegenen Orte Međugorje und Mostar.

Fakten

Gerade einmal 860 000 Menschen leben an dem felsigen Küstenstreifen mit seinen zahllosen Buchten und Inseln. Während sich die Bevölkerung zunehmend in Industriezentren wie Split und Dubrovnik niederlässt, erobern sich in den ländlichen Regionen Tiere wie Adler und Luchs neue Lebensräume. Mehr Zahlen und Fakten zu Land und Leuten finden Sie hier.

Natur und Umwelt

Geografie

Von der Kvarner Bucht bis Prevlaka

Die lang gestreckte Insel Pag markiert den Übergang von der Kvarner Bucht zu Dalmatien mit seiner Hauptstadt Zadar. Auf dem Festland lässt sich die Nordgrenze weniger präzise ziehen; sie verläuft in etwa zwischen Karlobag und dem Ort Starigrad-Paklenica. Bis zur Südgrenze bei der Halbinsel Prevlaka beträgt die Gebietsfläche rund 12 000 km², davon entfallen mehr als 2000 km² auf die Inseln. Die Luftlinie misst ca. 330 km, wer die kurvenreiche Küstenstraßen entlangfährt, liest danach etwa 500 km von der Kilometeranzeige ab.

Dinarisches Gebirge

Die kroatische Küste von Rijeka bis Dubrovnik wird nach Osten und Nordosten durch das Dinarische Gebirge abgeschirmt. Das steinige Gelände ist teilweise kahl, an anderen Stellen bewaldet, die markantesten Erhebungen sind der hinter Rijeka aufragende **Gorski Kotar** und, etwas weiter südlich, das Velebit-Gebirge, dessen höchste Gipfel fast die 1800-Meter-Marke erreichen. Der einzige größere Fluss, der bei Mostar das Gebirge durchbricht, ist die Neretva.

Der Flusslauf der Krka ist einer von vier Nationalparks in Dalmatien.

Der **Küstenstreifen** ist an vielen Stellen sehr schmal. Von Rijeka bis zur Mündung des kleinen Flüsschens Zrmanja nahe Zadar fallen die Hänge des Velebit-Massivs direkt ins Meer ab, erst zwischen der Zrmanja- und der Cetina-Mündung bei Omiš weitet sich der Küstensaum zur Dalmatinischen Platte aus. Die fruchtbare Hochebene hinter Zadar, Ravni kotari, wird intensiv landwirtschaftlich genutzt. Das gilt auch für den zweiten breiten Küstenlandstrich, das ehemalige Sumpfland an der Neretva-Mündung. Die Strände sind meist felsig, vereinzelt findet man Buchten mit feinem oder grobem Kies, Sandstrände sind kaum anzutreffen.

← Dubrovnik – eine Küstenstadt Dalmatiens, deren Stadtbild Geschichten von Kriegen und Friedenszeiten, von Eroberern und Herrschern, von Wohlstand und kultureller Blüte erzählen kann.

Inseln und ertrunkene Täler

Typisches Merkmal der dalmatinischen Küste sind die vielen kleinen, zum Teil fjordartigen Buchten und die zahlreichen Inseln und Inselchen, die oft wie Perlen einer Kette erscheinen. Ihre aus dem Wasser ragenden Kalkrücken sind die Gipfel eines einstigen Hügel- und Berglandes, das nach der letzten Eiszeit überschwemmt wurde und »ertrank«. Ursprünglich waren große Teile der Inseln und des Küstensaums bewaldet. Doch bereits die Römer schlugen die Bäume, um Platz für Ackerland zu schaffen. Später wurde gerodet, weil man das Holz als Brennmaterial und für den Bau von Schiffen benötigte. Angesichts der schwindenden Waldgebiete verbot bereits 1319 der Stadtrat von Dubrovnik den Holzverkauf an Fremde. Doch obwohl man die Folgen des Raubbaus schon früh erkannte, ließ sich nicht verhindern, dass die Bora (►Reisezeit) den ungeschützten Boden wegfegte, sodass der weiße Kalkstein an die Oberfläche treten konnte.

? WUSSTEN SIE SCHON ...?

- Die Venezianer bauten angeblich weite Teile ihrer Stadt auf Eichenpfählen, die aus Dalmatien stammten.

Nationalparks

Ökologisch bedeutsame Gebiete stehen auch in Kroatien unter besonderem Schutz. Als Nationalparks ausgewiesen sind ein Teil des

Die Schätze der Adria liegen im Verborgenen: Brauner Drachenkopf ...

Velebit-Gebirges (Paklenica), die Krka-Wasserfälle bei Šibenik, die Kornaten-Inseln sowie ein kleiner Teil der süddalmatinischen Insel Mljet. Der Nationalpark Plitwitzer Seen (Plitvička jezera) nahe der Grenze zu Bosnien-Herzegowina liegt zwar nicht auf dalmatinischem Gebiet, wird in diesem Reiseführer aber als Ausflugsziel beschrieben.

Pflanzen und Tiere

Macchia

Charakteristisch für die mediterrane Küstenregion sowie die vorgelagerte Inselwelt sind niedrige, immergrüne Strauchpflanzen, Macchia genannt, die der sommerlichen Trockenheit optimal angepasst sind. Am häufigsten findet man Ginster, Erika, Lorbeer, Salbei, Erdbeerbaum, Wacholder, Mastixsträucher, Myrte und Pistazie, die oftmals ein undurchdringliches Dickicht bilden, das sich im Frühjahr in ein **duftendes Blütenmeer** verwandelt. Zahlreiche Macchia-Arten enthalten ätherische Öle und aromatische Harze.

Mediterrane bis alpine Flora

An der Küste, vor allem aber auf den Inseln, gedeihen Lavendel und Rosmarin, wachsen Mandel- und Oliven- sowie Feigen-, Zitronen-, Granatäpfel-, Johannisbrot- und Orangenbäume. Darüber hinaus sind Pflanzenarten aus subtropischen Gefilden heimisch geworden, darunter Agaven, Aloen, Palmen, Bougainvilleen und Oleander. Je

... und Schraubensabelle.

weiter man ins Hinterland vordringt, desto mehr verändert sich auch die Pflanzenwelt. Im Biokovo-Gebirge zum Beispiel treffen mediterrane, mitteleuropäische und alpine Vegetationen aufeinander.

Wald Die heutigen Waldgebiete entstanden vor allem durch Wiederaufforstung. Verbreitet sind verschiedene Kiefernarten, so etwa Aleppokiefern, Pinien und Zypressen. Unter den Laubbäumen findet man Eschen, Hainbuchen, Steineichen und Kastanien. Größere Waldgebiete in Dalmatien stehen in der Regel unter Naturschutz.

Landtiere und Vögel Eidechsen und Schlangen finden in der gesamten Küstenregion sowie im karstigen Hinterland von Dalmatien ideale Verhältnisse vor. Bis auf zwei giftige Arten, die Hornviper und die Kreuzotter, sind die meisten Reptilien ungefährlich. Verbreitet sind im Hinterland auch Hasen, Igel, Dachse, Marder, Füchse, in den Gebirgsregionen sogar Luchse, Gemsen, Wölfe und Braunbären. Auf der Halbinsel Pelješac sowie auf den Inseln Korčula und Mljet gibt es noch vereinzelt **Schakale**. Auch der graue Mungo, den man ursprünglich zur Bekämpfung der Schlangen eingeführt hatte, ist auf einigen Inseln heimisch geworden. Im bergigen Hinterland leben einige Tierarten, die in anderen Gegenden Europas längst ausgestorben sind, so etwa Adler und Königsgeier.

Feigenbaum auf der Insel Pag

Meerestiere und Süßwasserfische

Sardellen, Thunfische und Makrelen bevölkern das Meer vor der Küste Dalmatiens, außerdem gibt es dort Dorsche, Meeraale, Petersfische, Schollen, Drachenköpfe, Zahnbrassen und Seebarsche. Auch Hummer, Langusten und Tintenfische werden gefangen. Mit etwas Glück kann man bei Boots- oder Schifffahrten vor der dalmatischen Küste Delfine beobachten. In den Flüssen und Bächen des Hinterlandes tummeln sich vor allem Aale und Forellen.

Bevölkerung · Politik · Wirtschaft

Politische Gliederung

Dalmatien ist eine historisch gewachsene Region, die heute zum Staatsgebiet von Kroatien gehört, das in 21 regionale Verwaltungsbezirke, die Županija, zu Deutsch **Gespanschaften**, untergliedert ist. Den Županija unterliegen das Schul- und Gesundheitswesen, die wirtschaftliche Entwicklung der Region sowie Verkehr und Verkehrsinfrastruktur. Das dalmatinische Küstengebiet mit Hinterland ist folgenden Gespanschaften zugeteilt: Zadarska županija (Gespanschaft Zadar), Šibensko-Kninska županija (Gespanschaft Šibenik-Knin), Splitsko-Dalmatinska županija (Gespanschaft Dalmatien-Split) und Dubrovacko-Neretvanska županija (Gespanschaft Dubrovnik-Neretva) – Letztere wird durch den mehrere Kilometer langen Zugang Bosnien-Herzegowinas zum Meer in zwei Hälften geteilt.

Bevölkerung und Besiedlung

In Dalmatien leben über 860 000 Menschen, meist in dünn besiedelten Gebieten. Von den mehr als 1000 Inseln sind knapp 60 ständig bewohnt. Eine überdurchschnittlich hohe Bevölkerungsdichte haben die Region um Zadar sowie die Großräume von Split und Dubrovnik, wobei einzig Split mehr als 100 000 Einwohner zählt. Während viele Dörfer und kleine Inselorte durch Abwanderung auszusterben drohen, haben sich im Umkreis der großen Zentren, insbesondere um Split, regelrechte Trabantenstädte gebildet. Die kroatische Bevölkerung ist überwiegend römisch-katholischen Glaubens (88 %), während die Serbisch-Orthodoxen mit einem Anteil von 4,4 % an der Bevölkerung eine – wenn auch bedeutende – Minderheit darstellen. Amtssprache ist Kroatisch.

Ziel: EU

Kroatien hat schlimme Zeiten erlebt – besonders in jüngster Vergangenheit. Der Bürgerkrieg im ehemaligen Jugoslawien belastete die kroatische Wirtschaft schwer und brachte den Tourismus zum Erliegen. Die desaströse (Wirtschafts-)Politik **Franjo Tuđmans**, der Kroatien 1991 in die Unabhängigkeit geführt hatte, stürzte das Land in eine schwere Krise. Mit dem Frieden kam auch der für die kroatische Wirtschaft wichtige Fremdenverkehr wieder, der heute zu den wichtigsten Säulen der Wirtschaft gehört. Nach Tuđmans Tod Ende 1999 und mit den Neuwahlen im Jahr 2000 vollzog das Land eine politische Kehrtwendung mit dem Ziel des EU-Beitritts bis 2012. Kroatien öffnete sich, wurde 2000 Mitglied der Welthandelsorganisation und ratifizierte Ende 2002 das Mitteleuropäische Freihandelsabkommen

Zahlen und Fakten Dalmatien

Lage

- 16° – 19° östliche Länge
- 42° – 44° nördlicher Breite
- Entfernung von Karlobag (Nordgrenze) bis zur Halbinsel Prevlaka (Südgrenze): ca. 330 km

Fläche

- 12 000 km²
  (Deutschland 357 022 km²)
- Festland: 10 000 km²
- Inselgruppen und Inseln: Pag, Olib, Molat, Dugi Otok, Kornati, Brač, Vis, Hvar, Korčula, Lastovo, Mljet, Elafitische Inseln
- 4 Verwaltungsbezirke
  Zadarska županija (Gespanschaft Zadar), Šibensko-Kninska županija (Gespanschaft Šibenik-Knin), Splitsko-Dalmatinska županija (Gespanschaft Dalmatien-Split) und Dubrovačko-Neretvanska županija (Gespanschaft Dubrovnik-Neretva)

Bevölkerung

- etwa 861 500
- Bevölkerungsdichte: 71 Einw./km²
- Größte Städte: Split 188 700, Zadar 72 700, Šibenik 51 500, Dubrovnik 43 800
- Religion: römisch-katholisch 88 %, serbisch-orthodox 4 %, Muslime 1 % und andere

Staats- und Regierungsform

- Parlamentarische Demokratie
- Präsident: Prof. Dr. Ivo Josipovi, SDP (Sozialdemokratische Partei), Amtsantritt 2010
- Regierungschefin: Jadranka Kosor, HDZ (Kroatische Demokratische Gemeinschaft), Amtsantritt 2009

Wirtschaft

- Arbeitslosenquote: über 17,2 % (Frühjahr 2010)
- Industrie: Schiffbau, Textilien, Schuhe, Leder, Chemie, Eisen-, Stahl- und Maschinenbau, Möbel, Pharmaindustrie, Nahrungs- und Genussmittel
- Landwirtschaft auf Ravni kotari, Umland von Split, Konavle-Tal, Pelješac
- Dienstleistungen: Tourismus (jährlich rd. 10 Mio. ausländische Touristen in Kroatien, darunter 1,5 Mio. Deutsche)
- BIP: rd. 46,3 Mrd. (2009)
- Durchschnittlicher Nettolohn: 5.250 Kuna (Frühjahr 2010)
- Mehrwertsteuer: 23 % (seit 2009)

CEFTA (Central European Free Trade Association). Der Privatisierungsprozess ist jedoch noch nicht abgeschlossen, im Mittelpunkt steht derzeit – im Vorfeld des EU-Beitritts – der Verkauf der Schiffswerften. Die Arbeitslosigkeit ist infolge der globalen Wirtschafts- und Finanzkrise leicht gestiegen. In der Sommersaison schafft der Tourismus befristete Stellen für viele Menschen aus dem ganzen Land.

Landwirtschaft und Fischfang

In den Küstenregionen spielt die Landwirtschaft eine wichtige Rolle, wobei vieles nur für den Eigenbedarf produziert wird. Angebaut werden **Wein**, Oliven, Gemüse, Obst und Getreide. Weinreben wachsen fast überall. Dort, wo der Boden keinen Anbau erlaubt, werden Ziegen oder Schafe gehalten. Hauptagrargebiete sind die Hochebene Ravni kotari nahe Zadar, das Umland von Split und das Konavle-Tal südlich von Dubrovnik. Unter den Inseln und Halbinseln ist besonders Pelješac für seine intensive Landwirtschaft bekannt. Agrarisch geprägt sind auch die Inseln Šolta, Hvar, Brač und Korčula. Für viele Familien an der Küste stellt der Fischfang einen wichtigen Nebenerwerb dar, doch auch seine Bedeutung ist – ebenso wie in anderen Mittelmeerländern – rapide gesunken. Zentrum der Austern- und Muschelzucht ist Ston auf der Halbinsel Pelješac.

Käse und Wein zur Stärkung: Bauern auf Brač.

Industrie

Bis der Fremdenverkehr die Küstenregionen und die Inseln eroberte, war der **Schiffbau** ein wichtiger Wirtschaftszweig Kroatiens. Noch heute gibt es einige bedeutende Werften in Dalmatien, so in Trogir und Split. Daneben gibt es hier eine bedeutende Textilproduktion, Schuh- und Lederindustrie, chemische Industrie, Eisen-, Stahl- und Maschinenbau, Möbel- und Pharma- sowie Nahrungs- und Genussmittelindustrie. Die Schwerindustrie konzentriert sich an der dalmatinischen Küste nahezu ausschließlich auf die Ballungsräume von Split, Zadar und Šibenik.

Dienstleistungen

Der Dienstleistungssektor ist abgesehen vom Fremdenverkehr unterentwickelt. Mit einem Anteil von über einem Fünftel am kroatischen Bruttoinlandsprodukt und einem Beschäftigtenanteil von über einem Zehntel ist der Tourismus ein bestimmender Wirtschaftszweig und wird bis auf weiteres als Wachstumsmotor für die wirtschaftliche Entwicklung Kroatiens von entscheidender Bedeutung sein.

Geschichte

Kroatien hat wie die übrigen Staaten auf dem Gebiet des ehemaligen Jugoslawien eine tragisch-bewegte Geschichte. Diese Geschichte begann lange vor den Kriegen des 20. Jahrhunderts und ist in ihren Auswirkungen bis heute spürbar.

Von der Steinzeit zu den Römern

ab 8./7. Jh. v. Chr.	Illyrer siedeln an der Adriaküste.
4. Jh. v. Chr.	Griechische Kolonisten besiedeln zunächst die dalmatischen Inseln, später auch das Festland.
14 v. Chr.	Augustus besiegt die Illyrer.

Steinzeitliche Besiedlung

Bereits in der **Jungsteinzeit** war der Balkan eine Nahtstelle der Kulturen zwischen Orient und Okzident. Etwa zwischen 10 000 und 5000 v. Chr. gelangten über dieses Gebiet neue Wirtschaftsformen wie der Anbau von Kulturpflanzen oder die Haltung von Haustieren nach Mitteleuropa.

Illyrer und Kelten

In den Jahrhunderten vor Christi Geburt siedelten verschiedene illyrische Stämme an der östlichen Adriaküste, darunter die Histrer in Istrien, die Liburner und die Delmater oder Dalmater in Dalmatien. Die indoeuropäischen Illyrer waren wahrscheinlich seit etwa 1000 v. Chr. aus Nordeuropa bzw. Nordeurasien an die Adriaküste und auf die Balkanhalbinsel gekommen. Zeugnisse der illyrischen Besiedlung sind die Fluchtburgen, so genannte **Gradine**, die der Kultur den Namen gaben (► Kunstgeschichte). Um das 4. Jh. v. Chr. drangen Kelten in die Region vor. Hundert Jahre später war das Gebiet an der Adriaküste zum Teil von einer illyrisch-keltischen Mischbevölkerung bewohnt.

Griechische Kolonisation und römische Eroberung

Griechen

Im 4. Jh. v. Chr. landeten die ersten griechischen Kolonisten in Dalmatien. Auf den süddalmatinischen Inseln Korčula, Vis und Hvar gründeten sie bedeutende **Handelsniederlassungen**. Von diesen Stützpunkten aus besiedelten sie später Teile des dalmatinischen Festlands nahe dem heutigen Split sowie südlich des heutigen Dubrovnik. Zwischen den Griechen und den illyrischen Ureinwohnern brachen immer wieder Kriege und Kämpfe aus. Im Laufe der Zeit kam es dann aber zu einer Vermischung der Völker und Kulturen.

Römer

Im 2. Jh. v. Chr. erschienen die Römer an der östlichen Adriaküste, doch erst Kaiser Augustus gelang es 14 v. Chr., sich das gesamte Territorium der Illyrer einzuverleiben. 20 Jahre später wurde unter Tiberius auch der letzte illyrische Aufstand niedergeschlagen und das

← *Ehemaliges römisches Forum in Zadar*

Gebiet als Provinz Illyricum dem römischen Staat angegliedert. Damit waren die Voraussetzungen für eine systematische Erschließung geschaffen. Durch die Ansiedlung römischer Bürger und den Bau von Städten entfaltete sich rasch die neue Kultur, deren Zentren Zadar und Salona waren.

? WUSSTEN SIE SCHON ...?

- Die Römer gingen bei der Romanisierung Dalmatiens gründlich vor, erfanden das Rad aber nicht neu: Keimzellen ihrer Städte waren häufig die bereits bestehenden griechischen Siedlungen.

Mit Kaiser Diokletian (► Berühmte Persönlichkeiten) regierte Ende des 3., Anfang des 4. Jh.s sogar ein aus Dalmatien gebürtiger Herrscher das Römische Reich. Er machte Split zu seinem Hauptquartier und ließ dort den **gewaltigen Palast** erbauen, der heute noch als eindrucksvollste Hinterlassenschaft der römischen Epoche in Dalmatien gilt. Noch während der römischen Herrschaft breitete sich auch in Dalmatien das Christentum aus. Um die Wende vom 4. zum 5. Jh. wurden die ersten christlichen Basiliken gebaut.

Viele fremde Herren

5. Jh.	Über Dalmatien herrscht zunächst Odoaker, dann Theoderich.
7. Jh.	Kaiser Herakleios ruft die Kroaten als Schutz gegen die Awaren an die dalmatische Küste.
845–865	Herzog Trpimir begründet die kroatische Herrscherdynastie, die im 11. Jh. ausstirbt.
ab 10. Jh.	Die Venezianer erobern Zug um Zug das westliche Istrien und Dalmatien.
1527	Durch Erbfolge gehen Teile des kroatischen Territoriums an die Habsburger. Ein jahrhundertelanger Streit beginnt.
16. Jh.	Das Osmanische Reich wird zum dritten »Teilhaber« Dalmatiens.
1797	Nach dem Zusammenbruch der Venezianischen Republik übernimmt Habsburg die dalmatischen Gebiete.
ab 1805	Napoleon erobert Dalmatien.
1816	Beim Wiener Kongress wird Dalmatien den Habsburgern zugeteilt, die es kurze Zeit später zum Teilkönigreich erklären.

Völkerwanderung und Staatsgründung

Zerfall des Römischen Reichs

Nach der Teilung des Römischen Reichs fielen im 5. Jh. Gebiete Dalmatiens zunächst an Odoaker, den germanischen König in Italien, wenig später an den Ostgotenkönig Theoderich und schließlich an Byzanz bzw. Ostrom. Im 6. Jh. unterstand die Region dem **Exarchat Ravenna**, der byzantinischen Provinzhauptstadt in Norditalien.

Slawen und Awaren

Ende des 6., vor allem aber im 7. Jh. drangen im Zuge der Völkerwanderung Awaren und Slawen über den Balkan bis an die Adria vor. Sie eroberten und plünderten viele Städte, darunter auch Salona, die antike Hauptstadt Dalmatiens. In der Folge assimilierten die Slawen die Awaren. Die Zugewanderten lebten zunächst außerhalb der schon bestehenden Städte, die noch im 8. Jh. von Langobarden, später von Franken und im Süden auch von Byzanz regiert wurden. Die Kroaten, einer der südslawischen Stämme, ließen sich in Istrien, Dalmatien und in der pannonischen Tiefebene nieder und wurden christianisiert.

Keimzelle Kroatiens

Zwischen dem 9. und 11. Jh. versuchten die Kroaten, sich allmählich der Städte an der Kvarner Bucht und in Dalmatien zu bemächtigen – zunächst mit großem Erfolg. Aus kroatischer Sicht gilt der Norden Dalmatiens demnach als Keimzelle von Staat, Nation und Kultur. **Herzog Trpimir** begründete um die Mitte des 9. Jh.s hier die kroatische Herrscherdynastie. In seiner Residenz Nin bei Zadar richtete er zugleich ein Bistum ein. Fürst Tomislav erlangte 924 die Königswürde. Die Städte an der Küste erkannten seine Oberhoheit und die seiner Nachfolger an. Ebenfalls in diese Zeit fällt die Eroberung Slawoniens durch kroatische Regenten. Nach zwei Jahrhunderten eines autonomen kroatischen Reichs starb die Dynastie aus; der kroatische Adel entschied sich 1102 für eine Personalunion mit Ungarn.

Venezianische Herrschaft

Beginn der Neuzeit

Im 10. Jh. versuchte Venedig erstmals, sich der Küstenstädte Istriens zu bemächtigen und beherrschte schon bald das westliche Istrien und Dalmatien samt seiner Inseln. Als die **Habsburger** 1527 die Überreste des ungarischen Königreichs übernahm, gehörten dazu auch Teile des kroatischen Territoriums, während das Osmanische Reich die östlichen kroatischen Gebiete – Slawonien – eroberte. Im 14. und 15. Jh. gerieten Venedig und die Habsburger immer häufiger aneinander. Zankapfel waren unter anderem Istrien sowie der nördliche Teil des Kroatischen Küstenlandes. Dem ungeachtet konnten sich auf dem Festland und auf der Insel Krk lokale Piratensippen und kroatische Adelsgeschlechter (Frankopanen und Zrinski) sowie Volksgruppen, wie die Morlaken oder Uskoken, festsetzen.

Entwicklung Dalmatiens

Alles in allem spiegelte sich in Dalmatien die Rivalität der zwei »Großmächte« Venedig und Habsburg im Kleinen, wobei auch die **Türken** der Serenissima hier zeitweise die Beute, sprich die dalmatinischen Städte, streitig machten. Im 16. Jh. eroberten sie weite Teile Dalmatiens und drangen schließlich bis zur Stadt Zadar vor, die sie allerdings nicht einnehmen konnten. Selbst noch in den Küstenstädten Istriens und auf den Inseln in der Kvarner Bucht sorgten türkische Heere für Angst und Schrecken.

Sonderrolle Dubrovniks Dubrovnik, die heutige Metropole Süddalmatiens, war seit 1358 über mehrere Jahrhunderte hinweg ein selbstständiger Staat, eine unabhängige Stadtrepublik namens Ragusa, die sich durch geschickte Diplomatie dem Zugriff anderer Mächte in der Region zu entziehen vermochte.

Unter den Habsburgern

Das Erbe Venedigs Im Jahr 1797 trat Österreich das Erbe der Handelsmacht Venedig an. Die Habsburger erhoben Triest und Rijeka zu ihren wichtigsten Häfen, wobei Rijeka die Zuständigkeit für den **Orienthandel** der jungen Seemacht übertragen wurde, während Pula in der zweiten Hälfte des 19. Jh.s zum K.u.k.-Kriegshafen ausgebaut wurde.

Napoleonisches Zwischenspiel Die österreichische Herrschaft, die bis zum Ende des Ersten Weltkriegs währte, wurde durch ein französisches Interregnum unterbrochen. Ab 1805 bemächtigte sich **Napoleon** großer Gebiete in Istrien und Dalmatien, die er zunächst Italien angliederte und später als Illy-

Französische Truppen unter Genereal Lauriston erobern im Jahr 1806 Dubrovnik.

rische Provinzen ausrief. Die Zeit seiner Herrschaft war kurz, die Folgen weitreichend: Die Bürger in den Städten entwickelten zum ersten Mal Selbstbewusstsein, das alte aristokratische Feudalsystem wurde abgeschafft. Nach dem Ende der napoleonischen Herrschaft wurden Dalmatien und Istrien 1814/1815 auf dem Wiener Kongress wieder der k.u.k.-Monarchie zugeschlagen.

Teilkönigreich Dalmatien

Im Jahr 1816 wurde Dalmatien zu einem eigenen **Teilkönigreich** erhoben, 1861 jedoch – im Unterschied zum Kroatischen Küstenland – als Kronland der westlichen Reichshälfte der k.u.k.-Monarchie zugeteilt, damit also nicht von Budapest, sondern von Wien aus regiert. Nach dem österreichisch-ungarischen und dem nachfolgenden ungarisch-kroatischen Ausgleich fiel Dalmatien 1867 erneut in den Machtbereich der Stephanskrone. Zu Dalmatien gehörte damals noch die heute montenegrinische Bucht von Kotor mit den Orten Risan, Perast, Tivat und dem K.u.k.-Kriegshafen Kotor selbst.

Dalmatien im 20. Jahrhundert

1919	Nach dem Ersten Weltkrieg wird Dalmatien Teil des neuen Königreichs der Serben, Kroaten und Slowenen (SHS).
1929	Nach einem Staatsstreich ruft König Alexander I. das Königreich Jugoslawien aus.
1934	Alexander I. wird von kroatischen und mazedonischen Nationalisten ermordet.
1941	Große Teile Dalmatiens werden Mussolinis Imperium einverleibt, der Rest geht an den faschistischen Ustaša-Staat.
1944/1945	Dalmatien wird Teilrepublik der Sozialistischen Föderativen Republik Jugoslawien.
1980	Nach Titos Tod flammen nationalen Konflikte wieder auf.
1991	Unabhängigkeitserklärung Sloweniens und Kroatiens
1991–1995	Krieg in Jugoslawien
1999	Nach Franjo Tuđmans Tod beginnt die Demokratisierung und Liberalisierung des Landes.
Okt. 2005	Beginn der Beitrittsverhandlungen mit der EU (Beitritt geplant für 2012)
2009	Kroatien wird NATO-Vollmitglied.

Vom Ersten zum Zweiten Weltkrieg

Erster Weltkrieg und danach

Die alte Rivalität zwischen Österreich und Venedig lebte zu Beginn des 20. Jh.s noch einmal auf, als Italien 1915 gegen Deutschland und

Österreich in den Krieg eintrat und Interesse an der adriatischen Gegenküste einschließlich Dalmatiens bekundete. Die Pariser Vorortverträge von 1919 mussten die italienischen Nationalisten allerdings enttäuschen, denn Italien bekam aus der Erbmasse des zerfallenen Kaiserreichs zwar Südtirol, Tarvisio, Görz (Gradisca), das Isonzo-Tal, Triest und ganz Istrien zugesprochen, jedoch nicht Fiume (Rijeka), auch nicht die nordkroatische Küste und vor allem nicht Dalmatien – abgesehen vom Brückenkopf Zadar und einigen Inseln.

Königreich der Serben, Kroaten und Slowenen

Die dalmatinischen Gebiete wurden stattdessen 1919 dem neu entstandenen Königreich der Serben, Kroaten und Slowenen (SHS), dem späteren **Königreich Jugoslawien**, zugeschlagen. Die Empörung in Italien führte zu Neuverhandlungen, in deren Folge Fiume zum Freistaat ausgerufen, einige Inseln wieder Rom zugesprochen und der alte venezianische Brückenkopf Zadar vergrößert wurde. Nach neuen politischen Konflikten, Kämpfen und einem Feldzug der 1000 Legionäre **Gabriele d'Annunzios**, des Mussolini-Freunds und literarischen Protagonisten der pathetisch-nationalistischen Stimmung in Italien, wurde Fiume, das heutige Rijeka, im Jahr 1924 schließlich geteilt. Lediglich der östliche Stadtteil Sušak verblieb beim SHS-Staat.

Konflikte eines jungen Staats

Die Küste wurde bald darauf auch zum Konfliktherd zwischen Kroaten bzw. Dalmatinern einerseits und Serben andererseits. Der neue südslawische Staat, eigentlich ein Wunschgebilde südslawischer Intellektueller auf serbischer und kroatischer Seite, entwickelte sich nämlich nicht zur Föderation, wie die Kroaten erhofften, sondern zu einem vom serbischen Belgrad aus regierten **Zentralstaat**. Die von Serben geschaffenen, neuen Verwaltungsbezirke schwächten die Kroaten, denn in den meisten herrschte von nun an eine serbische Mehrheit. Schon bald wurde der Staat von inneren Konflikten zerrissen. Nach einem Attentat auf Stjepan Radic, den Führer der Kroatischen Bauernpartei, kündigten die kroatischen Parteien 1928 die Mitarbeit im Parlament auf. Nach einem Staatsstreich 1929 regierte **König Alexander** den in »Königreich Jugoslawien« umbenannten Staat diktatorisch. 1934 fiel er in Marseille einem Attentat kroatischer und mazedonischer Nationalisten zum Opfer. Alle Versuche, einen Ausgleich zwischen den Völkern Jugoslawiens zu finden, schlugen fehl.

Zweiter Weltkrieg

Im Frühling 1941 wurde das Königreich Jugoslawien von Deutschland und Italien besetzt und aufgelöst: Während Serbien militärisch besetzt blieb, wurden Teile Sloweniens und Kroatiens, darunter auch weite Landstriche Dalmatiens, Mussolinis neuem italienischen Imperium zugeschlagen. Der Rest des Gebiets gehörten zum Machtbereich des neuen faschistischen **Ustaša-Regimes** unter Ante Pavelić, einer Herrschaft von deutschen und italienischen Gnaden, die zu einer systematischen Verfolgung und Vernichtung von Serben und Juden ansetzte.

Bürgerkrieg

Im Zweiten Weltkrieg stellte sich **Josip Broz Titos** (1892 – 1980) kommunistische Befreiungsarmee gegen die Besatzer und ihre Kollaborateure. Zeitgleich entbrannte ein grausamer Bürgerkrieg zwischen Kroaten und Serben, Moslems (Bosniaken) und Serben, Serben und Albanern, Nationalisten und Kommunisten. Dieser Bürgerkrieg, der in der Erinnerung der Menschen tiefe Wunden hinterlassen hat, sollte 50 Jahre später als Saat der Gewalt erneut aufgehen.

Titos Vielvölkerstaat und der Krieg 1991 – 1995

Tito zwischen Ost und West

Nach Titos erfolgreichem **Partisanenkampf** und dem Zusammenbruch Hitlerdeutschlands wurde die gesamte Küstenregion wieder jugoslawisch – diesmal jedoch unter sozialistischem Vorzeichen. Die Geschichte der Sozialistischen Föderativen Republik Jugoslawien galt bis in die 1980er-Jahre hinein als erfolgreich. Tito wahrte besonders nach seinem Bruch mit Stalin 1948 eine Äquidistanz zwischen Ost und West. Von beiden Seiten gleichermaßen umworben, hob er im Jahr 1961 die Blockfreienbewegung aus der Taufe und galt jahrzehntelang als großer Staatsmann. Könige, Präsidenten und Regierungschefs aus aller Welt machten ihm ihre Aufwartung. Im Inneren des Vielvölkerstaats jedoch blieben die **nationalen Konflikte** ungelöst oder wurden mit Gewalt unterdrückt.

Josip Broz Tito, der spätere jugoslawische Staatspräsident, beim Kartenstudium, 1942.

Blick über die Dächer Dubrovniks. Von den schweren Schäden aus dem Jugoslawienkrieg ist heute kaum mehr etwas zu sehen.

Nach seinem Tod im Mai 1980 brach sich der Nationalismus erneut Bahn – zunächst im mehrheitlich albanischen Kosovo und in Serbien, dann auch in Slowenien und Kroatien. Verschärft wurden die Konflikte durch die wachsenden wirtschaftlichen und sozialen Probleme.

Krieg in Jugoslawien

Nach den **Unabhängigkeitserklärungen** von Slowenien und Kroatien im Juni 1991 mündeten die politischen und ethnischen Auseinandersetzungen schließlich im offenen Krieg. Kämpfe fanden zuerst in Slowenien statt. Mit weit größerer Wucht traf es dann Kroatien und vor allem ab dem Frühjahr 1992 **Bosnien-Herzegowina**. Die Küste war – von einigen Städten wie Zadar, Šibenik oder Dubrovnik abgesehen – nur mittelbar vom Krieg betroffen, doch im dalmatinischen Hinterland tobten die Kämpfe zwischen 1991 und 1995 umso heftiger, besonders in der Krajina. Einst viel besuchte Orte und Sehenswürdigkeiten wie Knin, Drniš oder auch die Plitwitzer Seen gehörten in diesen vier Jahren zur Serbischen Republik Krajina. Kroatien gelang es allerdings, im Sommer 1995 den größten Teil der serbisch besetzten Gebiete, darunter auch das strategisch wichtige Hinterland Dalmatiens, zurückzuerobern. Wenige Monate später kamen auch die Kämpfe in Bosnien zum Erliegen – in erster Linie durch internationalen Druck. Am 15. Januar 1992 wurden Kroatien und Slowenien, u. a. auf Betreiben Deutschlands, von den Staaten der EU völkerrechtlich anerkannt.

Rückkehr in die Staatengemeinschaft

Die Folgen des Kriegs

Während sich Slowenien nach dem Zerfall Jugoslawiens schnell erholte, litt **Kroatien** noch unter den Folgen des Kriegs: Im Land gab es Hunderttausende von Flüchtlingen, die Infrastruktur war zum Teil zerstört, der Tourismus zusammengebrochen. Politisch und wirtschaftlich gab es eigentlich nur einen Weg: Strukturreformen und Demokratie, Integration in den Westen und Mitgliedschaft in der EU. Doch das **Tuđman-Regime** führte Kroatien in die Isolation, verschreckte die internationale Staatengemeinschaft mit seinem autoritären Gehabe, der geringen Bereitschaft zur Zusammenarbeit mit dem Strafgerichtshof in Den Haag und mit Repressalien gegenüber Journalisten. Mit dem Tod Tuđmans am 11. Dezember 1999 eröffnete sich für Kroatien eine neue Chance.

Auf dem Weg in die EU

Im Februar 2000 gewann Stipe Mesić die Präsidentschaftswahlen, seine Ausrichtung galt als linksliberal bis sozialdemokratisch. Ein Jahrzehnt trieb er die **Demokratisierung** seines Landes an, gemeinsam mit einer neuen Koalitionsregierung, bis er im Februar 2010 nicht mehr wieder gewählt werden konnte und von seinem Amtsnachfolger Ivo Josipović abgelöst wurde. Der Sozialdemokrat Josipović war zuletzt Jura-Professor und Musikwissenschaftler, er gilt als pro-europäisch orientiert. Zuvor war im Juli 2009 der konservative Regierungschef Ivo Sanader (HDZ) überraschend zurückgetreten, ihm folgte die Ex-Journalistin Jadranka Kosor (HDZ) als neue Premierministerin. Unter ihrer Führung kamen zunehmend Korruptionsfälle ans Tageslicht; dabei wurden auch ranghohe Politiker verhaftet.

Auf außenpolitischem Parkett ist Kroatien seit April 2009 Vollmitglied der NATO. Aufgrund ungelöster Grenzprobleme mit Slowenien legte das Nachbarland Veto ein und blockierte die EU-Beitrittsverhandlungen Kroatiens monatelang. Der **Grenzkonflikt** soll durch ein internationales Schiedsgericht geschlichtet werden. Der EU-Beitritt wird für 2012 anvisiert.

Spuren des Kriegs: Trauernde in Split

Kunst und Kultur

Urlauber haben in der Regel vor allem Meer und Strandleben im Sinn, wenn sie die Dalmatinische Küste ansteuern. Doch es lohnt sich, die Badesachen auch einmal in der Tasche zu lassen und stattdessen antike Villen und altkroatische Kirchen, rätselhafte Illuminationen und leuchtende Renaissancemalereien zu entdecken: künstlerische Werke voller Schönheit und Poesie.

Kunstgeschichte

Prähistorische Zeit

Steinzeit

Die ältesten Zeugnisse menschlicher Besiedlung Dalmatiens stammen aus der Steinzeit. Kunstvoll verzierte Gefäße, Schmuck und Arbeitsgeräte aus dem Mesolithikum fand man in der Nähe von Zadar und Šibenik sowie auf den Inseln Brač, Korčula, Vis und Hvar.

Bronze- und Eisenzeit

Ab etwa 3000 v. Chr. gelangte von Kleinasien die Technik der Bronzebearbeitung in den Adriaraum. Aus dem neuen Material wurden vor allem Schmuck und Waffen gefertigt und mit spiralförmigen Mustern verziert. Träger der bronze- und eisenzeitlichen Kultur waren **illyrische Stämme**, die seit dem 8./7. Jh. v. Chr. den östlichen Adriaraum besiedelten und dort Fluchtburgen (Gradine) errichteten, nach denen die Kultur auch Gradina-Kultur genannt wird.

Griechen, Römer und die byzantinische Zeit

Griechische Kunst

Im 4. Jh. v. Chr. setzte die Kolonisierung von Teilen Dalmatiens durch die Griechen ein, während gleichzeitig an der Küste noch verschiedene illyrische Stämme lebten. Nennenswerte griechische Kolonien entstanden auf Korčula, Vis und Hvar sowie in Trogir und Solin (bei Split). Funde wie der Bronzekopf der Artemis aus Issa (4. Jh.), dem heutigen Vis, oder das im 1. Jh. v. Chr. entstandene **Kairos-Relief** aus Trogir – heute im Benediktinerinnenkloster Sveti Nikola in Trogir zu besichtigen – veranschaulichen das hohe Niveau der griechischen Kunst gegenüber der Kultur der Illyrer. Insbesondere das Kairos-Relief, das den jugendlichen Gott des »günstigen Augenblicks« zeigt, demonstriert eindrucksvoll die Fähigkeit der griechischen Bildhauer, die menschliche Anatomie detailgenau wiederzugeben und durch die Andeutung von Bewegung der Darstellung sogar eine zeitliche Dimension zu verleihen.

Ein Meisterwerk spätrömischer Baukunst: der Diokletianpalast in Split

← *Das Petrinović-Mausoleum in Supetar auf der Insel Brač*

Römische Kunst

Mit der Eroberung durch die Römer begann für Dalmatien eine neue Epoche, denn die Römer kamen nicht nur als Eroberer, sondern auch als Zuwanderer und Kolonisten. Sie bauten Städte, befestigten sie mit Mauern, Türmen und Toren, sie pflasterten Straßen, errichteten Tempel, Foren, Theater und Thermen, legten Aquädukte und Kanalisationssysteme an. Bei einigen Städten ist die römische Stadtanlage noch gut erkennbar, so beispielsweise in Zadar. Auf Festland und Inseln findet man an vielen Stellen Fundamente oder Mauerreste von römischen Landhäusern, sogenannten villae rusticae. Von Salona, der ehemaligen Hauptstadt der römischen Provinz Dalmatien, sind allerdings nur Trümmer geblieben. Dagegen repräsentiert der gut erhaltene, monumentale **Diokletianpalast** im Zentrum von Split auf glanzvolle Weise die Blüte der römischen Spätantike. Die meisten Funde aus römischer Zeit – darunter Skulpturen, Grabmale, Inschriften, Schmuck, Gebrauchsgegenstände und Waffen – werden heute in den großen archäologischen Museen in Zadar und Split aufbewahrt.

Byzantinische Epoche

Im 6. Jh. n. Chr. schickte sich der oströmische **Kaiser Justinian** noch einmal an, das ehemalige Imperium wieder herzustellen. Sein Eroberungszug von Konstantinopel führte ihn nicht nur ins italienische Ravenna, die neue Hauptstadt des Westreichs, sondern auch die östliche Adriaküste entlang, wo er vor allem in Salona mehrere bedeutende Bauten errichten ließ. Für die weitgehend christianisierte Bevölkerung hatte sich als Gotteshaus die Basilika durchgesetzt, ein

Die romanische Wehrkirche Sveti Nikola thront auf einem Hügel vor Nin, ...

Bautyp, der aus der römischen Markthalle hervorgegangen war; allerdings haben nur wenige Kirchen aus dieser Epoche die Zeiten überdauert.

Altkroatische Kunst

Split

Als die Awaren und Slawen im 6. und 7. Jh. zur Küste vordrangen, flüchteten die Bewohner von Salona in das benachbarte Split und benützten den dortigen Diokletianpalast als »Steinbruch« für ihre neue Siedlung. Auch spätere Generationen drückten dem Palast ihren Stempel auf, dennoch sind Gebäude aus der frühmittelalterlichen Besiedlung erhalten, so die beiden bescheidenen Kirchen am West- und am Nordtor des Palastes. Das spätantike **Mausoleum des Kaisers** wurde bereits im 7. Jh. zur christlichen Kirche geweiht und im 10. Jh. zur Kathedrale erhoben.

Kirchenbauten

Der regen Bautätigkeit des 9. bis 11. Jh.s verdankt die Küstenregion eine Vielzahl kleinerer Kirchenbauten, wie man sie heute in Nin (Sveti Križ), in Prijeko bei Omiš (Sveti Petar) oder in Trogir (Sveta Barbara) noch vorfindet. Das herausragende Bauwerk der Epoche altkroatischer Baukunst ist die Kirche **Sveti Donat** in Zadar. Stilistisch gehören diese Kirchen noch nicht zur Romanik, obgleich sie einige Merkmale wie den schlichten, betont kubischen Baukörper und die Wandgliederung durch Rundbogenfriese oder Lisenen aufweisen.

... das als Königsresidenz eine der bedeutendsten mittelalterlichen Städte der Region war.

Im Jahr 1214 schuf Andrija Buvina die monumentale Tür der Kathedrale Sveti Duje in Split – aus Nussholz.

Der Hang zu Kuppeln und Gewölben scheint dagegen eher ein Erbe der **byzantinischen Architektur** zu sein. Die Ornamentik ist flächig und wird von abstrakten Formen wie Flechtwerk beherrscht, das man auf zahlreichen steinernen Reliefs vorfindet.

Romanik

Kathedralen In Trogir, Zadar und Dubrovnik entstanden vom 11. Jh. an neue, große Bischofskirchen. Vor allem Zadar hat aus dieser Epoche zwei herrliche Beispiele zu bieten, die **Kathedrale Sveta Stošija** und die Kirche Sveti Krševan. Die von toskanischen Domen beeinflusste Fassade der Kathedrale von Zadar markiert einen Höhepunkt der romanischen Baukunst Dalmatiens. Der zweite bedeutende Kathedralbau an der Küste ist der dreischiffige **Dom in Trogir** (Sveti Lovro), an dem nicht nur die Romanik, sondern auch die nachfolgenden Baustile gleichsam wie in einem Querschnitt ablesbar sind.

Profanbauten Mit der Romanik begann im Mittelmeerraum die Blütezeit der Städte. Die meisten besitzen heute noch vereinzelte romanische Wohnhäuser, so etwa Trogir und Split, wo jeweils noch rund 50 Häuser aus dem 13. Jh. erhalten sind. Für die vornehmen städtischen Wohnhäuser verwendeten die Baumeister grob behauene Steinquader, die in regelmäßigen Reihen angeordnet wurden und sich von den glatt geschliffenen Rahmen der Zwillings- oder Drillingsfenster abhoben. Im Erdgeschoss der einfachen Wohnhäuser befanden sich in aller Regel Wirtschaftsräume oder Ställe, darüber lagen die Wohnräume.

Skulptur

Über die Qualität der romanischen Plastik in Dalmatien geben nur noch wenige erhaltene Stücke Auskunft. Aus der ersten Hälfte des 13. Jh.s stammen zwei herausragende Werke der Bildschnitzer- bzw. Bildhauerkunst: die von **Meister Buvina** aus Holz gearbeiteten Türblätter am Dom in Split und das figurenreiche, bereits am Übergang zur Gotik stehende Portal der Kathedrale in Trogir, geschaffen von einem dalmatinischen Künstler namens **Meister Radovan**. Interessant ist, dass Buvina aus westlichen und aus östlichen Bildquellen schöpfte, diese eigenständig uminterpretierte und ergänzte. Auch Meister Radovan betrat künstlerisches Neuland, indem er die heilsgeschichtlichen Szenen am Portal der Kathedrale mit realistischen Details anreicherte und seinen Figuren menschliche Züge verlieh.

Malerei

Die Malerei ist in der Epoche der Romanik in Dalmatien bereits in verschiedenen Gattungen ausgeformt. Neben der Wandmalerei – besonders beeindruckend in den Kirchen **Sveti Mihovil** bei Ston (11. Jh.) und **Sveti Krševan** in Zadar (12./13. Jh.) – wurden auch die Tafelmalerei (z. B. die »Muttergottes von Hvar« in der Kathedrale von Hvar, 13. Jh.) und die Buchmalerei gepflegt (Evangeliar aus Šibenik; Biblia sacra im Dominikanerkloster in Dubrovnik, 11. Jh.).

Gotik

Klöster und Kirchen

Im 13. Jh. tauchten auch in Dalmatien die **Prediger- oder Bettelorden** auf. Im Unterschied zu den abendländischen Mönchsgemeinschaften sahen sie ihre Hauptaufgabe nicht mehr im asketischen Rückzug, sondern in der Armen- und Krankenfürsorge sowie in der Predigt. Der Standort der Klöster verlagerte sich vom Land in die Stadt. Meist errichteten die Orden ihre Niederlassungen an der Stadtmauer, in Dubrovnik beispielsweise stehen sowohl das Dominikaner- wie auch das Franziskanerkloster in unmittelbarer Nähe der großen Stadttore. Dem Armutsideal entsprachen auch die Klosterkirchen, die meist als schlichte, ein- oder mehrschiffige Hallen angelegt waren. Ein Beispiel für diesen neuen Bautyp ist die **Dominikanerkirche in Dubrovnik**. Freude am Bauschmuck manifestiert sich dagegen im Kreuzgang des Franziskanerklosters von Dubrovnik, den Meister Mihoje Brajkov aus Bar um 1330 mit filigranen Doppelsäulchen und fein geschnitzten Kapitellen ausstattete.

Städtebau

In weiten Teilen Dalmatiens war das 14. und 15. Jh. das Zeitalter des aufblühenden (See-)Handels und eine Epoche eines großen materiellen und geistigen Reichtums. Die Städte wuchsen nicht mehr planlos, sondern die Gebäude samt Treppenhäusern und Balkonen wurden nach wohl überlegten Kriterien ausgebaut. Sie sind heute noch gut erkennbar in Trogir, Ston und vor allem in Dubrovnik. Zur gleichen Zeit entstanden allerorten **Festungsanlagen**, die die Bewohner vor unerwünschten Eindringlingen schützen sollten. Reste davon kann man u. a. in Zadar und Split sehen.

Schmiedekunst Der vergoldete Sarkophag des hl. Simeon in Zadar (1370) belegt anschaulich, dass die bahnbrechenden Neuerungen der europäischen Silber- und Goldschmiedekunst auch in Dalmatien aufgegriffen wurden. An den Seiten des kostbaren Schreins werden neben der Heiligenlegende auch zeitgenössische Ereignisse wie der Einzug König Ludwigs in Zadar 1368 geschildert. Das Geschehen ist in einem architektonisch abgegrenzten, klar definierten Bildraum dargestellt, die Figuren, die durch Gestik und Mimik miteinander kommunizieren, sind in zeitgenössischer Kleidung wiedergegeben.

Malerei Dalmatische Malerei der Gotik ist selten. Eine Reihe von Gemälden wurde aus Venedig importiert, andere schreibt man fahrenden Künstlern zu, so die Altartafeln von **Paolo Veneziano** in Zadar und Trogir. Ein Meisterwerk dieses Künstlers ist die großformatige Kreuzigungsszene in der Dominikanerkirche von Dubrovnik. Den höfischen Stil der internationalen Gotik vertritt der einheimische Künstler Blaž Jurjev Trogiranin, dessen Werke u. a. in Korčula bewundert werden können.

Buchkunst Für die nationale Geschichte der Kroaten besonders interessant sind Breviare und Codices, die in kunstvoller **glagolitischer Schrift** abgefasst wurden. Ein charakteristisches Beispiel für die europäische Ritterkultur des Trecento ist das ebenfalls in glagolitischer Schrift verfasste Missale von Hrvoje Vukčić Hrvatinić, dem Banus von Bosnien und Herzog von Split. All diese Werke der Schriftkultur verweisen nicht nur auf die beginnenden humanistischen Bestrebungen am Übergang zur Renaissance, sondern auch auf das hohe Niveau von Literatur und Buchdruckerkunst.

Renaissance

Architektur Kirchenbau Im Zeitalter der Renaissance wandelten sich die Städte, allen voran das unabhängige Ragusa (Dubrovnik) in florierende Handelsmetropolen. Ganze Stadtviertel, ja sogar Städte wurden auf dem Reißbrett entworfen und in einem Guss hochgezogen – Pag oder Korčula sind die besterhaltenen Beispiele. Selbst in entlegenen Inselorten entstanden Rektorenpaläste, Rathäuser und öffentliche Loggien, ältere Paläste und Kirchen wurden im Renaissancestil erneuert. Der Beginn dieser Epoche wird an der östlichen Adriaküste gemeinhin ins Jahr 1440 datiert, als **Juraj Dalmatinac** (►Berühmte Persönlichkeiten) mit dem Bau der Kathedrale in Šibenik begann – rund 10 bis 20 Jahre nachdem in Italien die »Schlüsselwerke« der Frührenaissance geschaffen wurden. In Šibenik ist der neue Stil an der zentralen Kuppel, in der Taufkapelle und an der Bauplastik (Porträtköpfe an den Chorapsiden) besonders gut zu erkennen. Nicht nur formale, auch technische Innovationen, so etwa Fertigbauteile für die Wölbung der Kuppel und der Seitenschiffe, kamen beim Bau zum Tragen. Neben Dalmatinac, dem überragenden Baumeister jener Epoche, war auch

Im Übergang von der Gotik zur Renaissance: Rektorenpalast in Dubrovnik

Niccolò Fiorentino (Nikola Firentinac) am Domneubau von Šibenik beteiligt. Zusammen mit Andrija Aleši entwarf er 1468 die an den Dom von Trogir angebaute Grabkapelle des Bischofs Johannes (Kapelle Sveti Ivan Ursini), die zu den schönsten Arbeiten der dalmatinischen Renaissance zählt.

Profanbauten

Unter den Profanbauten des 15. und 16. Jh.s beeindrucken besonders der Rektorenpalast und der Sponza-Palast in Dubrovnik. Charakteristisch für beide Gebäude wie für viele andere Bauwerke aus dieser Zeit ist der **»Stilmix«** aus gotischen Elementen (Zwillingsfenster im ersten Obergeschoss) und Renaissanceformen (Erdgeschossarkaden). Beim Rektorenpalast brachte der italienische Baumeister Michelozzo Michelozzi die »moderneren« Renaissanceformen ins Spiel. Er erneuerte in den Sechzigerjahren des 15. Jh.s auch die mittelalterlichen Mauern und Türme der Stadtrepublik und lieferte die Pläne für den wuchtigen Minčeta-Turm in der Nordwestecke der Altstadt von Dubrovnik.

Villen

Eine typische Bauaufgabe des 16. Jh.s war die Patriziervilla. Beispiele für diesen Bautyp finden sich in der Umgebung von Dubrovnik und auf den süddalmatinischen Inseln, so auf Hvar, wo sich der Renaissancedichter **Petar Hektorović** eine ländliche Villa mit Garten und Fischteich bauen ließ. Auch auf den Elafitischen Inseln, einem beliebten Sommerrefugium der vornehmen Dubrovniker, blieben einige Renaissancevillen erhalten.

Messbuch in glagolitischer Schrift: Kreise, Dreiecke, Kreuzzeichen und andere Symbole bilden die Buchstaben der Glagoliza.

MAGISCHE ZEICHEN

Strichmännchen, stilisierte Pflanzen, Kringel, vor allem aber Kreise, Dreiecke und Kreuzzeichen – die christlichen Symbole – bilden die Buchstaben der Glagoliza. Die Schrift, die im frühen Mittelalter vermutlich zur Christianisierung entwickelt wurde, hat in Kroatien bis in die jüngste Vergangenheit überlebt – nicht als gesprochene Sprache, sondern in der kirchlichen Literatur und Liturgie.

Das älteste einigermaßen vollständig erhaltene Denkmal der kroatischen Sprache wurde auf der Insel Krk entdeckt. Es ist die sogenannte **Tafel von Baška**, Baščanska ploča, die aus der Zeit um 1100 stammt. Sie ist in einer eigentümlichen Schrift abgefasst, die sich mit keiner anderen in Europa oder Asien vergleichen lässt, der Glagoliza. Gemeinhin wird angenommen, dass die Slawenapostel Kyrill (Konstantin) und Method, die aus der Nähe von Saloniki stammten, diese Schrift im 9. Jh. entwickelt haben. Method und Kyrill waren Missionare. Ihre Aufgabe bestand darin, die slawische Bevölkerung für das Christentum zu gewinnen und ihr die Inhalte des Alten und Neuen Testaments nahe zu bringen. Aus der Notwendigkeit heraus, über eine Schriftsprache zu verfügen, die der Volkssprache möglichst nahe kommen sollte, entstand vermutlich die Glagoliza, die in der Kirchenliteratur in Kroatien lange in Gebrauch blieb.

Jeder Buchstabe eine Zeichnung

In ihrer ursprünglichen Form hatte die Glagoliza 38 Buchstaben, was dem slawischen Lautsystem in idealer Weise entsprach. Die grafischen Zeichen dieser Schrift haben neben dem Lautwert einen Zahlenwert, der sich am griechischen Vorbild orientiert. In Kroatien erhielten die zunächst runden Buchstabenformen später eine eckige Gestalt. In dieser Schrift wurde der größte Teil der mittelalterlichen Literatur in Kroatien veröffentlicht. Aber auch noch im 16. Jh. bedienten sich die Humanisten in Split oder Dubrovnik der Glagoliza, obwohl sie Französisch und Italienisch beherrschten. Das **erste gedruckte kroatische Buch**, ein Messbuch aus dem Jahr 1483, ist ebenfalls in dieser Schrift verfasst. Während sich anderswo im slawischen Sprachraum das Kyrillische, die Kyrilliza, durchsetzte, hielt sich die Glagoliza in Teilen Kroatiens viele Hundert Jahre.

Malerei

Dubrovnik war im 16. Jh. ein Zentrum des Humanismus und der Künste. So verwundert es nicht, dass der wichtigste Beitrag zur dalmatinischen Malerei der Renaissance von Künstlern aus der Stadtrepublik erbracht wurde. Dazu zählen die großen Flügelaltäre von Nikola Božidarević und Mihajlo Hamzić sowie die **Wandmalereien** in einigen Sommerresidenzen in und nahe Dubrovnik – häufig mit allegorischem und mythologischem Inhalt. Im 16. Jh. wirken an der Küste viele Künstler aus Italien, darunter sind so bekannte Namen wie Giovanni Bellini, Tizian und Tintoretto. Umgekehrt arbeiten zur selben Zeit auch südslawische Künstler in Italien, etwa Juraj Čulinović, Andrija Medulić und Julio Klović.

Barock und Rokoko

Kultureller Niedergang

Im Zeitalter des Barock erlebt das Küstengebiet eine Phase des kulturellen Niedergangs, während es im Landesinneren des heutigen Kroatien zum Aufschwung kommt. Der Grund liegt im allmählichen Rückzug der Türken aus diesen Gebieten. Die Küstenregionen entwickeln sich unterschiedlich: Am schmalen Küstensaum bleibt der venezianische Einfluss erhalten, im Hinter- und Binnenland setzt sich immer mehr der österreichisch-mitteleuropäische Einfluss durch.

Architektur

Es sind weniger die Aufsehen erregenden Neubauten, die das Bild des 17. Jh.s prägen, als vielmehr die zahlreichen Umbauten und Erneuerungen älterer Kirchen im Stil des Barock. Viele gotische Gotteshäuser wurden durch Kapellen erweitert und mit **barocken Altären** ausgestattet – so etwa die Kirchen in Šibenik oder Dubrovnik.
Da die meisten Städte ihre wirtschaftliche Selbstständigkeit verloren hatten, beschränkten sich Bauvorhaben häufig auf den Ausbau der Befestigungsanlagen (Šibenik, Zadar, Knin). Dass es in Dubrovnik dann zum Ende des Jahrhunderts doch noch zu einer lebhaften Bautätigkeit kam, hängt mit dem schweren **Erdbeben** zusammen, das 1667 große Teile der Altstadt in Schutt legte. Am Wiederaufbau hatten italienische Baumeister großen Anteil, da die Qualität der einheimischen Steinmetzen und Bildhauer zu dieser Zeit merklich geschwunden war. Die größten Bauvorhaben in der Stadt waren die neue Kathedrale, die Jesuitenkirche und die Kirche Sveti Vlaho. Die skulpturengeschmückte Hauptfassade ist mit dem Platz vor der Kirche durch eine Freitreppe und eine erhöhte Terrasse verbunden, die an eine Bühne erinnert – typisch für die Barockzeit. Heute wird dieser Ort für verschiedene Darbietungen und Aufführungen genutzt.

Malerei

In der Malerei dominierten an der Küste die Venezianer, zu denen auch der gebürtige Südslawe **Frederico Benkovid** gezählt wird. Gut zwei Dutzend Gemälde in verschiedenen Orten hat Jacopo Palma der Jüngere hinterlassen, der Anfang des 17. Jh.s wirkte und eine Symbiose zwischen Renaissance, Manierismus und Spätbarock pflegte; viele eiferten ihm nach, darunter auch Matej Ponzon-Pončun.

Das 19. und 20. Jahrhundert

Nationale Bewusstwerdung

In kultur- und geistesgeschichtlicher Hinsicht ist das 19. Jh. in Dalmatien, wie fast überall in Europa, eine Zeit der nationalen Bewusstwerdung, so auch bei den Südslawen. Die Herrschaft Venedigs war beendet und nach dem kurzen napoleonischen Zwischenspiel etablierten sich die Habsburger in der Region. Architektur, Malerei, Theater – all das stand von jetzt an unter dem Einfluss Wiens. Der Schwerpunkt künstlerischen Schaffens verlagerte sich noch mehr ins Binnenland. Agram, das heutige Zagreb, blühte auf, wurde zum Zentrum und auch zum Ausgangspunkt neuer städtebaulicher Entwicklungen im südslawischen Raum.

Architektur

Auch in Split machte sich die neue Zeit bemerkbar: So entstanden Verwaltungsgebäude im klassizistischen, später im historistischen Stil. Von einigen Bauten in den großen Städten und etlichen Denkmälern abgesehen, sind die künstlerischen Spuren des 19. Jh.s an der Küste aber eher dünn gesät.

Am Ende des 19. Jh.s sorgte der einsetzende **Fremdenverkehr** für eine Belebung der Bautätigkeit. Einfache Privatquartiere konnte man den vornehmen Kurgästen nicht zumuten, weswegen in den besonders stark besuchten Seebädern prunkvolle Hotels entstanden – so das Imperial in Dubrovnik.

Aus der Zeit nach dem Zweiten Weltkrieg stammte das beinahe an jedem Küstenort präsente Erbe des einsetzenden Massentourismus: riesige, architektonisch wenig schmeichelhafte Hotel- und Ferienanlagen, die zumeist in den 1970er-Jahren erbaut wurden.

Ivan Meštrović

Die berühmteste dalmatinische Künstlerpersönlichkeit der ersten Hälfte des 20. Jh.s ist **Ivan Meštrović** (►Berühmte Persönlichkeiten). In seinen Werken blieb er zeitlebens einem konservativen Klassizismus verpflichtet, obwohl der Bildhauer durch internationale Ausstellungen und vor allem durch Aufenthalte in Wien und Paris mit den modernen Strömungen in Berührung gekommen war. Mit seiner Villa in Split, die auf seinen Wunsch heute als Meštrović-Museum genutzt wird, hat sich der Künstler bereits zu Lebzeiten ein Denkmal gesetzt.

Volkskunst und Folklore

Reiche Volkskultur

Tänze und Ritterspiele, Volkstrachten und Spitzendecken, eigenwilliger Filigranschmuck, der manchmal orientalische Einflüsse verrät, und eigentümliche Musikinstrumente wie der Dudelsack – an der kroatischen Küste gibt es noch eine reiche Volkskultur und viele alte Bräuche, auf die man sich gerade in der jüngeren Vergangenheit – nicht zuletzt zum Ankurbeln des Tourismus – gerne besinnt.

Besonders schön sind die Tänze, die auf manchen Inseln noch intensiv gepflegt werden. Einige dieser Tänze gehen auf Fastnachtsspiele und Volksstücke zurück und werden auch heute noch, vor allem in der Sommersaison, aufgeführt. Bei den meisten kann man unschwer den historischen Bezug entdecken. Der **Schwerttanz Moreška** von Korčula hat seinen Ursprung wahrscheinlich in türkischen Überfällen auf die Insel und setzt sich aus sieben Fechtfiguren zusammen. Ebenfalls auf Korčula beheimatet ist die **Kumpanija**, ein Säbeltanz mit 18 Figuren, der von zweistimmigen Gesängen, Dudelsack und Trommeln begleitet wird. **Tänze**

Bei der Volksmusik fallen in Dalmatien wie bei vielen serbischen, mazedonischen, griechischen oder bulgarischen Weisen die türkisch-osmanischen Anklänge auf. Typische Instrumente der kroatischen Volksmusik sind die einer Gitarre vergleichbare **Tamburica**, der Dudelsack **Gajde** sowie die **Kavala**, eine 60 bis 85 cm lange Flöte mit einem angenehmen Timbre, und Tupan genannte Trommeln. Vor allem im dalmatinischen Hinterland wird die Ganga gepflegt, ein Chorgesang, bei dem eine Stimme beginnt und die anderen nach und nach mit einstimmen. Bei der Klapa, an der dalmatinischen Küste verbreitet, singen nur Männer. **Volksmusik**

Typische Bestandteile der Männertracht in Dalmatien sind die gebauschte Kniehose, ein weißes Hemd und eine bunte Weste. Ein breiter Stoffgürtel und eine flache Kappe vervollständigen das Ganze. Die Frauentracht besteht in der Regel aus einem dunklen Rock, heller Bluse mit Stickereien und einem Kopftuch. Einzigartig in der Trachtenlandschaft der dalmatinischen Küste sind die weißen Kopfhauben der Frauentracht von Konavle, südlich von Dubrovnik gelegen. Getragen werden Trachten nur noch zu Volks- oder Familienfesten. **Trachten**

Die Trachten sind an sich ganz hübsch, doch längst aus dem Alltag verbannt.

Auch traditionelles Kunsthandwerk und Kunstgewerbe werden vornehmlich für den Fremdenverkehr am Leben gehalten. Bekannt ist die dalmatinische Küstenregion vor allem für feinen, filigranen Goldschmuck sowie für fantasievolle Stickereien und schöne Webarbeiten. Während der venezianischen Herrschaft erhielt die Region wichtige Impulse für die Spitzenproduktion. Die **Pager Spitzen**, kunstvolle Handarbeit bester Qualität, gehören heute zu den beliebtesten Souvenirs. **Kunstgewerbe**

Berühmte Persönlichkeiten

Im Jahr 305 n. Chr. setzte sich der als Christenverfolger gefürchtete Kaiser Diokletian in Split zur Ruhe, 2001 sorgte der Tennisspieler Goran Ivanišević aus derselben Stadt in Wimbledon für Aufsehen. Dazwischen liegen 1700 Jahre, die von Wissenschaftlern, Künstlern und Dichtern geprägt wurden.

Ruđer Josip Bošković (1711–1787)

Wissenschaftler

Der in Dubrovnik geborene Jesuit war Professor in Rom, Pavia und Mailand. Er zählt zu den letzten Universalisten und arbeitete über Fragen der Astronomie, Geodäsie, Geophysik, Mathematik, Mechanik, Meteorologie, Philosophie und Physik. In Mailand gründete und leitete er die Sternwarte. Von großem Einfluss war auch seine **Lehre von den Atomen** als ausdehnungslosen, mathematischen Punkten, die von einer Kraftatmosphäre umgeben sind. Diese Annahme ermöglichte es dem Wissenschaftler, mechanische und optische Eigenschaften der Materie begreiflich zu machen.

Juraj Dalmatinac (Anfang 15. Jh.–1473)

Architekt und Bildhauer

Juraj Dalmatinac ist der bekannteste kroatische Künstler am Übergang von der Spätgotik zur Renaissance. Das Hauptwerk des aus Zadar gebürtigen Baumeisters und Bildhauers ist die **Kathedrale von Šibenik**, deren Bauhütte er leitete. Zur selben Zeit war er auch in Venedig und Ancona tätig, wo er die Kaufmannsloge errichtete. Dalmatinac entwarf nicht nur Kirchen, Wohnhäuser und Befestigungsanlagen (z. B. in Dubrovnik), sondern sogar ganze Städte: So entstand Pag auf seinem Reißbrett. Darüber hinaus hat der in Venedig ausgebildete Bildhauer in ganz Dalmatien Skulpturen und Kleinplastiken gefertigt. Einer seiner Schüler, Andrija Aleši, schuf die Taufkapelle in der Kathedrale zu Trogir und wirkte am Bau der dortigen Johanneskapelle mit.

Diokletian (um 245–um 313)

Kaiser des Römischen Reichs

Salona, das heutige Solin bei Split, ist die Geburts- und Todesstadt des spätrömischen Kaisers Diokletian, der mit dem monumentalen Palast in Split ein gewaltiges Zeugnis seiner Macht hinterließ. Er wurde im Jahr 284 in Kleinasien zum Kaiser ausgerufen und fand alsbald breite Anerkennung im Römischen Weltreich. Die Liste seiner »ruhmreichen« Taten und Entscheidungen ist lang. So gelang es Diokletian, die Germanen in wiederholten Feldzügen zu besiegen, Nordwest-Gallien sowie England zurückzuerobern und die ägyptischen Aufstände niederzuschlagen. Er drang bis weit in den Mittleren Osten vor und unterwarf Persien. Ein ausgeklügeltes Steuersystem, effiziente Verwaltungsstrukturen und eine wichtige Heeresreform, durch die die Armee eine taktische Gliederung erfuhr, gehen ebenfalls auf ihn zurück. Bekannt ist Diokletian aber auch als **Christenverfolger**, deren Religion unter seiner Herrschaft verboten wurde. Gaius Aurelius Valerius Diocletianus dankte im Jahr 305 ab und verbrachte die letzten Lebensjahre in seinem Domizil in Split.

← Diokletian, Kaiser des Römischen Reichs von 284 bis 305, in einem Münzporträt

Ivan Gundulić (1588/1589 – 1638)

Autor des Barock

Der in Dubrovnik, dem einstigen Ragusa, geborene Dichter und Spross einer alten Adelsfamilie gilt als der bedeutendste Vertreter der südslawischen Barockliteratur. Berühmtheit erlangte vor allem sein allegorisches Schäferdrama **»Dubravka«**, in dem er die Gefährdung seiner heimatlichen Republik Dubrovnik thematisierte und die Freiheit verherrlichte – als eine Gabe, »darin uns der mächtige Gott allen Reichtum verlieh«. Ins Deutsche übersetzt wurde von Gundulič auch »Die Osmanide«, ein ritterlich-romantisches Epos, inspiriert durch den Sieg der Polen über die Türken. Der sprachgewaltige Dichter wandte sich später zunehmend der geistlichen Dichtung zu und fand darin etliche Nachahmer und Nachfolger.

Petar Hektorović (um 1487 – 1572)

Dichter und Philosoph

Der Patrizier Petar Hektorović aus Hvar war einer der bedeutendsten Vertreter der dalmatischen Renaissanceliteratur. Er verfasste zahlreiche Heldenlieder und Versepisteln und übersetzte antike Schriftsteller, darunter auch Ovid. Sein originellstes Werk ist die naturnahe Fischeridylle »Ribanje i ribarsko prigovaranje«, zu Deutsch **»Fischen und Fischergespräche«**, in der er eine Reise zu Wasser rund um die Insel Hvar beschreibt. Hektorovič verarbeitete in diesem Werk Volkslieder, wie sie von den Fischern seiner Heimat gesungen wurden. In Stari Grad auf Hvar baute er sich die Burg Tvrđalj zu einem Wohnhaus mit Garten und Fischteich um – heute ist dieser befestigte Landsitz die Hauptsehenswürdigkeit des Inselstädtchens.

Goran Ivanišević (geb. 1971)

Tennisspieler

Man stelle sich einen talentierten Sportler vor, der sich zur absoluten Weltspitze zählen darf und urplötzlich nichts mehr zu leisten im Stande ist; einen Tennisspieler, seinerzeit Nr. 2 der Weltrangliste, der aus Verzweiflung über seine indiskutablen Leistungen ein Racket nach dem anderen zertrümmert. Für das Wimbledonturnier 2001 erhielt er eine Wildcard, nicht, weil irgendjemand auch nur das Geringste von ihm erwartete, sondern weil er einen großen Namen trug: Goran Ivanišević. Und in **Wimbledon** bekam dieser Mann wieder Boden unter die Füße, gewann ein Match nach dem anderen, auch das Finale gegen Patrick Rafter. Wimbledonsieg 2001! Sein unglaubliches Comeback ließ den in Split geborenen Ivanišević zum Volkshelden in Kroatien werden.

Andrija Kačić-Miošić (1704 – 1760)

Franziskaner und Autor

Eines der meistgelesenen historischen Bücher in Kroatien über alle Zeiten hinweg und zugleich das Hauptwerk des Dichters Andrija Kačić-Miošić ist das unterhaltsame **»Gespräch des slawischen Vol-**

kes«. Der Franziskaner Kačić legte mit diesem Werk eine Sammlung epischer Dichtungen vor, in der er Ereignisse der südslawischen Geschichte erzählt und dabei den Ton des Volkslieds nachahmt, um auch die Armen, Landarbeiter, Fischer und Schäfer zu erreichen. Kačić hinterließ daneben noch philosophische, theologische und weitere volkstümlich-aufklärerische Schriften. Das wichtigste Denkmal zu Ehren des hoch gebildeten Franziskaners steht in Makarska.

Ivan Meštrović (1883 – 1962)

Bildhauer

Wer sich die zahlreichen Denkmäler Dalmatiens genauer anschaut, wird bald die »Handschrift« oder den Namen eines Bildhauers ausmachen können, der bereits zu Lebzeiten so prominent und hochverehrt war wie kein anderer Künstler seiner Generation – Ivan Meštrović. Der aus dem kleinen Ort Otavice im Hinterland von Šibenik stammende Meštrović studierte kurz nach der Jahrhundertwende in Wien und lehrte von 1922 an in Zagreb an der Kunstakademie. Da er seine Kunst nicht in den Dienst der italienischen Besatzer stellen wollte, emigrierte er ins Ausland. Von 1947 an lebte er in den Vereinigten Staaten. Nach seinem Tod wurde er in seinem Heimatdorf beigesetzt. Das umfangreiche Œuvre Meštrovićs, das man bei einem Besuch in seiner ehemaligen Sommervilla in Split am besten studieren kann, ist stilistisch so vielschichtig wie die Epoche, in der er wirkte. Seine Werke spiegeln den Einfluss unterschiedlichster Kunstströmungen der ersten Jahrhunderthälfte vom Secessionsstil über den Expressionismus bis hin zum Klassizismus wider. Unter seinen **Porträts** und **Frauenakten** gibt es beeindruckende Werke. Für den heutigen Betrachter schwerer zugänglich sind seine bisweilen pathetischen Skulpturen mit religiösem oder historischem Inhalt.

Vladimir Nazor (1876 – 1949)

Sprachgewaltiger Schriftsteller

Der im Dorf Postira auf der Insel Brač geborene Schriftsteller gehört ohne Zweifel zu den interessantesten Vertretern der modernen kroatischen Literatur. In Legenden, Märchen, Lyrik und Prosa erzählt er von Landschaft und Geschichte seiner Heimat. Sein episches Hauptwerk, **»Der Hirte Loda«** (1938 – 1946), handelt von einem unsterblichen Satyr, der auf Brač den Wandel der Zeiten erfährt. Mithilfe seines fantastischen Helden reflektiert Nazor 2000 Jahre dalmatinische Geschichte bis hin zu Titos Partisanenkampf, an dem der Dichter selbst teilnahm. In der an Naturbeschreibungen überbordenden Erzählung »Der große Jože« (1908) ist die Hauptgestalt ein törichter Hüne aus Motovun in Istrien; in dem Tierepos »Der Bär Brundo« (1916) überträgt Nazor, angeregt von Rudyard Kiplings »Dschungelbuch«, die Situation in seiner Heimat in die Tierwelt. Der sozial engagierte Schriftsteller, der sich in der Literatur kaum je formale Fesseln anlegte, war auch als Übersetzer und Mittelschullehrer tätig.

Praktische Informationen

WO SIND DIE SCHÖNSTEN STRÄNDE? GIBT ES EINEN ZUG NACH SPLIT? BRAUCHT MEIN HUND EINEN »AUSWEIS«? HIER FINDEN SIE ALLE PRAKTISCHEN INFORMATIONEN FÜR EINEN UNBESCHWERTEN URLAUB. LESEN SIE ES NACH, AM BESTEN NOCH VOR DER REISE.

Anreise · Reiseplanung

Anreise

Mit dem Auto

Aus Deutschland ▸ Die **schnellste, allerdings auch stauanfälligste Route** von Deutschland nach Norddalmatien führt über München–Salzburg–Tauerntunnel–Villach–Karawankentunnel–Ljubljana/Slowenien–Postojna und Rijeka zur Küstenstraße (Jadranska Magistrala) nach Dalmatien. Die Autobahn bis nach Dubrovnik soll erst nach 2012 fertiggestellt werden, derzeit ist in Ravče (vor Ploče) Schluss. Ab Ljubljana kann man auch auf der A 2 Richtung Zagreb und dann bei Novo Mesto auf der 105 zu den Plitwitzer Seen und nach Zadar fahren.

Alternativ ist die Anreise über Villach–Klagenfurt–Loiblpass/Loibltunnel–Ljubljana–Rijeka möglich. Für Gespannfahrer interessant, da durchgängig bis Triest Autobahn, ist die Strecke Villach–Tarvisio–Udine–Triest–Rijeka.

Wer aus dem Norden oder Westen Deutschlands kommend nach Süden unterwegs ist, kann durch die Schweiz und Italien nach Istrien und weiter nach Dalmatien fahren (siehe: Anreise aus der Schweiz).

Für Urlauber aus Sachsen bietet sich die Strecke Prag oder Pilsen–Passau–Linz–Graz–Maribor–Zagreb an.

Aus Österreich ▸ Aus West- und Mittelösterreich ist die Strecke Salzburg–Villach die kürzeste Verbindung zur dalmatinischen Küste. Aus dem Osten bietet sich die Route Wien–Graz–Grenzübergang Spielfeld–Maribor–Celje–Ljubljana bzw. Zagreb–Karlovac–Zadar an.

Aus der Schweiz ▸ Beinahe durchgängig als Autobahn ausgebaut ist die Strecke Basel–Luzern–St.-Gotthard-Tunnel–Chiasso–Como–Mailand–Venedig und von dort über Triest nach Rijeka. Ab Zürich empfiehlt sich die Route Churn–San Bernardino–Bellinzona–Lugano–Mailand–Venedig und von dort über Triest nach Rijeka.

Straßengebühren ▸ In Österreich und in der Schweiz benötigt man für Autobahnen und autobahnähnliche Straßen eine **Vignette**, erhältlich beim ADAC, an der Grenze sowie an den grenznahen Tankstellen, in der Schweiz auch in Postämtern. Einige Tunnels in Österreich sind mautpflichtig, so der Tauern- und der Karawankentunnel. In Slowenien herrscht Vignettenpflicht, auf den Straßen und Grenzen wird gelegentlich

WICHTIGE ADRESSEN ANREISE

ANREISE MIT DEM SCHIFF

▸ **Jadrolinija (Zentrale)**
Riva 16
51000 Rijeka
Tel. 051 / 66 61 11
Fax 051 / 21 31 16
www.jadrolinija.hr

▸ **Jadrolinija in Deutschland**
DERTOUR
Emil-von-Behring-Straße 6
60439 Frankfurt/Main
Tel. 0180 / 4 99 92 03
www.ocean24.de

▸ **Jadrolinija in Österreich**
Österreichisches Verkehrsbüro AG
Ruefa Bahn & Fähren Center
Kärntner Ring 10/Top 1
1010 Wien
Tel. 01 / 503 00 20–10
Fax 01 / 503 00 20–99
www.faehren.at

Adria Reisen
Burggasse 23
1070 Wien
Tel. 01 / 526 36 30
Fax 01 / 526 11 40
www.adriareisen.at

▸ **Jadrolinija in der Schweiz**
Cosulich AG
Stampfenbachstr. 151
8042 Zürich
Tel. 044 / 363 52 55
Fax 044 / 362 67 82
www.cosulich.ch

Unique Travel GmbH
Neue Hard 7
8010 Zürich
Tel. 044 / 268 24 70
Fax 044 / 268 24 71
www.uniquetravel.ch

ANREISE MIT DEM BUS

▸ **Deutsche Touring GmbH**
Am Römerhof 17
60486 Frankfurt am Main
Tel. 069 / 790 35 01
Fax 069 / 790 32 19
www.touring.de

BAHNAUSKUNFT

▸ **In Deutschland**
Deutsche Bahn ReiseService
Allgemeine Informationen, Ticketbuchung Tel. 0180 / 5 99 66 33 (gebührenpflichtig) oder Tel. 0800 / 150 70 90 (kostenlose Fahrplanauskunft) www.bahn.de, www.bahn.de/autozug

▸ **In der Schweiz**
Rail Service
Tel. 0900 / 30 03 00
www.sbb.ch

▸ **In Österreich**
Tel. 05 17 17 (landesweit zum Ortstarif)
www.oebb.at

AIRLINES / CHARTERFLÜGE

▸ **Croatia Airlines**
Schillerstraße 42 – 44
60313 Frankfurt am Main
Tel. 069 / 920 05 20
Fax 069 / 92 00 52 51
www.croatiaairlines.com

▸ **Easyjet**
Tel. 0180 / 5 02 92 92
www.easyjet.com

▸ **Air Berlin**
Saatwinkler Damm 42–43
13627 Berlin
Tel. 0180 / 5 73 78 00
www.airberlin

▸ **Germanwings**
Germanwings-Str. 2, 51147 Köln
Tel. 0900 / 19 19 100
www.germanwings.com

▸ **Lufthansa**
Tel. 0180 / 5 805 805
www.lufthansa.com

kontrolliert. **Gebührenpflichtig** sind auch die kroatischen Autobahnen, die Höhe ist nach der Entfernung gestaffelt sowie die kroatische Autobahn und in Italien die Strecke von der Grenze bei Tarvisio bis Triest.

Mit dem Bus Eine **günstige Alternative** zur Anreise mit dem PKW bietet die Deutsche Touring GmbH, deren Busse von mehreren Städten Deutschlands an die dalmatinische Küste nach Rijeka, Zadar, Šibenik, Trogir, Split und Dubrovnik fahren. Von Stuttgart nach Split ist man im Schnitt 20 Stunden unterwegs.

Mit dem Schiff Ab Ancona und Bari gehen Fähren nach Rijeka, Brbinj auf der Insel Dugi Otok, nach Zadar, Split, Stari Grad (Insel Hvar) und Korčula. Zwischen Bari und Dubrovnik gibt es eine direkte Fährverbindung. Um unliebsame Überraschungen zu vermeiden, sollte man die Fähre **rechtzeitig**, also etwa drei Monate vor Antritt der Reise **buchen**. Für die Fahrt nach Mittel- oder Süddalmatien empfielt sich die Küsteneilfähre der Jadrolinija, die zwischen Rijeka und Dubrovnik zahlreiche Häfen anläuft (►Schiffsverkehr S. 50).

Preisermäßigungen ► Preisermäßigungen gibt es in der Vor- und Nachsaison und für Kinder bis 12 Jahre (50 %); Gruppenermäßigung auf Anfrage. Bei gleichzeitiger Buchung und Fahrkartenausstellung für die Hin- und die

Wer Ja zur Jadrolinija sagt, spart Nerven, die während der Autofahrt nach Dalmatien reichlich strapaziert werden.

Rückreise gewährt Jadrolinija 20 % Ermäßigung auf der Rückreise für die Fahrzeugbeförderung (Küsteneilfähre, internationale Linien).

Mit der Bahn

Der **IC/EC** von München nach Zagreb fährt zwei Mal täglich in gut neun Stunden in die kroatische Hauptstadt (Sparpreis »Europa-Spezial«, derzeit ab 29 Euro). Von dort geht es mit dem Direktzug nach Split weiter (im Sommer auch Autozüge). Die Bahnstrecke führt nicht an der Küste entlang, sondern durchs Hinterland. Wer die Fahrt mit dem Auto aus Nord- oder Ostdeutschland verkürzen möchte, kann die Strecke bis Villach im Autoreisezug zurücklegen.

Mit dem Flugzeug

Die **nationale Fluggesellschaft** Croatia Airlines verbindet Dalmatien mit Zagreb und dem Ausland. In der Saison gibt es jeden Samstag einen Flug zwischen Zagreb und Bol (Insel Brač). Low-Cost-Airlines steuern die Flughäfen Zadar, Split und Dubrovnik in der Regel nur im Sommer ab verschiedenen deutschen Flughäfen an (z. B. Berlin, Stuttgart). Auf den Webseiten von Germanwings, Easyjet und Air Berlin wird man fündig.

Reisedokumente

Personalpapiere

Reisende aus Deutschland, Österreich und der Schweiz müssen für die Einreise nach Kroatien einen gültigen **Personalausweis** oder einen **Reisepass** vorlegen. Für Kinder gilt entsprechend der Kinderreisepass (noch gültige Kinderausweise gelten ebenfalls). Es empfiehlt sich, von den Reisedokumenten Kopien anzufertigen und diese getrennt aufzubewahren, da sie bei Verlust der Originale die Beschaffung von Ersatzpapieren wesentlich erleichtern.

Fahrzeugpapiere

Wer mit eigenem Wagen oder Motorrad nach Kroatien reist, muss den nationalen Führerschein und den Kfz-Schein mit sich führen. Es empfiehlt sich, auch die Grüne Versicherungskarte einzupacken.

Haustiere

Wer seinen Hund oder seine Katze nach Kroatien mitnehmen möchte, benötigt einen **EU-Heimtierausweis** mit Kennzeichnung (Mikrochip oder Tatöwierung). Zudem muss ein tierärztliches Gesundheitszeugnis sowie eine Impfung gegen Tollwut nachgewiesen werden.

Krankenversicherung

Die **Europäische Krankenversicherungskarte** (EHIC) gilt auch in Kroatien als Nachweis, dass der Urlaubsreisende in Deutschland versichert ist. Damit entfällt der bisher erforderliche Auslandskrankenschein (HR/D 111). In der Regel befindet sich die EHIC auf der Rückseite der Krankenversicherungskarte. Sollte diese noch nicht damit ausgestattet sein, empfehlen die Krankenkassen eine rechtzeitige Bestellung. Bei der Behandlung werden oft Eigenanteile oder Zuzahlungen einbehalten. Eine private Auslandsreise-Krankenversicherung sichert ab, dabei sollte man darauf achten, dass der Krankenrücktransport aus Kroatien gewährleistet ist.

Zollbestimmungen

Einreise nach Kroatien

Reisegepäck und Waren für den persönlichen Gebrauch dürfen zollfrei und ohne Deklaration eingeführt werden. Ausländische Staatsbürger können sich beim Kauf von Waren über 500 Kuna das Formular PDV-P bestätigen lassen und erhalten die **Umsatzsteuer** bei der Ausreise aus Kroatien wieder zurück (weitere Informationen: www.carina.hr).

Wiedereinreise in Länder der EU

Bei der Wiedereinreise in die EU-Länder Deutschland und Österreich sind für Personen über 15 Jahre 500 g Kaffee oder 200 g Pulverkaffee und 100 g Tee oder 40 g Teeauszüge, 0,25 l Eau de Toilette sowie für Personen über 17 Jahre 1 l Spirituosen über 22 % oder 2 l Spirituosen unter 22 % oder 2 l Schaumwein und 2 l Wein sowie 200 Zigaretten oder 50 Zigarren oder 250 g Tabak zollfrei. Reiseandenken dürfen bis 300 EUR (Flug- und Seereisen bis 430 EUR) Warenwert eingeführt werden. Die Summe für ein gekauftes Produkt kann nicht auf mehre Köpfe etwa einer Familie umgelegt werden, die Grenze gilt pro Person.

Wiedereinreise in die Schweiz

Für die Schweiz gelten folgende Freimengengrenzen für Personen ab 17 Jahren: 2 l Getränke bis 15 % und 1 l über 15 %, 200 Zigaretten oder 50 Zigarren. Andere Waren des Reiseverkehrs sind bis zu 300 sFr. pro Person abgabenfrei.

Auskunft

WICHTIGE ADRESSEN

IN DEUTSCHLAND

► **Kroatische Zentrale für Tourismus**
Rumfordstraße 7, 80469 München
Tel. 089 / 22 33 44, Fax 22 33 77
www.kroatien.hr

Kaiserstraße 23
60311 Frankfurt am Main
Tel. 069 / 238 53 50
Fax 069 / 23 85 35 20
info@visitkroatien.de

► **Kroatische Reisebüros**
Generalturist:
www.generalturist.com
Adriatica.net: www.adriatica.net

ÖSTERREICH · SCHWEIZ

► **Kroatische Zentrale für Tourismus**
Am Hof 13, 1010 Wien
Tel. 01 / 585 38 84
Fax 01 / 585 38 84 20
http://at.croatia.hr

Badenerstr. 332, 8004 Zürich
Tel. 043 / 336 20 30, Fax 336 20 39
http://ch.croatia.hr

IN KROATIEN

▸ **Kroatische Zentrale für Tourismus**
Hrvatska turistička zajednica
Iblerov trg 10/IV
10000 Zagreb
Tel. 01 / 469 93 33, Fax 455 78 27
www.kroatien.hr

▸ **Tourismusverband der Gespanschaft Zadar**
Sv. Leopolda B. Mandića 1
23000 Zadar
Tel. 023 / 31 51 07, Fax 31 53 16
www.zadar.hr

▸ **Tourismusverband der Gespanschaft Šibenik-Knin**
Fra N. Ružića bb
22000 Šibenik
Tel. 022 / 21 90 72, Fax 21 23 46
www.sibenikregion.com

▸ **Tourismusverband der Gespanschaft Dalmatien-Split**
Prilaz braće Kaliterna 10/1
21001 Split
Tel. 021 / 49 00 33, Fax 49 00 32
www.dalmatia-cen.com

▸ **Tourismusverband der Gespanschaft Dubrovnik-Neretva**
Vukovarska 24
20000 Dubrovnik
Tel. 020 / 32 49 99, Fax 32 42 24
www.visitdubrovnik.hr

BOTSCHAFTEN IN KROATIEN

▸ **Deutsche Botschaft**
Ulica grada Vukovara 64
10000 Zagreb
Tel. 01 / 630 01 00, Fax 615 55 36
www.zagreb.diplo.de

▸ **Österreichische Botschaft**
Radnička cesta 80, 9. Stock
(Zagreb-Tower), 10000 Zagreb
Tel. 01 / 488 10 50, Fax 483 44 61
www.bmeia.gv.at

▸ **Schweizerische Botschaft**
Bogovićeva 3, 10000 Zagreb
Tel. 01 / 487 88 00, Fax 481 08 90
www.eda.admin.ch/zagreb

KROATISCHE BOTSCHAFTEN IN DEUTSCHLAND

▸ **Botschaft der Republik Kroatien**
Ahornstraße 4, 10787 Berlin
Tel. 030 / 21 91 55 14
Fax 030 / 23 62 89 65
http://de.mfa.hr
Generalkonsulate in Hamburg, Düsseldorf, Frankfurt/Main, Stuttgart und München

IN ÖSTERREICH

▸ **Kroatische Botschaft**
Heuberggasse 10, 1170 Wien
Tel. 01 / 485 95 24, Fax 480 29 42
http://at.mfa.hr
Generalkonsulat in Wien

IN DER SCHWEIZ

▸ **Kroatische Botschaft**
Thunstrasse 45, 3005 Bern
Tel. 031 / 352 02 75
Fax 031 / 352 03 73
croemb.bern@mvpei.hr
Generalkonsulat in Bern und Zürich

INTERNETADRESSEN

▸ **www.reiseinfo-kroatien.com**
Übersichtliche Informationen, Allgemeines, Sehenswürdigkeiten, Freizeit, Sport, Restaurants etc.

▸ **www.jadro.de**
Deutsches Magazin zu Leben, Kultur und Politik in Kroatien.

Badeurlaub

700 km Küste

Mit einer rund 700 km langen Küste – die Inseln noch nicht mit eingerechnet – und zahllosen Stränden ist Dalmatien ein **ideales Baderevier**. Kaum ein Küstenabschnitt, an dem nicht gebadet werden kann. Besonders vielfältige Möglichkeiten bieten die vorgelagerten Inseln. Wer in der Hauptreisezeit unterwegs ist, sollte allerdings nicht erwarten, dass man einsame Strandabschnitte antrifft.

Strände

Die meisten Strände in Dalmatien sind **felsig**, dazwischen gibt es immer wieder Buchten mit Kies- oder Sandstränden. Zu den längsten und auch meistbesuchten Sandstränden gehören der Stadtstrand von Orebić auf der Halbinsel Pelješac und der lange Strand von Lumbarda auf der Insel Korčula. Die Makarska Riviera ist für ihre herrlichen Kiesstrände bekannt – für längere Aufenthalte empfiehlt es sich, eine Liegematte oder Luftmatratze mitzunehmen. Das gilt auch für die betonierten Liegeflächen, die viele Küstenorte angelegt haben. Hotelstrände können oft auch von Tagestouristen genutzt werden.

Wasserqualität

Die Wasserqualität ist fast durchgängig sehr gut; selbst die Großstadtstrände sind relativ sauber. Die **Wassertemperatur** liegt in den Sommermonaten bei 20 bis 25 °C. Im Oktober kann man in Mittel- und Süddalmatien noch mit 20 °C warmem Wasser rechnen.

FKK

Wer im Urlaub die Hüllen fallen lassen möchte (► Baedeker Special S. 140), muss in Dalmatien nicht lange suchen: An den **zahlreichen Nudistenstränden** darf ausschließlich nackt gebadet werden; an ande-

Nahe Šibenik befindet sich der beliebte Badeort Primošten.

Highlights Die schönsten Strände

Sandstrände
Dugi Otok: Bucht Saharun, südlich von Božava
▸ Seite 138
Elafitische Inseln: Šunj-Bucht auf Lopud
▸ Seite 146
Korčula: Lumbarda
▸ Seite 170
Lastovo-Archipel: Kopište und Saplun
▸ Seite 185
Ugljan: Preko
▸ Seite 270

Kiesstrände
Brač: Zlatni rat an der Südküste bei Bol
▸ Seite 109
Korčula: Račišće
▸ Seite 164
Makarska Riviera
▸ Seite 192
Pag: in der Nähe von Caska
▸ Seite 205

Felsen
Elafitische Inseln: Nordküste auf Lopud
▸ Seite 146
Kornaten
▸ Seite 174
Primošten am Festland gegenüber der Altstadt
▸ Seite 238

ren Stränden gibt es FKK-Abschnitte. Auch an nicht ausgewiesenen, aber entlegenen Stränden ist FKK gängig. Für Anhänger der Freikörperkultur stehen zahlreiche Naturistencampingplätze und -ferienanlagen zur Verfügung. Das Angebot ist in der Broschüre »Kroatien. FKK · Naturismus« der Kroatischen Zentrale für Tourismus (►Auskunft S. 54) verzeichnet.

Achtung Seeigel

Zu den wenigen Unannehmlichkeiten an den Stränden Dalmatiens gehören Seeigel. Tritt man auf die in Felsspalten versteckten Meerestiere, bekommt man ihre spitzen Stacheln zu spüren. Der sicherste Schutz sind **Badeschuhe**, die man vor Ort überall erhält.

Mit Behinderung unterwegs

WICHTIGE ADRESSEN

▸ **BSK-Reise-Service**
Bundesverband Selbsthilfe Körperbehinderter (BSK)
Altkrautheimer Straße 20
74238 Krautheim
Tel. 062 94 / 42 81 - 0
www.reisen-ohne-barrieren.eu

▸ **Bundesarbeitsgemeinschaft der Clubs Behinderter und ihrer Freunde e.V.**
Langenmarckweg 21
51465 Bergisch Gladbach
Tel. 022 02 / 989 98 11
www.bagcbf.de

► **Verband aller Körperbehinderten Österreichs**
Schottenfeldgasse 29
1070 Wien, Tel. 01 / 914 55 62
info@vakoe.at

► **Mobility International Schweiz**
Froburggasse 4
46 00 Olten, Tel. 062 / 212 67 40
www.mis-ch.ch

Über spezielle Reiseangebote und behindertengerechte Einrichtungen informieren Reisebüros, die Deutsche Bahn sowie die Bundesarbeitsgemeinschaft der Clubs Behinderter und ihrer Freunde e. V. und der BSK-Reise-Service.

Elektrizität

Das Stromnetz in Dalmatien führt 220 Volt Wechselspannung. Die in Deutschland, in Österreich und in der Schweiz gängigen zweipoligen Stecker passen in alle Steckdosen.

Essen und Trinken

Restaurants Wer in Kroatien essen gehen möchte, braucht keine großen Sprachkenntnisse, denn die Übersetzung der Speisen ins Deutsche, Englische oder Italienische gehört fast überall zum Service. Hauptessenszeit ist der Abend.
Die kroatische Bezeichnung für Restaurants mit höheren Ansprüchen ist »restoran«; einfachere Gaststätten werden als »gostionica« bzw. »gostiona« oder »buffet« bezeichnet. Das Wort »konoba« wird bei kleinen, einfachen Tavernen verwendet, die mitunter hervorragende Speisen servieren. Häufig ist mit »konoba« eine Weinstube gemeint.

i Preiskategorien

- Fein & teuer: ab 13 €
- Erschwinglich: 8 – 13 €
- Preiswert: bis 8 €

Für ein Hauptgericht
Restaurants ►Reiseziele von A bis Z

Mahlzeiten ► Frühstück wird nur in Hotels üppig aufgetischt. Die Einheimischen begnügen sich meist mit einer Tasse Kaffee und einem Stück Gebäck. Zu Mittag isst man Suppe, Gemüseeintopf oder ein kleines, warmes Gericht. Ausgiebig getafelt wird erst am Abend.

Vorspeisen Eine beliebte, wenngleich nicht eben billige Spezialität im gesamten Küstengebiet von Dalmatien ist der **rohe, luftgetrocknete Schinken Pršut**, zu dem gewöhnlich Brot und Oliven gereicht werden. Auch

Käse (Sir), vor allem vom Schaf wird gerne serviert - insbesondere der Paški sir, ein kräftiger Pager Käse. Er schmeckt salzig-würzig nach den duftigen Kräutern, von denen sich die Milchschafe der kargen Insel ernähren. Dazu schmecken krustiges Weißbrot und ein kräftiger Rotwein. In teureren Restaurants findet man oft marinierte Fische auf der Vorspeisenkarte, meist Makrelen, Sardinen und Tintenfisch mit Öl, Essig und Zwiebeln zubereitet.

Suppen/Eintöpfe

Darf es eine Suppe sein, so ist die neretvanische Fischsuppe Brodeto zu empfehlen, Vegetarier dürfen bei der Mineštra zulangen, deren Name ihre Nähe zu der italienischen Gemüsesuppe Minestrone verrät. Eine eigenwillige Spezialität ist **Weinsuppe**, die mit Olivenöl und Pfeffer gewürzt wird. Man tunkt Brotstückchen hinein.

Fleischgerichte

In der kroatischen Küche dominieren die Fleischgerichte. Typisch sind Ćevapčići (Hackfleischröllchen), Ražnjići (Spieße mit unterschiedlichen Fleischsorten) und Pljeskavica (Hacksteak). Der Zusatz »na žaru« bedeutet »gegrillt«. Für Freunde der historischen Balkanküche empfiehlt sich Djuveč, ein mit Gulasch und Gemüse durchsetztes Reisgericht. Pašticada nennt man mariniertes Rindfleisch, das mit Zutaten wie Backpflaumen, Feigen und Rosinen, oft auch mit Gemüse zubereitet wird. Eher der Küche des Binnenlandes verpflichtet ist gebratenes oder gegrilltes Kalb- bzw. Rindfleisch mit Pilzen, Teletina bzw. Govedina sa gljivama genannt. Grota nennt man in

◄ weiter auf S. 63

Auf dem Markt in Zadar kann man frisches Obst, Gemüse und viele andere, typisch dalmatinische Zutaten erwerben.

VON DER SONNE VERWÖHNT

Klischees haben lange das Image der südosteuropäischen Weine geprägt. Aber langsam beginnt man umzudenken! Von »Entdeckungen« ist die Rede und neuerdings von einer »Renaissance der Weinbaugebiete« in Südosteuropa.

Die Eigenart lokaler Sorten in Kroatien reizt die Neugier der Weinkenner. Die etwa **300 autochthonen Rebsorten** (gebietsheimische Sorte, d. h. im jeweiligen Anbaugebiet heimisch, ohne dorthin aus einer anderen Region »importiert« worden zu sein) sind aus der Vielfalt von Relief, Klima und Boden des jungen Staats hervorgegangen. Und doch denken die meisten Menschen bei Kroatien mehr an Inseln und Meer als an Wein. Dabei ist fast das gesamte Territorium des Landes von elf Weinbauzonen überzogen, von denen besonders die südlicheren, jene in Dalmatien, von der Sonne verwöhnt sind.

Rubinrote Schätze

Miljenko Grgić verließ im Jahr 1954 seine Heimat Kroatien, um sich im weltbekannten Napa Valley in Kalifornien niederzulassen. 1995 kam er zurück und richtete in Trstenik auf der Halbinsel Pelješac eine moderne Kelterei ein. Die Edelstahltanks für die Fermentation wurden aus Kalifornien importiert und die Barrique-Eichenfässer aus Frankreich. Für seine Spitzenweine aus der roten Rebsorte Plavac mali wählt Grgić Trauben aus der namhaften Lage Dingač an der Südwestseite von Pelješac aus. Der handgelesene **Dingač** ist der Chateauneuf-du-Pape Kroatiens. Mit seiner rubinroten Farbe »glüht« er im Glas und verrät beim Schwenken charmant seine Dickflüssigkeit. Seine Frucht erinnert ein bisschen an Pflaumenmus oder Feigenkompott. Name und Herkunftsbezeichnung sind seit 1961 geschützt.

Der zweite Spitzenwein der Region, der um den Ort Potomje bei Dingač kultivierte **Postup**, verdankt seine rubinrote Farbe, sein duftiges Bukett

Weinlese auf der Insel Korčula. Insbesondere Dalmatien, im Süden Kroatiens gelegen, ist die Region, die am meisten von der Sonne verwöhnt wird. Hier gedeihen unterschiedliche Rebsorten.

wie auch sein Aroma von Johannisbeere, Kirsche und Waldbeere ebenfalls der Rebsorte Plavac mali.

Edle Tropfen von der Sonneninsel

Von der sonnigsten Insel der Adria, Hvar, stammt der Rotwein **Ploški Plovac**. Der Winzer Ante Balić aus Svirče schneidet seine einzeln stehenden Rebstöcke bis auf zwei bis drei Triebe zurück. Sie tragen nicht mehr als jeweils ein Kilogramm Trauben. Auch bei seinen extraktreichen Weißweinen Cesarica und Bogdanjuša achtet er auf Reduzierung. Der Ertrag ist dann zwar geringer, der Wein aber qualitätvoller. Das Weingut Plančić auf Hvar bewirtschaftet in 580 m Höhe über dem Meer die **höchsten Weinberge Kroatiens**. Dort wächst die Darnekuša-Rebe für einen trockenen Rotwein. Der Winzer Zlatan Plenković keltert auch die Spitzenweine Zlatan Otok und den schwarzroten Zlatan Plavac mit würzigem Aroma und Tönen von Bittermandel, Maraskakirschen und Waldbeeren. Sein Zlatan Rosé ist einer der besten Kroatiens.

Zum Dessert

Im Stile eines antiken Weißweins werden in Dalmatien exzellente Dessertweine produziert, wie der purpur- und bernsteinfarbene **Parč** von Hvar. Auch der **Prošek** wird aus Spätlesetrauben gekeltert, die Ende Oktober bis Anfang November gelesen und im Schatten – auf Strohmatten, ähnlich wie bei Feigen – bis in den Februar hinein getrocknet werden. Eine aufwendige und platzraubende Prozedur.

Feurig wie die Säbeltänze

In den sandigen Weinbergen um Lumbarda auf der Insel Korčula wird der edelsüße **Grk** angebaut. Ähnlich wie die Weine auf Hvar zieht man die Reben in kleinen Mengen stets von Hand und ohne Pflanzenschutzmittel. Der rassige rote **Plavac** hingegen ist feurig wie die Säbeltänze der Insel. Beliebt bei Fischern und Bauern ist der schwarzrote Bol-Wein von der Insel Brač. Mit Salzsardellen, Schafskäse und Ziegenfleischspießen kann man den feurigen Rebensaft in einem alten Weinkeller aus dem Jahre 1906 an der Riva im Inselort Bol genießen. Ungewohnt präsentieren sich auf dem

Was passt besser zu Schafskäse oder Räucherschinken als ein feuriger Rotwein? Immer mehr Menschen entdecken mittlerweile die ausgezeichneten Tropfen der Region.

dalmatinischen Festland die felsigen Anbauterrassen bei Primošten, auf denen die rote Rebsorte **Babić** zur Reife kommt, die zu einem Qualitätswein gleichen Namens gekeltert wird.

Weinlese vom Boot

Wegen regelmäßiger Überschwemmungen werden die Traubensorten Blatina, Zlatarica und Trnjak in dem Seengebiet bei Imotski im Hinterland der Makarska Riviera traditionell **vom Boot aus gelesen**. Der Debit aus der Umgebung von Šibenik und Drniš war der Lieblingswein des Bildhauers Ivan Meštrović (▶Berühmte Persönlichkeiten). Am Roški-Wasserfall im Krka-Nationalpark serviert man ihn gern – begleitet von traditionellen Dudelsackklängen – zu hochwertigem Räucherschinken aus der Region und frischer Forelle aus der Krka. Weiter nördlich bei Benkovac wird einer der besten Rosé-Weine Kroatiens angebaut.

Gegi zu Pager Käse

Man mag es nicht glauben, doch auch die karge Mondlandschaft der Insel Pag verspricht einzigartige Weinraritäten, denn karges Gestein und viel Sonne in Kombination bringen guten Rebensaft hervor. Fünf autochthone Rebsorten werden von den hiesigen Winzern kultiviert. In dem Weinlokal »Na Tale« in der Ortschaft Pag kann man den angenehm frischen **Gegić-Weißwein** und den berühmten Pager Käse unter Feigenbäumen verkosten, eine geradezu romantische Szenerie. Der Gegić duftet fein nach dem Stein der kargen Insel, sein Etikett ist mit dem Zeichen der filigranen Pager Spitze geschmückt.

Woher nehmen?

Was tun, wenn man zu Hause kroatische Weine verkosten möchte? Wer auf den Supermarkt um die Ecke setzt, hat in der Regel schlechte Karten. Mehr Erfolg versprechen folgende Adressen: Der Online-Händler »Kroatische Feinkost« vertreibt von Deutschland aus nicht nur Wein, sondern auch Spezialitäten wie Stockfisch, Ajvar-Paprikamus und andere Köstlichkeiten (www.kroatische-feinkost.de). Eine breite Palette kroatischer Weine findet man auch im Online-Shop unter www.jadrovino.de.

Dalmatien ein mit Räucherschinken und Pager Käse gefülltes Rindfilet. Auf den Reiterfarmen der Umgebung wird das berühmte Tatarensteak tatsächlich noch wie bei den Tataren unter dem Sattel »zugeritten« und nicht geklopft. Lammfleisch (Janjetina) steht nicht immer auf der Speisekarte. Wenn doch, dann wird es oft in großen Stücken in der Pfanne, häufiger noch am Spieß gebraten; Gewürze werden dabei eher sparsam verwendet. Ganz rustikal wird auch unter der **Peka** gekocht, einem glockenförmigen Eisendeckel, der für die Zubereitung von Fleisch- und Fischspeisen auf Ofenglut dient.

Fisch und Meeresfrüchte

Fisch, früher eine Seltenheit auf den Speisekarten, ist heute in fast jedem Lokal zu haben. Besonders köstlich schmecken die sogenannten **weißen Fische**: Zahnbrasse (Zubatac), Goldbrasse (Orada), Seebarsch (Brancin) und Scholle (List). Sie werden gewöhnlich auf dem Rost mit Holzkohle gebraten und mit Öl, Zitrone, Knoblauch und einigen Kräutern zubereitet. Als Beilage gibt es Kartoffeln oder Brot. Buzara ist eine dalmatinische Fischspeise, die aus Meereskrebsen und Muscheln mit Soße zubereitet wird.

Burek

Burek sind mit Hackfleisch gefüllte Blätterteigpasteten, die gerne auch mit Käse und Spinat oder nur mit Käse gefüllt sind. Sie werden vor allem als kleine Mahlzeit gegessen und sind in den meisten Bäckereien erhältlich.

Beilagen

An Beilagen, »Prilozi« (»Prilog« im Singular), bieten dalmatische Speisekarten dieselbe Auswahl wie hierzulande – zuzüglich Polenta (Palenta, auch Pura). Beliebt sind Makkaroni mit vier Käsesorten. Auf dem Salatteller findet man Tomaten, Gurken, Kraut und Blatt-

Meeresfrüchte kommen an der Küste frisch auf den Tisch.

salate (Miješana salata), die man gewöhnlich **selbst anmacht**. Bei den Gemüsesorten dominieren Bohnen, Zucchini und die internationale Erbsen-Karotten-Mischung. Gerne wird auch Mangold (Blitva) als Beilage gereicht – allerdings mit viel Öl und Knoblauch.

Risotto-Gerichte Risotto-Gerichte sind fester Bestandteil der dalmatischen Küche. Eine besondere Spezialität, die man auch dort bekommen kann, wo sie nicht eigens in der Karte aufgeführt wird, ist schwarzes Tintenfisch-Risotto (Crni rižoto). Dabei wird die »Tinte« während der Zubereitung über den Reis gegossen. Anspruchsvolle Genießer können auch Risotto mit weißen Trüffeln kosten.

Nachspeisen Eine Reminiszenz an die habsburgische Vergangenheit sind **Palatschinken**, die gern mit Marmeladenfüllung gegessen werden. Originell sind Pfannkuchen mit Nuss- oder Maronenfüllung. Eis (Sladoled) bekommt man fast überall. In Konditoreien (Slastičarnica) und Cafés gibt es süßes Gebäck aus Brand- oder Blätterteig sowie Cremeschnitten. Nach Abschluss eines Mahls verwöhnt man sich in Dalmatien oft mit Rožata, einem Dessert aus Eiern, Milch und Zucker, das anderswo auch als »Crème Caramel« bekannt ist.

Kaffee Kava bedeutet auf der Speisekarte meist Espresso, es gibt aber fast in jedem Lokal auch Cappuccino oder Milchkaffee (Bijela kava). Nach dem Essen empfiehlt sich ein Tässchen gesüßten türkischen Kaffees (Turska kava), bei dem stets ein Satz in der Tasse zurückbleibt.

Feiertage, Feste und Events

FEIERTAGE UND FESTE

GESETZLICHE FEIERTAGE

1. Januar Neujahr (Nova godina)
6. 1. Dreikönigstag (Sveta tri kralja)
Ostern (Uskrsni blagdani))
1. Mai Tag der Arbeit (Praznik rada)
22. Juni Tag des Antifaschistischen Kampfes (Dan antifašističke borbe)
25. 6. Staatsfeiertag (Dan državnosti)
5. August Danksagungstag (Dan domovinske zahvalnosti)
15. 8. Mariä Himmelfahrt (Velika Gospa)
8. Oktober Unabhängigkeitstag (Dan neovisnosti)
1. November Allerheiligen (Svi sveti)
25. / 26. Dezember Weihnachten (Božićni blagdani)

MÄRZ/APRIL

▸ **Vielerorts**
Osterprozessionen

MAI

▸ **Metković**
Folkloreschau

▸ **Split**
Fest des Schutzpatrons der Stadt

JUNI/JULI

- **Šibenik**
  Internationales Kinderfestival mit Musik, Theater, Akrobatik und Spielen

JULI

- **Veli Iž (Insel Iž)**
  Traditionelle Wahl des Inselkönigs von Iž (Ende Juli)

- **Zadar**
  »Zadar der Träume« – internationales Festival des neuen Theaters

JULI/AUGUST

- **Sommerspiele Dubrovnik**
  (Dubrovačke ljetne igre) Die traditionsreichsten Spiele im Land verwandeln die Altstadt in eine große Bühne.

- **Spliter Sommer**
  (Splitsko ljeto) Mit Oper, Theater, Ballett, Konzerten

- **Trogir und Omiš**
  Kultursommer mit musikalischen Veranstaltungen

- **Zadar**
  Musikabende in der Kirche Sveti Donat;
  Theatersommer von Zadar

AUGUST

- **Kukljica (Insel Ugljan)**
  Traditionelle Schiffsprozession am 5. August zu Ehren der Maria vom Schnee

- **Sinj**
  Sinjska alka – Reiterwettstreit in historischen Kostümen

- **Zlarin (Insel Zlarin)**
  Sardellenfest

JULI/AUGUST/SEPTEMBER

- **Makarska, Brač, Vis, Hvar**
  Kultursommer und Fischerabende

Geld

Kroatische Währung

Die kroatische Währung ist die **Kuna** (HRK); 1 Kuna = 100 Lipa. Im Umlauf sind Münzen zu 1, 2, 5, 10, 20 und 50 Lipa sowie zu 1, 2 und 5 Kuna. Banknoten gibt es zu 5, 10, 20, 50, 100, 200, 500 und 1000 Kuna.

Devisenbestimmungen

Keine Begrenzung gibt es bei der Einfuhr von Fremdwährung, eine Anmeldung ist jedoch ab einer Höhe von 10 000 Euro (oder dem Gegenwert) erforderlich.

Geldwechsel

Die kroatische Kuna ist eine recht stabile Währung. Da der Wechselkurs **im Reiseland günstiger** ist, empfiehlt es sich auf jeden Fall, dort zu wechseln – vorzugsweise in Banken und autorisierten Wechselstuben. Man kann aber auch auf den meisten Campingplätzen, in Hotels und Reisebüros Geld tauschen. Außerdem gibt es in

Wechselkurse

- 100 Kuna = 13,85 € / 1 € = 7,19 Kuna
  100 Kuna = 18,62 sFr / 1 sFr = 5,35 Kuna

allen größeren Küstenstädten Bankomaten, an denen man mit seiner Bankkarte, seiner Postbank- oder Kreditkarte Geld in der kroatischen Landeswährung abheben kann (Gebühr).

Kreditkarten Kreditkarten wie Visa, American Express, Eurocard/Mastercard oder Diners Club werden in den kroatischen Küstenorten bei Autovermietern, in Hotels, Banken und Restaurants der gehobenen Kategorien, auf Campingplätzen und in den meisten Geschäften akzeptiert.

Verlust ► Bei Verlust von Kredit- oder Bankkarten kann man den **Sperr-Notruf** unter der **Tel. 00 49 / 116 116** erreichen. Er gilt auch für Handys und weitere sperrbare Medien (Kartennummern bereithalten).

Gesundheit

Medizinische Versorgung Die medizinische Versorgung in den touristisch erschlossenen Gebieten von Kroatien ist gut: Es gibt ausreichend Ärzte, Krankenhäuser und Apotheken. In den Küstenstädten findet sich fast immer ein Arzt, der deutsch oder englisch spricht.

Apotheken In Kroatien sind Apotheken in den touristischen Küstenorten in der Regel Mo. – Fr. 8.00 – 21.00 und Sa. bis 14.00 Uhr geöffnet. Welche Apotheke Notdienst hat, kann man der Anschlagtafel »Dežurna lijekarna« entnehmen, die in jeder Apotheke aushängt.

Mit Kindern unterwegs

Meer und Strände Der beste Spielplatz ist für viele Kinder das Meer und seine Strände. Und davon bietet Dalmatien nun wahrlich reichlich. Sandstrände sind allerdings selten, meistens muss man mit Kieselsteinen und Felsen vorlieb nehmen. Für Kinder besonders gut geeignet sind die seicht abfallenden Kieselstrände entlang der Makarska Riviera. Sandstrände finden sich beispielsweise in Lumbarda auf Korčula, in der Bucht Saharun auf Dugi otok oder um die Lagune vor dem Städtchen Nin.

Kinder inklusive Wie in allen anderen mediterranen Regionen und Ländern ist es in Dalmatien üblich, Kinder in Restaurants, Museen, Ausstellungen und auf Feste bis in den späten Abend mitzunehmen. Selten ernten Eltern von herumtollenden Kindern grimmige Blicke, im Gegenteil, man versucht den Nachwuchs mit einzubeziehen. Das spiegeln auch die **speziellen Kinderfreizeitangebote** wider.

ANGEBOTE FÜR KINDER

REGION ZADAR

► **Ruderbootfähre Zadar**
Im Hafen von Zadar fährt Kroatiens einzige Ruderbootfähre. Informationen: Touristinformation Zadar
Tel. 023 / 21 24 12

REGION ŠIBENIK

► **Falknerei**
Greifvogelvorführungen in Kroatiens einzigem Falknerzentrum am Rand des Dorfs Dubrava Škugori
(7 km südlich von Šibenik)
Informationen
Tel. 022 / 33 01 16

► **Bauernhof**
Auf dem Bauernhof der Familie Kalpić im Dorf Radonić (17 km nordöstlich von Šibenik) können Kinder heimische Tiere streicheln und füttern, von Feigenbäumen naschen oder auf dem Spielplatz herumtollen.
Tel. mobil 091 / 584 55 20
www.agrotour-kalpic.com

REGION SPLIT

► **Muschelsammlung**
Im Franziskanerkloster in Makarska kann man Muscheln und Weichtiere aus aller Welt bewundern.
Franjevački put 1, Makarska
tgl. 10.00 – 12.00 und 18.00 – 22.00 Uhr

Ob am Strand, im und auf dem Wasser oder auf einem Bauernhof – für Kinder werden Abwechslung, Abenteuer und Spaß geboten.

REGION DUBROVNIK

► **Meeresaquarium Dubrovnik**
In 27 Aquarien kann man die Bewohner der Adria – Kraken, Seepferdchen, Rochen, Muränen u. a. – aus nächster Nähe beobachten. D. Jude 2, Festung Sv. Ivan am alten Hafen, Dubrovnik
tgl. 8.00 – 19.00 Uhr

► **Bären-Schutzstation**
Im Öko-Dorf Kuterovo, im Hinterland der Küste, werden junge Braunbären aufgepäppelt. Anreise: Regionalstraße Senj–Otočac–Plitwitzer Seen
Tel. 053 / 79 91 03

Knigge

Trinkgeld In Gaststätten gilt ein Trinkgeld von etwa **10 %** des Rechnungsbetrags als angemessen – sofern man mit dem Service zufrieden war. Natürlich freuen sich auch Hotelangestellte, Fremdenführer und Taxifahrer über ein Trinkgeld.

Rauchen In Kroatien herrscht gesetzliches **Rauchverbot** in Cafés und Restaurants. Raucherräume mit vorgeschriebenen Filteranlagen haben sich in der Praxis noch nicht durchgesetzt, geraucht wird auf den Terrassen der Cafés.

Politik In Gesprächen sollte man politische Themen gar nicht oder nur mit sehr viel Sensibilität und Verständnis diskutieren. In Dalmatien, das vom jüngsten Krieg besonders betroffen war, ist das Kapitel Jugoslawien und dessen Zerfall bei vielen noch längst nicht verarbeitet.

Literaturempfehlungen

Zeitgeschichte **Norbert Mappes-Niediek: Kroatien. Das Land hinter der Adria-Kulisse**, Ch. Links Verlag 2009. Zuweilen auch recht kritische Einblicke in Geschichte, Kultur, Politik und Mentalität des jungen Staats.

Bildbände **DuMont Bildatlas Kroatische Adriaküste**. DuMont Reiseverlag, Ostfildern 2010.
Ein schönes Porträt der kroatischen Küste in Wort und Bild.

Friederun Pleterski: Ein Haus in Dalmatien. Vom Leben auf einer Adria-Insel, Verlag Carinthia 2008.
Sympathische Aussteiger-Schilderung einer Journalistin, die sich ein einfaches Steinhaus auf der Insel Olib gekauft und restauriert hat.

Barbara & Wolfgang Pölzer: Tauchreiseführer. Nördliche Adria. Kroatien, Kosmos (Franck-Kosmos) 2009.
Informationen zu Tauchbasen und -revieren, ergänzt durch Fotos.

Karl-Heinz Beständig: Kroatien. 808 Häfen und Buchten: Küsten- und Hafenführer für Boots- und Yachtsportler, Beständig 2009.
Umfassende Übersicht über Häfen und Buchten an der kroatischen Küste. Standardwerk für Bootsführer, mit sehr detaillierten Karten.

Belletristik **Alida Bremer, Silvija Hinzmann, Dagmar Schruf (Hrsg.): Südliche Luft. 20 Liebeserklärungen an Kroatien**, List Taschenbuch 2008.
20 deutschsprachige Autoren, teils mit kroatischen Wurzeln, formen ein buntes Mosaik persönlicher Erinnerungen.

Notrufe

WICHTIGE RUFNUMMERN

IN KROATIEN

- **Einheitliche Notrufnummer**
  Tel. 112
- **Polizei und Feuerwehr**
  Tel. 192
- **Unfallhilfe und Notarzt**
  Tel. 94
- **Kroatischer Pannenhilfsdienst**
  Tel. 19 87
- **Unfall auf dem Meer**
  Tel. 91 55
- **Verkehrsservice und Wetter (Ansage, nur Kroatisch)**
  Tel. 060 / 52 05 20
- **ADAC-Notruf (deutschsprachig)**
  Tel. 01 / 344 06 66

IN DEUTSCHLAND

- **ADAC-Notrufzentrale**
  Tel. 0049 / 89 / 22 22 22
- **ACE-Notrufzentrale**
  Tel. 0049 / 18 02 / 34 35 36

Öffnungszeiten

Einzelhandel

Gesetzlich festgelegte Ladenöffnungszeiten gibt es in Kroatien nicht. Die Öffnungszeiten können von Ort zu Ort, von Geschäft zu Geschäft **variieren**. In der Regel sind die Geschäfte 8.00 – 20.00 Uhr durchgehend geöffnet, samstags 8.00 – 14.00 oder 15.00 Uhr. Manche Geschäfte schließen über Mittag. Viele Geschäfte in Touristenregionen haben auch sonntags geöffnet. Apotheken ► Gesundheit, Postämter ► Post und Telekommunikation.

Banken

Die Schalter der Banken sind fast überall Mo. – Fr. 8.00 – 20.00, Sa. 7.00 – 12.00 bzw. 13.00 Uhr geöffnet. In kleineren Orten gibt es oft längere Mittagspausen.

Tourismus-, Reisebüros

In den touristisch wichtigen Küstenorten haben Tourismus- und Reisebüros lange Öffnungszeiten. In der Hauptsaison sind sie täglich 8.00 – 21.00/22.00 Uhr auskunftsbereit. Außerhalb der Hochsaison schließen sie über die Mittagszeit.

Museen, Kirchen

Die Öffnungszeiten der größeren Museen sind den Ladenschlusszeiten ähnlich – in der Regel kann man sie vormittags 9.00 – 12.00 bzw.

13.00 und nachmittags 16.00 – 19.00 Uhr und länger besuchen. Dasselbe gilt auch für die meisten Kirchen. Kleinere Museen sind auch in der Hochsaison meist nur vormittags geöffnet.

Post und Telekommunikation

Öffnungszeiten Postämter erkennt man in Kroatien an einem gelbblauen Schild mit der Aufschrift »HP«. Sie sind Mo. – Fr. 7.00 – 19.00, Sa. bis 13.00 Uhr geöffnet, in größeren Städten und Touristenzentren mitunter auch bis 22.00 Uhr.

Porto Eine Postkarte ins europäische Ausland kostet in Kroatien 3,10 Kuna; ein Brief muss mit 7,10 Kuna frankiert werden. Briefe und Karten sind im Durchschnitt 3 bis 5 Tage unterwegs. **Briefmarken** erhält man nicht nur in den Postämtern, sondern auch an Kiosken und Souvenirständen.

AUSKUNFT

- **Inlandsauskunft**
  Tel. 988

- **Auslandsauskunft**
  Tel. 902

  Bei Anrufen vom Ausland in die genannten Länder entfällt grundsätzlich die erste »0« der Ortskennzahl.

VORWAHLNUMMERN

- **Nach Kroatien**
  Tel. 003 85

- **Nach Deutschland**
  Tel. 0049

- **Nach Österreich**
  Tel. 0043

- **In die Schweiz**
  Tel. 0041

Telefonzellen Auslandsgespräche führt man **am billigsten** von einem Postamt oder von einer öffentlichen Telefonzelle mit Telefonkarten (telefonske kartice, erhältlich im Postamt und an Kiosken). Von den Hotels bzw. den Rezeptionen der Campingplätze zu telefonieren ist meist teurer.

Mobiltelefone Telefonieren mit deutschen Mobiltelefonen ist problemlos möglich. Allerdings gelten unterschiedliche Tarife, die am besten beim Anbieter zu erfragen sind. Vertragskunden können jedoch häufig von besonderen Auslandstarifen profitieren. Die Verordnungen der EU für Mobilfunk-Höchstpreise im Roaming gelten in Kroatien noch nicht. Wer viel telefonieren möchte, spart auf jeden Fall mit einer kroatischen **Prepaid-Karte** (bon za mobitel) ohne Vertragsbindung, die es für wenige Kuna am Kiosk gibt. Den kroatischen Mobilfunkmarkt teilen sich derzeit T-Mobile Hrvatska, VIPnet und Tele 2.

Preise und Vergünstigungen

Die Preise für Mahlzeiten und Dinge des täglichen Lebens an der kroatischen Adriaküste ähneln inzwischen denjenigen in Deutschland. Ein Billigurlaub ist in dieser Region nicht möglich, will man nicht ständig nach Schnäppchen suchen.

WAS KOSTET WIE VIEL?

Einfache Mahlzeit
ab 50 Kuna

3-Gang-Menü
ab 180 Kuna

Doppelzimmer (privat)
ab 200 Kuna

Benzin 1 l Super
ca. 8,30 Kuna

Ein Softgetränk
ab 12 Kuna

Eine Tasse Kaffee
ab 7 Kuna

Reisezeit

Hochsommer

In den Hauptreisemonaten Juli und August erwarten den Besucher Tagesdurchschnittstemperaturen von 25 bis 30 °C, im Süden und im Hinterland kann es noch wärmer werden. Das Wasser der Adria erwärmt sich auf 20 bis 25 °C. **Spitzenreiter bei der Sonnenscheindauer** ist die Insel Hvar mit über 2700 Sonnenstunden im Jahr – mehr als in Nizza. Auch auf dem süddalmatinischen Festland ist die Sonnenscheindauer mit 2600 Stunden wolkenlosem Himmel hoch. Für Abkühlung sorgen gelegentlich die Küstenwinde Bora und Jugo, die von Regen begleitet sein können. Die Bora sorgt für sinkende Wassertemperaturen und hohen Wellengang, der für die Sportschifffahrt gefährlich werden kann. Das gilt im Sommer allerdings fast ausschließlich für die Region am Fuß des Velebit-Gebirges und die vorgelagerten Inseln. Der Maestral bringt in der Regel klaren Himmel und schönes Wetter und macht die hochsommerliche Hitze erträglich.

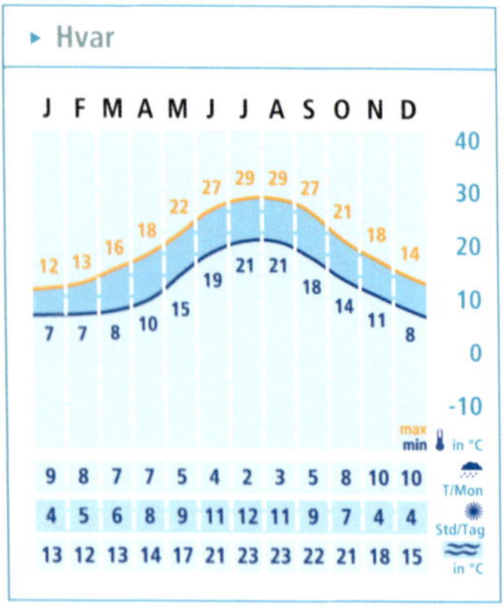

Zum Wandern oder für Besichtigungen sind Mai und Juni sowie September und Oktober ideal. Im **Frühjahr** steht die artenreiche Mittelmeerflora in voller Blüte, die Tagestemperaturen liegen bei angenehmen 22 bis 25 °C. Milde Temperaturen um 22 °C verspricht auch der Spätherbst, in Süddalmatien ist das Meer oft noch im November 20 °C warm, allerdings können einem – wie auch im Frühjahr – Stürme und Regentage einen Strich durch die Rechnung machen.

Die dalmatischen Winter sind in der Regel mild und feucht, im Hinterland kälter als an der Küste, wo die Temperaturen nur selten unter die Null-Grad-Marke sinken. Schneefall ist ausgesprochen selten. Die Gipfel des Dinarischen Gebirges können allerdings mehrere Monate hinweg schneebedeckt sein.

Shopping

Kitsch und Kunst

An der dalmatischen Küste herrscht den ganzen Sommer über ein **bunter Jahrmarkt**: Tätowierer, (Airbrush-)Künstler und allerlei Spaßvögel zeigen ihr Können, Souvenirhändler bieten Miniaturen antiker Amphoren und landestypischer Kuppelhäuschen (kažuni) sowie Kopien der historischen Steintafeln mit altkroatischer Glagoliza-Schrift feil. Vor allem in Trogir und Dubrovnik kann man in Galerien niveauvolle, moderne Kunst kaufen. Malerische Impressionen der verwinkelten alten Städte werden oft unter freiem Himmel angeboten.

Schmackhaftes

Zu den schmackhaftesten Souvenirs zählen Schnaps, Wein, Käse, Schinken und Olivenöl. Neben dem dalmatinischen Schinken (pršut) ist vor allem der einfache Bauernkäse aus Schaf- oder Kuhmilch zu empfehlen. Den besten Ruf hat der Paški sir von der Insel Pag. Er ist kräftig und erinnert in Geschmack und Konsistenz an Parmesan. Lecker schmeckt auch **Lavendelhonig** von der Insel Hvar, den man unbedingt probieren sollte.

Kitsch oder Kunst? Selten lässt sich die Frage →
so eindeutig beantworten wie hier.

Wer Schnaps mag, sollte vom Loza (aus Trauben) und dem Kräuterschnaps Travarica kosten, beide Brände können im Geschmack von Ort zu Ort variieren, wobei die Selbstgebrannten den industriell produzierten vorzuziehen sind. Aus der Umgebung von Zadar stammt der beliebte **Maraschino-Likör**, der aus einer besonderen Kirschsorte gewonnen wird. Weinliebhaber tun sich in Dalmatien nicht schwer, denn die Auswahl an einheimischen Weinen ist groß (► Baedeker Special S. 60).

Bekannt als delikate Köstlichkeit: Pager Käse

Die Dalmatische Küste ist auch für **filigranen Schmuck** bekannt. Beim zlatar (Goldschmied) ist die Ware nicht nur billiger als zu Hause, sie ist zumeist auch anders – in der Form ebenso wie in der Verarbeitung. Ohrklipse, Ketten und Ringe sind bunter, verschnörkelter, »orientalischer«. Natürlich gibt es auch modernen Modeschmuck sowie Juweliere, die vielleicht weniger originell sind, dafür aber den gängigen Geschmack bedienen.

Und auch das gibt es ... Was in anderen Urlaubsländern en vogue ist, kann man leicht auch an der Küste Kroatiens erstehen: handgetöpferte oder handgeschnitzte Gefäße, geklöppelte oder gehäkelte Decken, Lederwaren aller Art, Mineralien, mit Lavendel gefüllte Duftkissen, ätherische Öle sowie Muscheln und Schwämme aus dem Meer. Auch Touristen-T-Shirts sowie Massenprodukte aus Taiwan oder Hongkong haben inzwischen den Weg nach Kroatien gefunden.

Echte Spitze Zu den hochwertigen Erzeugnissen zählen die echten Spitzen. Im Benediktinerinnenkloster in Hvar auf der gleichnamigen Insel sollte man sich neben Ikonen und Gemälden unbedingt die kostbaren und dementsprechend hochpreisigen Deckchen ansehen, die die Nonnen aus den Fäden der Agaven vom Burgberg fertigen. Seit jeher berühmt ist die **Pager Spitze**, die man bei alten Frauen in Pag, genauer gesagt bei einer »Šipkarica« kaufen kann und deren Zartheit sich mit venezianischen und Brüsseler Spitzen messen kann: Am Wiener Hof nähten ständig zwei Pagerinnen für die Damen der Gesellschaft und die Monarchie Spitzen. Echte Pager Spitzen kosten je nach Größe umgerechnet etwa 60 bis 110 Euro für ein kleines Spitzendeckchen. Größere Arbeiten kosten mehrere Tausend Euro.

Sicherheit

Landminen In den bis 1995 umkämpften Gebieten besteht weiterhin eine Gefährdung durch Landminen, insbesondere entlang der damaligen

Frontlinien. Betroffen sind in Dalmatien folgende Gebiete: das westliche und südwestliche Grenzgebiet zu Bosnien (der Raum südlich von Sisak und Karlovac, östlich von Ogulin, Otocac, Gospic, am östlichen Stadtrand von Zadar und im Hinterland der Küste zwischen Senj und Split und in den Bergen südöstlich von Dubrovnik). Nähere Informationen auf der Homepage der kroatischen Minenräumanstalt Hrvatski centar za Razminiranje (www.hcr.hr auch auf Englisch). In diesen Gebieten wird dringend davor gewarnt, die Straßen und Wege zu verlassen. Achtung: **Minen wurden oft dicht am Straßenrand verlegt.** Minenfelder sind gewöhnlich durch gelbe Plastikstreifen abgesperrt oder durch Schilder oder Pfähle mit Plastikstreifen gekennzeichnet. Oft fehlt jedoch jede Kennzeichnung. Auch Trümmergrundstücke und leer stehende Gebäude sollten auf keinen Fall betreten werden.

◂ Kroatische Minenräumanstalt

Waldbrände

In Dalmatien muss aufgrund der trockenen Macchia mit Busch- und Waldbränden gerechnet werden, die sich durch starken Wind rasch verbreiten können. Alljährlich müssen Anwohner evakuiert werden.

Sprache

Verständigung im Reiseland

Die Verständigung macht in Dalmatien nur selten Probleme, da in allen Orten mit touristischer Infrastruktur Deutsch gesprochen wird. Auch Hinweisschilder zu freien Zimmern, Speisekarten und Informationen über Sehenswürdigkeiten sind verständlich gestaltet. Oft trifft man auch auf Einheimische, die in Deutschland oder Österreich gelebt und gearbeitet haben, jüngere Leute sprechen auch Englisch.

Aussprache

Ungewöhnlich sind die Akzente auf bestimmten Buchstaben, sogenannte **diakritische Zeichen**, und die Konsonantenhäufungen der kroatischen Sprache. Wörter wie Krka sind sprachliche Stolpersteine, aber dennoch leicht auszusprechen, wenn zwischen k und r ein Halbvokal, d. h. ein kurzer Vokal, eingeschoben wird (z. B. e oder i).

Besonderheiten des kroatischen Alphabets

Einige Buchstaben des kroatischen Alphabets gibt es im deutschen Alphabet nicht. Sie werden wie folgt ausgesprochen:
c wird grundsätzlich »z« gesprochen (wie Zentrum)
č wird »tsch« gesprochen (wie Tscheche)
ć wird »tch« gesprochen (wie Hütchen)
đ wird »dj« gesprochen
dž wird »dsch« gesprochen (wie Ingenieur)
h wird »ch« gesprochen (wie machen)
š wird »sch« gesprochen (wie Schule)
z wird als stimmhaftes »s« gesprochen (wie Rose)
ž wird als stimmhaftes »sch« gesprochen (wie Journal)

SPRACHFÜHRER KROATISCH

Zahlen

nula	0
jedan	1
dva	2
tri	3
četiri	4
pet	5
šest	6
sedam	7
osam	8
devet	9
deset	10
jedanaest	11
dvanaest	12
trinaest	13
četrnaest	14
petnaest	15
šesnaest	16
sedamnaest	17
osamnaest	18
devetnaest	19
dvadeset	20
trideset	30
četrdeset	40
pedeset	50
šezdeset	60
sedamdeset	70
osamdeset	80
devedeset	90
sto	100
dvije stotine/dvjesto	200
jedna tisuća/tisuću	1000
deset tisuća	10 000
polovina	½
četvrtina	¼

Wochentage

ponedjeljak	Montag
utorak	Dienstag
srijeda	Mittwoch
četvrtak	Donnerstag
petak	Freitag
subota	Samstag
nedjelja	Sonntag
praznik/blagdan	Feiertag
radni dan	Werktag

Monatsnamen

siječan	Januar
veljača	Februar
ožujak	März
travanj	April
svibanj	Mai
lipanj	Juni
srpanj	Juli
kolovoz	August
rujan	September

listopad	Oktober
studeni	November
prosinac	Dezember

Auf einen Blick

da / ne	ja / nein
molim / hvala	bitte / danke
Oprostite	Entschuldigung!
Ne razumijem Vas / te	Ich verstehe Sie / dich nicht
Dobro jutro	Guten Morgen
Dobar dan	Guten Tag
Dobra večer	Guten Abend
Do viđenja	Auf Wiedersehen
Kako ste/si?	Wie geht es Ihnen / dir?
Zovem se	Ich heiße...
Imate li ...?	Haben Sie ...?
danas / sutra	heute / morgen
od ... do	von ... bis

Unterwegs

desno / lijevo / ravno	rechts / links / geradeaus
blizu/daleko	nah / weit
Molim Vas, gdje je ...?	Bitte, wo ist ...?
kola	Wagen
motocikl / skuter	Motorrad / Motorroller
bicikl	Fahrrad
aerodrom/zraćna luka	Flughafen
kolodvor	Bahnhof željeznička stanica
vlak	Zug
dolazak / odlazak	Ankunft / Abfahrt
autobusni kolodvor/autobusna postaja	Busbahnhof/Bushaltestelle
luka	Hafen
trajekt	Autofähre
lađa/brod	Schiff
grad	Stadt
ulica / cesta	Straße
trg	Platz
centar (grada)	(Stadt-)Zentrum
jezero	See
dolina	Tal
otok	Insel
zaljev / uvala / draga	Bucht
plaža	Strand
crkva	Kirche

samostan	Kloster
muzej	Museum

Rund ums Auto

benzinska stanica/postaja	Tankstelle
obični benzin	Normalbenzin
super / dizel	Super / Diesel
bez olova/s olovom	bleifrei / verbleit
Napunite, molim	Volltanken, bitte!
ulje	Öl
popravak	Reparatur
automehaničar	Werkstatt
kola imaju kvar	Ich habe eine Panne.
nezgoda	Unfall
policija	Polizei

Einkaufen

Koliko košta ...?	Was kostet ...?
Gdje mogu naći ...?	Wo finde ich ...?
trgovina prehranom	Lebensmittelgeschäft
pekara / pekarnica	Bäckerei
drogerija	Drogerie
tržnica	Markt(-platz)
banka	Bank
pošta	Post

Arzt und Apotheke

liječnik	Arzt
apoteka / ljekarna	Apotheke
bolnica	Krankenhaus
bolnička kola	Krankenwagen
prehlada	Erkältung
opekotina od sunca	Sonnenbrand
proljev	Durchfall
povraćanje	Erbrechen
zubar	Zahnarzt

Übernachten

hotel	Hotel
pansion	Pension

soba	Zimmer
doručak	Frühstück
polupansion	Halbpension
jednu noć	eine Nacht
jedan tjedan	eine Woche
Imate li slobodnih soba?	Haben Sie noch Zimmer frei?
jednokrevetna soba/dvokrevetna soba	Einzelzimmer/Doppelzimmer
račun	Rechnung

Übernachten

Camping und Caravaning

Großes Angebot

Rund 60 große und 170 kleine Campingplätze findet man entlang der Küste und auf den vorgelagerten Inseln, die meisten sind von April/Mai bis Oktober geöffnet. Reservieren ist im Juli und August sinnvoll, jedoch nicht immer möglich. **Wildes Campen und Übernachten auf Rastplätzen** sind keine Alternative, da **verboten**. Alle größeren Campinganlagen verfügen über Kioske, Lebensmittelgeschäfte und Restaurants, eigene Strände sowie Sport- und Freizeitangebote. Die aktuellen Preise und Öffnungszeiten kann man der jährlich neu erscheinenden Broschüre der Kroatischen Tourismuszentrale (►Auskunft S. 54) entnehmen. Über sämtliche Campingplätze in Dalmatien informiert zudem der Kroatische Campingverband (Camping udruženje Hrvatske), Bože Milanovića 20, HR-52440 Poreč, Tel. 052/45 13 24, Fax 052/45 12 79, www.camping.hr.

Mini Camps

Mini Camps werden in Kroatien kleine Campingplätze genannt, die in der Regel auf privaten Anwesen eingerichtet sind. Wer familiäre Atmosphäre mag, ist dort gut aufgehoben. Man findet die Mini Camps vor allem an der südlichen Riviera von Zadar – in Orten wie Bibinje, Pakoštane und Sv. Filip i Jakov. Zahlreiche weitere Plätze samt Adressen sind im Camping & Caravan-Verzeichnis des Kroatischen Fremdenverkehrsamtes (►Auskunft S. 54) aufgelistet.

Hotels und Pensionen

Großes Angebot

Das Angebot an Übernachtungsmöglichkeiten ist in den viel besuchten Seebädern zwar groß, in der **Hochsaison** sollte man dennoch **reservieren**. Das gilt besonders für die Inseln, die in den Monaten Juli und August erfahrungsgemäß gut besucht werden. Als Ausweichmöglichkeit bieten sich ► Privatunterkünfte in unterschiedlichen Komfortkategorien an. Viele Hotels sind reine Ferien- und Badeun-

terkünfte, die nur während der Saison von April bis Oktober geöffnet sind und meist über ein großes Freizeitangebot verfügen. Wer ein bisschen sucht, findet aber auch kleine, privat geführte Hotels und Pensionen mit familiärer Atmosphäre und individuellem Charme.
bb hinter Straßennamen bedeutet bez broja (ohne Nummer).

Kategorien Hotels sind entsprechend ihrer Ausstattung (Schwimmbad, Klimaanlage, Freizeit- und Sportangebot etc.) mit Sternen gekennzeichnet: von einem Stern für ganz einfache Unterkünfte bis zu fünf Sternen für Luxusherbergen.

Preise Die Hotelpreise **variieren je nach Saison** und sind im Juli und August am höchsten; in den übrigen Monaten liegen sie rund 30 bis 70 % unter Hochsaison-Niveau. Die in diesem Führer genannten Hotelpreise beziehen sich auf ein Doppelzimmer mit Frühstück in der Hochsaison. Die Kosten für ein Einzelzimmer liegen im Schnitt 10 bis 20 % über dem halben Preis für ein Doppelzimmer. Abweichungen sind je nach Ortslage möglich. Die offizielle Besternung sagt nicht immer etwas über das Preisniveau aus: Eine hohe Sternebewertung kann in einem weniger bekannten Ort einen günstigen Preis haben, während einfache Häuser in Touristenzentren sehr teuer werden können.

i Preiskategorien

- Luxus: ab 130 €
- Komfortabel: 80 – 130 €
- Günstig: bis 80 €

Doppelzimmer pro Nacht mit Frühstück

Hotels und Pensionen ►Reiseziele von A bis Z

Privatunterkünfte

Ferienwohnungen Eine **meist recht preisgünstige Alternative** zum Hotel sind Privatunterkünfte, die man in allen Badeorten in großer Zahl findet. Sie werden fast überall von lokalen Touristinformationen und Reisebüros gegen Kurtaxe vermittelt. Wer sein Quartier selbst aussuchen möchte, kann sich direkt beim Vermieter melden, beispielsweise wenn man ein Hinweisschild mit den Worten »sobe« = Zimmer, »apartman« = Ferienwohnung am Straßenrand sieht. In der Hochsaison ist diese Form der Zimmersuche etwas mühsam, da die guten Privatunterkünfte schnell ausgebucht sind, außerhalb der Saison lässt sich aber leicht ein Zimmer finden. Wer weniger als drei Nächte bleibt, muss allerdings mit bis zu 30 % Aufschlag rechnen. Hilfreich bei der Privatzimmersuche ist die Broschüre »Privatunterkunft Kroatien«, die bei der Kroatischen Zentrale für Tourismus (► Auskunft S. 54) erhältlich ist.

Preise Die Preise für ein Doppelzimmer liegen im Durchschnitt bei 25 bis 40 Euro pro Nacht. Ein Frühstück ist im Übernachtungspreis nicht inbegriffen, wird aber in der Regel gegen Aufpreis serviert.

Privatunterkünfte werden in drei **Kategorien** eingeteilt. In die erste gehören Doppelzimmer mit eigenem Bad bzw. eigener Dusche, in der zweiten teilen sich zwei Doppelzimmer ein Bad, in der dritten Kategorie kommt auf mehrere Zimmer nur ein Etagenbad. Sehr beliebt sind Ferienwohnungen und Ferienhäuser für zwei, vier oder sechs Personen. Sie werden in fünf Kategorien, von einfach (1 Stern) bis Luxus (5 Sterne), unterteilt.

> ! *Baedeker* TIPP
>
> **Urlaubsspaß mit dem Special Guide**
>
> Ob Leuchtturm, Steinhaus oder luxuriöse Villa: Im Special Guide zu diesem Band finden Sie eine Reihe ungewöhnlicher Unterkünfte.

Jugendherbergen

Dünn gesät

Das Netz von Jugendherbergen ist in Kroatien noch sehr grobmaschig. In Dalmatien betreibt der kroatische Jugendherbergsverband (HFHS) zwei eigene Häuser in Zadar und Dubrovnik. Die Unterkünfte in Gradac und Zaostrog sind unterdessen Franchise-Häuser. Da das **Angebot knapp** ist, sollte man möglichst reservieren. Die Unterkünfte sind preiswert. Für Gruppen gibt es in der Regel Preisnach-

WICHTIGE ADRESSEN

AUSKUNFT

► **Kroatischer Jugendherbergsverband (HFHS)**
Zentrale Zagreb
Savska 5/1, 10000 Zagreb
Tel. 01 / 482 92 94, 482 92 96
Fax 487 04 77, www.hfhs.hr

JUGENDHERBERGE DUBROVNIK

Vinka Sagrestana 3
20000 Dubrovnik
Tel. 020 / 42 32 41, Fax 41 25 92
dubrovnik@hfhs.hr
15 Gehminuten von der Altstadt entfernt, mit über 90 Betten (meistens Doppelstockbetten), Terrassenrestaurant, Kochgelegenheit und Fernsehraum.

JUGENDHERBERGE ZADAR

Obala kneza Trpimira 76
23000 Zadar
Tel. 023 / 33 11 45, Fax 33 11 90
zadar@hfhs.hr
Im Touristengebiet Borik gelegen, ca. 3 km von der Altstadt entfernt. Terrasse mit Bar/Restaurant, Seminarraum und Sportplätze für Fuß- und Basketball.

FRANCHISE-JUGENDHERBERGEN

► **Hostel Jethro**
Jadranska bb 21330 Gradac
Tel. mobil 099 / 22 86 086
info@hostel-jedro.hr
Drei Gebäude im dalmatinischen Stil, komplett saniert, zwischen Split und Dubrovnik.

► **Hostel Eklata**
21334 Zaostrog
Tel. 021 / 62 90 76
info@hosteleklata.com
Kleinere Herberge an der Makarska Riviera, die nur von Mai bis Oktober geöffnet ist.

lässe. Mahlzeiten können gegen Aufpreis gebucht werden. Zunehmend entstehen in den gut frequentierten Tourismuszentren auch private Hostels (z. B. Split, Šibenik, Hvar).

Urlaub aktiv

Wer sich im Urlaub sportlich betätigen möchte, kann wählen zwischen Wassersportarten wie Tauchen, Schnorcheln, Surfen und Segeln, für die fast überall an der Küste geradezu ideale Bedingungen herrschen, und Reiten, Wandern, Tennis oder Radfahren. Anspruchsvolle Berg- und Klettertouren bietet das Velebit-Gebirge im und um den Paklenica-Nationalpark. **Breites Sportangebot**

Am meisten Spaß macht das Radfahren auf den größeren Inseln. Die dortigen Fremdenverkehrsämter kennen die besten Rad-/Mountainbike-Touren und stellen auch das nötige Kartenmaterial zur Verfügung. Auch die ruhige Insel Mljet ist mit ihrer herrlichen Landschaft hervorragend zum Radeln geeignet. Organisiertes Inselhüpfen mit Rad und Motorsegler in Kroatien hat I. D. Riva Tours in München im Programm (Tel. 089 / 231 10 00, www.idriva.de). Achtung: **Auf der Küstenmagistrale ist das Radfahren gefährlich** und anstrengend, Nebenstrecken gibt es kaum. **Radfahren**

In Polača bei Zadar finden internationale Reitturniere statt. Selber auf ein Pferd steigen kann man u. a. in einer Reitschule bei Split, im Norden des Waldparks Marjan. Auskünfte über die Pferderennbahn von Sinj samt Reitschule und Ritterwettstreit Alka erteilt der Tourismusverband Sinj (Tel. 021 / 82 63 52, www.tzsinj.hr). Geschulte Führer begleiten in der Umgebung von Sinj erfahrene Reiter auf den schönsten Reitwegen; Anfänger werden von Reitlehrern ausgebildet (Infos erteilt die Agentur Avanturist: Tel. mobil 098 / 65 78 29). **Reiten**

Tennis zählt spätestens seit den Erfolgen von Goran Ivanišević **zu den beliebtesten Sportarten** der Kroaten und wird an der Küste Dalmatiens fast das ganze Jahr über gespielt. Die meisten Tennisanlagen findet man in den Sportzentren der großen Badeorte, zum Beispiel in Bol auf der Insel Brač. Auch viele Hotels und Campingplätze verfügen über eigene Plätze. **Tennis**

Besonders schöne Reviere finden Wanderer im **Nationalpark Paklenica**, dessen Routen die Park-Verwaltung in drei Trekking-Wander- **Wandern**

← *Nicht zu vergleichen mit dem Roten Meer, dennoch reizvoll: Ein Tauchgang in der kroatischen Adria hat für Sporttaucher einiges zu bieten.*

karten erarbeitet hat. Auch die Wanderaufstiege aus dem Küstenland von Makarska hinauf ins Biokovo-Gebirge sind ein einzigartiges Erlebnis, obwohl sie lang und anstrengend sind. Vom Kozjak bei Split hat man herrliche Ausblicke auf das Meer mit seinen Inseln und die sieben Kastelle. Von Split aus erreicht man auch das Mosor-Gebirge, das sich auf einer Länge von ungefähr 25 km bis zum Fluss Cetina erstreckt. Auf den dalmatinischen Inseln sind die **Wege selten ausgeschildert**, dafür wird man mit schönen Ausblicken belohnt.

Wassersport

Surfen/Kitesurfen Überall an den Küstenorten gibt es Surfbretterverleih und in einigen auch Surfschulen. Für Anfänger sind die vielen windgeschützten Buchten ein ideales Übungsrevier. Surfer treffen sich auf der Halbinsel Pelješac. Der Anbieter Surfmania (www.surfmania.hr, Tel. 098 / 912 98 18) unterrichtet auch Kitesurfen in Nin bei Zadar.

Wasserski Wasserski kann man an den Küsten der meisten Fremdenverkehrsorte fahren, Bretter und Motorboote bekommt man in der Regel geliehen. Unbedingt einzuhalten ist der **Mindestabstand zum Strand von 150 m**. Neben dem Fahrer muss sich noch eine zweite Person an Bord des Motorboots befinden.

Schnorcheln Das klare Wasser an den Felsküstenabschnitten ist ein wahres Dorado für Schnorchelfans. Taucherbrillen, Schnorchel und Flossen sollte man deshalb unbedingt einpacken, notfalls kann man sich die Ausrüstung aber auch noch vor Ort kaufen.

Tauchen Entlang der kroatischen Küste sind **rund 170 Tauchzentren aktiv**. Freizeittaucher benötigen einen Taucherausweis, den der Kroatische Taucherverband ausgibt. Dieser kann in den Tauchzentren, Tauchclubs und einigen Reisebüros erworben werden und ist ein Jahr gültig. Wer individuell und ohne Aufsicht tauchen möchte, muss neben dem Taucherausweis eine entsprechende Genehmigung im Hafenamt beantragen, das auch über Sperrgebiete informiert. Als einfachste und sicherste Art gilt das organsierte Tauchen in den Tauchzentren. Die Broschüre »Informationen für Nautiker« der Kroatischen Zentrale für Tourismus (► Auskunft S. 54) erteilt weitere Auskünfte (Adressen), ebenso der Kroatische Taucherverband in Zagreb (www.diving-hrs.sr) oder die Website www.diving.hr.

Tauchreviere

Insel Rasip ► Zu den besten Tauchrevieren in Dalmatien zählt die Kornaten-Insel Rasip. An der Außenseite der Insel gibt es einen Felsen, der von 3 m auf 65 m Tiefe abfällt. Das Meer ist kristallklar, die Sicht beträgt oft über 40 m. Der Felsen ist mit Korallen, Schwämmen und Moos bewachsen, und überall schwimmen Fischschwärme.

Hvar: Pakleni otoci, Stambedar ► Stambedar ist eine kleine Insel innerhalb der Inselgruppe Pakleni otoci bei Hvar. Taucher lockt die wunderschöne Unterwasserwand,

Anlegen und an Land gehen!

die von 5 m bis 45 m Tiefe reicht, mit einem Wald roter und violetter **Gorgonien**. Das Wasser ist reich an Fischen, Algen, Schnecken, Igeln und anderem Meeresgetier.

◄ Biševo: Blaue Grotte

In die schillernde Blaue Grotte auf der kleinen Insel Biševo kann man nur tauchend oder mit einem schmalen Boot durch den engen Durchgang hineingelangen.

◄ Pelješac

Das sehr gut erhaltene **Wrack** des deutschen Torpedoboots (S. 57), das am 19. August 1944 sank, nachdem es von drei englischen Zerstörern angegriffen worden war, ist das Tauchhighlight der Halbinsel Pelješac. Das Wrack ist sehr gut erhalten: Man kann die vorderen Kanonen für die Flugzeugabwehr sehen, die noch immer beweglich sind. Die Torpedorohre sind noch bestückt! Das Eindringen in das Wrack, das in 22 bis 38 m Tiefe liegt, ist nicht möglich.

◄ Dubrovnik: Taranto Wrack

Vor Dubrovnik versank 1943 ein Handelsschiff, nachdem es auf eine Mine der Alliierten aufgelaufen war. Um das in der Mitte zerbrochene Wrack herum sind Frachtstücke und Motoren verstreut. Das Heck ist im Sand versunken, den Rest bewohnen Fischschwärme.

◄ Elafiten: St. Andrija

Eine Taucherattraktion bei St. Andrija ist die in 26 m Tiefe gelegene Unterwasserhöhle. Noch weiter unten entdeckt man rote Korallen.

Segeln · Sportschifffahrt

Ein-/Ausreise über Land

Die Einfuhr von Wassersportfahrzeugen über Land ist beim Grenzübertritt lediglich mündlich zu deklarieren. Alle Wassersportfahrzeuge mit einer Motorleistung über 4 kW und alle Boote mit einer Länge von mehr als 3 m benötigen eine Vignette. Diese ist ein Jahr ab

Verkaufsdatum gültig und kann bei den Hafenämtern erworben werden. Das Verzeichnis von Besatzung und Passagieren muss vom Hafenamt beglaubigt werden. Wer ein motorbetriebenes Boot führen will, benötigt in jedem Fall einen **Führerschein**, eine Untergrenze gilt dabei nicht (aktuelle Gesetzeslage: www.nautik-verlag.de/gesetze).

Ein-/Ausreise über See Bei einer Einreise über See müssen Boote zunächst einen Hafen ansteuern, der für den internationalen Verkehr geöffnet ist (Port of Entry). Ganzjährig geöffnete Häfen an der dalmatinischen Küste sind: Zadar, Šibenik, Split, Ploče, Metković, Korčula und Dubrovnik. Saisonale internationale Seegrenzübergänge sind: Sali und Soline auf Dugi Otok, Primošten, Ravni Žakan (Kornaten), Hvar, Ubli auf Lastovo (Stadt), Lastovo und Vis. Bei der Ausreise besteht Abmeldepflicht in einem Hafen für den internationalen Verkehr. Schiffe haben 300 m, Jachten 150 m und Motorboote/Segelschiffe mindestens 50 m Abstand zur Küste zu halten (gilt nicht für Gefahrensituationen und Anlegen). Das Befahren und Anlegen im Kornati-Inselarchipel ist gebührenpflichtig und nicht überall gestattet. Informationen über »spezielle Schutzzonen« auch auf Englisch: www.kornati.hr.

Wettervorhersage Der amtliche Seewetterbericht in Kroatisch und Englisch wird mehrmals täglich auf UKW von den drei Küstenfunkstellen ausgestrahlt. Die **Sendezeiten** sind einheitlich 5.45 UTC, 12.45 UTC und 19.45 UTC. Rijeka Radio ist auf den Kanälen 24 und 16 erreichbar, Split auf 21 und 16, Dubrovnik auf 7 und 16. Online gibt es den Seewetterbericht auch auf www.meteo.hr. Das Institut für Meteorologie in Split erstellt einen eigenen Wetterbericht, der täglich um 7.00, 13.00 und 19.00 Uhr aktualisiert wird. Dieser wird ganzjährig auch in deutscher Sprache auf folgenden VHF-Kanälen ausgestrahlt: 69 (Rijeka), 73 (Šibenik, Dubrovnik), 67 (Split). Der **Deutsche Wetterdienst Hamburg** verbreitet den Seewetterbericht für das östliche Mittelmeer per MMS auf das Handy, zusätzlich gibt es regionale Sturmwarnungen per SMS. Informationen und Anmeldung: www.mms-wetter.de.

Marinas Über 50 gut ausgestattete Jachthäfen (Marinas) liegen an der Küste Dalmatiens bzw. auf den vorgelagerten Inseln. Über einen einheitlichen Standard (10-Tonnen-Kran, Restaurant, Tankstelle, Werkstätte) verfügen die Marinas des Adriatic Croatic International Clubs (ACI; Adresse siehe unten bei Bootscharter). **Liegegebühren** werden sowohl in den Marinas als auch in den öffentlichen Häfen erhoben. In einigen Buchten verlangen die Gemeinden für das Ankern eine Gebühr. Gut sortierte Supermärkte findet man in allen Häfen und Marinas, auch auf den größeren Inseln.

Bootscharter Wer ein Boot oder eine Jacht chartern will, kann unter vielen Charterfirmen auswählen. Auskünfte erteilen die Kreuzer-Abteilung des Deutschen Segler-Verbandes (DSV; Tel. 040 / 632 00 90, www.kreuzer-abteilung.org), die Zentrale des Adriatic Croatia Int. Club (ACI;

Maršala Tita 151, HR-51410 Opatija, Tel. 051 / 27 12 88, Fax 051 / 27 18 24, www.aci-club.hr) und der Verband des nautischen Tourismus/Abteilung Charterfirmen in Rijeka (Bulevar oslobodjenja 23, HR-51000 Rijeka, Tel. 051 / 20 91 11).

Verkehr

Küsteneilfähre

Die Küsteneilfähre verbindet Rijeka mit Dubrovnik, in der Hauptsaison mehrmals in der Woche. Zwischenstopps werden – abhängig vom Reisetag – in Zadar, Split, Stari Grad (Insel Hvar), Korčula und Sobra (Insel Mljet) eingelegt.

Lokale Fährlinien

Lokale Fährlinien vom Festland zu den vorgelagerten Inseln bzw. die Verbindungen zwischen den Inseln sind im Hauptteil dieses Reiseführers, bei der Beschreibung der jeweiligen Inseln, aufgeführt. **Im Juli und August ist mit längeren Wartezeiten zu rechnen.** Will man abends mit der letzten Fähre von einer Insel noch zum Festland zurück, so empfiehlt es sich, eine Stunde vorher am Hafen zu sein. Tickets werden direkt an der Anlegestelle verkauft. Die staatliche Reederei Jadrolinia (► Anreise) hat den Markt fest im Griff. Nur einige wenige lokale Linien (z. B. Krk–Rab) werden von anderen Anbietern bedient (► Anreise).

! *Baedeker* TIPP

Schwimmende Hotels

Die kroatische Küste hat viel zu bieten. Wie wäre es denn zur Abwechslung mal mit einer Bootstour durch die kroatische Inselwelt? Z. B. auf dem Zwei-Mast-Motorsegler »Adriatic Queen« (Infos: Tel. 021 / 31 63 76, www.adriatic-queen.hr) oder mit I. D. Riva Tours (Tel. 089 / 231 10 00, www.idriva.de) oder Misir Sonnenlandreisen (Tel. 02 01 / 43 93 70, www.misir.de)?

Sowohl auf dem Festland als auch auf den Inseln bestehen zwischen vielen Orten regelmäßige **Busverbindungen**. Auf längeren Strecken fahren Expressbusse. Die Busbahnhöfe liegen in der Regel zentral. Über die jeweiligen Verbindungen geben Reise- und Fremdenverkehrsbüros sowie Autobusni Kolodvor in Zagreb Auskunft.

Bahn

Für die ► Anreise nach Dalmatien ist die Bahn eine Option, allerdings nicht für die Fortbewegung vor Ort. Die Bahnstrecke zwischen Rijeka und Split verläuft im Hinterland und nicht an der Küste. Von Knin aus kann man die nord- und mitteldalmatinischen Städte Zadar, Šibenik und Split erreichen.

Flugverbindungen

Die Flugverbindungen innerhalb Kroatiens werden ausschließlich von der Fluggesellschaft Croatia Airlines bestritten. Von Zagreb aus erreicht man Zadar, Split, Bol (Brač) und Dubrovnik.

WICHTIGE INFORMATIONEN VERKEHR

BUSVERKEHR

▸ **Autobusni kolodvor Zagreb**
In Kroatien: Tel. 060 / 31 33 33
Aus dem Ausland: Tel.
003 85 / 1 / 611 27 89, www.akz.hr

FLUGVERBINDUNGEN

▸ **Croatia Airlines**
Zentrale Reservierungsstelle in Zagreb: Tel. 01 / 616 02 36
Reservierung in Deutschland:
Tel. 069 / 920 05 20
www.croatiaairlines.com

MIETWAGENRESERVIERUNG IN DEUTSCHLAND

▸ **Avis**
Tel. 0180 / 5 21 77 02
www.avis.de

▸ **Europcar**
Tel. 0180 / 5 80 00
www.europcar.de

▸ **Hertz**
Tel. 0180 / 5 33 35 35
www.hertz.de

▸ **Holiday Autos**
Tel. 0180 / 5 17 91 91 (D)
0810 / 000 999 (A)
www.holidayautos.de

▸ **Sixt**
Tel. 0180 / 5 23 22 22, www.sixt.de

KROATISCHER AUTOMOBILCLUB

▸ **Hrvatski autoklub (HAK)**
Avenija Dubrovnik 44
10020 Zagreb
Tel. 01 / 661 19 99, Fax 662 31 11
www.hak.hr

PANNENHILFE

▸ **HAK**
Tel. 19 87

Straßenverkehr

Höchstgeschwindigkeiten

In Kroatien gilt: innerhalb geschlossener Ortschaften 50 km/h, außerhalb geschlossener Ortschaften 80 km/h, auf Schnellstraßen 100 km/h, auf Autobahnen für Pkws und Motorräder 130 km/h, 100 km/h für Wohnmobile bis 3,5 t, 80 km/h für Gespanne und Wohnmobile über 3,5 t.

Verkehrsregeln PKW und Fahrrad

Die Verkehrsvorschriften in Kroatien entsprechen den internationalen Normen, dennoch gibt es ein paar abweichende Regeln: Schulbusse dürfen nicht überholt werden, wenn sie anhalten, um Fahrgäste ein- oder aussteigen zu lassen. Während eines gesamten Überholvorgangs muss der Blinker gesetzt sein, das Überholen von Fahrzeugkolonnen ist verboten, ebenso Telefonieren während der Fahrt. Tagsüber muss zwischen Oktober und März mit Abblendlicht gefahren werden. Warnweste, Warndreieck und Ersatzlampenset müssen mitgeführt werden, sonst droht eine Geldbuße. Die **Promillegrenze** liegt bei **0,5** – und zwar auch bei Radfahrern. Wer betrunken auf dem Rad erwischt wird, hat mit einer Geldstrafe zu rechnen. Für Kinder unter 16 Jahre ist ein Helm Vorschrift.

Unfall

In Kroatien muss jeder Unfall der Polizei gemeldet werden. Beim Abschleppen von Fahrzeugen sollte an der Vorderseite des Schleppfahrzeugs und am Heck des geschleppten Wagens ein Warndreieck angebracht sein. Fahrzeuge mit einem auffälligen Karosserieschaden dürfen Kroatien nur mit schriftlicher polizeilicher Schadensaufnahme wieder verlassen. Hat ein Fahrzeug bereits vor der Einreise nach Kroatien einen Blechschaden, sollte dies an der Grenze gemeldet werden.

Benzin/ Tankstellen

Kraftstoff in Kanistern darf nicht nach Kroatien eingeführt werden. Bleifreies Benzin ist an jeder Tankstelle erhältlich, die Benzinpreise sind niedriger als in Deutschland oder Österreich. Entlang der Küstenmagistrale und auch im Landesinneren ist die Tankstellendichte mitunter dünn, frühzeitiges Tanken demnach angeraten. Viele Tankstellen in großen Städten und an viel befahrenen Fernstraßen sind rund um die Uhr geöffnet.

Straßenzustand

Die kurvigen Landstraßen Kroatiens verlocken nicht nur Motorradfahrer zu schnittiger Fahrweise. Besonders bei Regen ist allerdings größte Vorsicht geboten, denn Wasser und Staub bilden schon nach den ersten Tropfen eine rutschige Schmierschicht. Eine häufig unterschätzte Gefahr ist der **Fallwind Bora**. Da weder Küstenstraßen noch Verkehrswege auf den Inseln hangseitig durchgängig befestigt sind, sollte man dort besonders vorsichtig fahren.

Mietwagen

Die meisten internationalen Autovermieter verleihen keine Autos zur Fahrt nach Kroatien, sind aber mit Mietstationen in Kroatien vertreten. Eine Reservierung von Deutschland aus ist oftmals günstiger als die Buchung vor Ort. Neben den internationalen gibt es auch nationale Anbieter, darunter Autotehna, Uni Rent oder Rent Auto-Hrvatska, sowie kleine regionale Unternehmen, vor allem in Zadar, Split und Dubrovnik. Zum Mieten genügt der nationale Führerschein, ein Jahr Fahrpraxis sollte man haben. Das vorgeschriebene Mindestalter variiert je nach Autovermieter; bei den meisten liegt es bei 21 Jahren. Die nationalen Büros geben Auskunft.

Zeit

In Kroatien gilt die Mitteleuropäische Zeit (MEZ). Für die Sommermonate (ab Ende März bis Ende Oktober) wurde die Mitteleuropäische Sommerzeit (MESZ = MEZ + 1 Stunde) eingeführt.

Touren

WASSERSCHEU SOLLTEN SIE AN DER DALMATINISCHEN ADRIAKÜSTE NICHT SEIN. ANSONSTEN LÄSST SICH DER BADEURLAUB KOMBINIEREN MIT KULTUR UND KUNSTSTÄTTEN IM HINTERLAND, ERHOLUNG IN DER NATUR WIE AUF DER INSEL BRAČ ODER EINER ENTDECKUNGSREISE ZU DEN KARL-MAY-DREHORTEN.

TOUREN AN DER KROATISCHEN ADRIA

Sie überlegen noch, welche Touren für Sie die richtigen sind? Vier Vorschläge, die natürlich auch kombiniert werden können, sollen Ihnen die Wahl erleichtern.

TOUR 1 **Nord-Dalmatien**
Auch wer kein Karl-May-Fan ist, wird die Naturschönheiten im Hinterland von Zadar, wo Winnetou und Old Shatterhand wirkten, zu schätzen wissen. ► **Seite 95**

TOUR 2 **Von Zadar zum Nationalpark Krka**
Zwei Höhepunkte unterschiedlichster Art liegen am Beginn und am Ende dieser Tour: die Stadt Zadar mit ihren zahlreichen Kirchen und der Nationalpark Krka mit seinen mächtigen Wasserfällen. ► **Seite 97**

TOUR 3 **Dalmatiens Mitte**
Drei der bedeutendsten Städte Dalmatiens, Šibenik, Split und Trogir säumen den Verlauf dieser Tour. Wasservergnügungen aller Art bieten zusätzlich die Inseln Hvar und Brač sowie die Makarska Riviera. ► **Seite 100**

TOUR 4 **Dubrovnik-Riviera und Inseln**
Auch bei dieser Tour lockt die Kombination von Kultur- und Badeurlaub. Ersteres verspricht die dalmatinische Metropole Dubrovnik, letzteres vor allem die Inseln Korčula und Pelješac. ► **Seite 102**

Blick von der Festung Sv. Mihovil auf Šibenik. In der Bildmitte ist die zum Weltkulturerbe der UNESCO zählende Kathedrale Sv. Jakov zu erkennen.

Auf der Insel Pag im Norden der Region betreiben die Menschen wie überall an der Küste Fischfang.

Alter, kleiner Hafenort: Stari Grad auf der wunderschönen Insel Hvar.

Dubrovnik, die »Perle der Adria« am Fuße des Berges Srđ gelegen, hat bis heute ihre Faszination bewahrt.

Unterwegs an der kroatischen Adriaküste

Urlaubsmix

Die dalmatinische Adriaküste überzeugt vor allem durch die Vielfalt an unterschiedlichen Urlaubsmöglichkeiten. Reiner Strandurlaub mit Sonne, Meer und Faulenzen ist ebenso möglich wie eine anspruchsvolle Kulturreise zu den Zeugnissen einer dreitausendjährigen Geschichte oder Sporturlaub der ausgiebigen Art. Da die Entfernungen nicht übermäßig groß sind, kann man die einzelnen Urlaubsvarianten auch problemlos kombinieren.

Welches Verkehrsmittel?

Wer an der dalmatinischen Adriaküste über ein Boot verfügt, hat zweifelsohne einige Vorteile: abgelegene Strände und Buchten, die man unter Umständen nur vom Wasser anfahren kann, sind Bootsbesitzern vorbehalten. Außerdem liegen die Zentren der Städte am Meer meistens direkt am Hafen, in dem man mit dem Boot ankommt. Oft bietet der Blick vom Wasser auf die Stadt ohnehin die schönste Ansicht.

Landschaftlich charakteristisch: Felsküste bei Dubrovnik

Für das Hinterland braucht man dann freilich einen anderen fahrbaren Untersatz. Wer kein Auto dabei hat oder mieten will, ist auf Busse angewiesen, die relativ regelmäßig zwischen den Zentren verkehren. Die Eisenbahn taugt weniger für eine Reise durchs Hinterland, da das Schienennetz recht sparsam ausgebaut ist.

Eine der besten Varianten in Sachen Fortbewegung in Dalmatien ist die Anreise mit dem eigenen Auto samt Boot auf dem Anhänger. Wer kein Boot besitzt, kann vor Ort eines chartern, Bootsverleih-Stellen gibt es in fast allen Küstenstädten.

Wo nächtigen?

In allen Städten entlang der dalmatinischen Adriaküste und auf den Inseln davor finden sich Hotels oder Campingplätze unterschiedlichster Kategorien, vor allem natürlich in den großen Seebädern. Die größeren Hotelburgen bieten dabei meist auch ein umfangreiches Unterhaltungs- und Freizeitprogramm. Eine preiswerte Alternative – besonders auf den Inseln – sind die zahlreichen Privatunterkünfte, die man sich selbst suchen kann oder vom örtlichen Touristenbüro vermitteln lässt. Dazu zählen einzelne Zimmer wie auch Ferienwohnungen für mehrere Personen.

Tour 1 Der Norden Dalmatiens

Länge der Tour: ca. 300 km **Tourdauer:** 2–3 Tage

Für Urlauber, die einen längeren Badeurlaub in der Region Zadar verbringen, bietet sich eine Rundfahrt in das Hinterland der Stadt an. Dabei lernt man u. a. die schönsten Schauplätze der Karl-May-Verfilmungen kennen (►Baedeker Special S. 290).

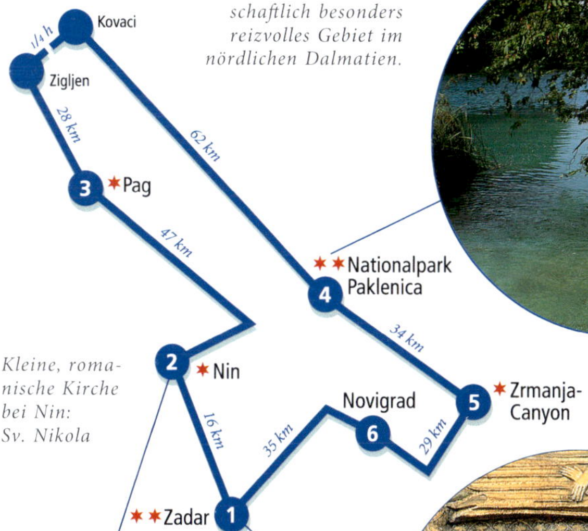

Der Nationalpark Paklenica ist ein landschaftlich besonders reizvolles Gebiet im nördlichen Dalmatien.

Kleine, romanische Kirche bei Nin: Sv. Nikola

Sarkophag des heiligen Simeon in der Kirche Sv. Šimeon in Zadar

Verlässt man ❶ ✶✶ **Zadar** in nördliche Richtung, führt eine Landstraße durch die flache Landschaft Bokanjačko blato nach ❷ ✶ **Nin**, im frühen Mittelalter zeitweilig Residenz der kroatischen Herrscher. Die vorromanische Heilig-Kreuz-Kirche (Sveti Križ) belegt, dass Nin im Frühmittelalter Bischofssitz war.

Man verlässt Nin gen Osten Richtung Ražanac und biegt kurz vor dem Ort links auf die B 106 Richtung Pag ab. Wo die Insel mit dem Festland durch eine Brücke verbunden ist, genießt man einen geradezu atemberaubenden Ausblick auf die hellgraue Mondlandschaft Pags, die in starkem, farblichem Kontrast zum Tintenblau der Meeresbucht steht. Entlang alter Salzgärten und Schilfwälder geht es weiter bis nach ❸ ✶ **Pag**, dem Hauptort der Insel. Auf der Weiterfahrt an das nördliche Ende der Insel passiert man mit Steinmauern eingezäunte, karge Felder. Der Duft von Kräutern liegt in der Luft, von denen sich die Schafe der Insel ernähren und die dem berühmten Pager Käse seine salzig-würzige Note verleihen.

Kletterrouten in den Paklenica-Schluchten

Die Fähre Žigljen–Prizna bringt einen wieder auf das Festland. Auf der Magistrale zu Füßen des Velebit-Gebirges genießt man eine herrliche Fahrt entlang der Adria Richtung Südosten.
In Starigrad-Paklenica bietet sich eine Wanderung durch die Schluchten des ❹ ✶✶ **Nationalparks Paklenica** mit seinen bis zu 400 m hoch aufragenden Felswänden an. Dazu sollte man sich mindestens zwei Stunden Zeit nehmen. Für eine Wanderung bis hinauf zum Vaganski vrh, dem mit 1758 m höchsten Gipfel des Velebit-Gebirges, braucht man einen ganzen Tag.

Unterhalb der markanten Landschaft des Bergriesen Mali Alan führt die B 54 nach Obrovac. Über der kleinen Stadt thront eine alte Türkenfestung, die eine herrliche Aussicht auf den ❺ ✶ **Zrmanja-Canyon** gewährt.

Auf dem Rückweg nach Zadar bietet sich ein Abstecher entlang des **Karin-Sees** (Karinsko more) nach ❻ **Novigrad** an. Novigrad liegt in einem verschlungenen Fjord. Verwunschene Gassen führen hinauf zur mittelalterlichen Festung, von der sich ein herrlicher Ausblick auf den blauen Fjord ergibt. An der schönen Küste des Novigrader Meeres entlang geht es nach Posedarje, wo eine Inselkapelle auf dem stillen Wasser »schwimmt«, und dann zurück nach Zadar.

Tour 2 Von Zadar zum Nationalpark Krka

Länge der Tour: ca. 200 km **Tourdauer:** 2–3 Tage

Ausgangspunkt dieser Tour ist ebenfalls Zadar. Die der Stadt vorgelagerten Inseln Ugljan und Pašman sind in den Routenverlauf integriert wie auch die weiter südöstlich gelegene Insel Murter und die Städte Biograd, Šibenik und Knin im Landesinneren. Die Tour endet im Nationalpark Krka.

Vom Fährhafen in der Altstadt ❶ ** **Zadars** setzen wir mit der Autofähre nach Preko auf der Insel ❷ **Ugljan** über. Die Fahrt dauert nur eine halbe Stunde; Schiffe verkehren mehrmals täglich. Die engen Natursteingassen Prekos lösen sich in einer großzügigen Villen- und Gartenlandschaft auf. Boote pendeln zwischen Preko und dem Klosterinselchen Galovac, das wie ein Garten Eden in der Hafenbucht liegt. Von Preko windet sich eine schmale Straße zur Festungsruine Sveti Mihovil (St. Michael) im waldreichen Hinterland. Von hier erblickt man Dugi Otok und andere Inseln, die sich wie lange Reptilien durch das Meer schlängeln.

Vorbei an dem netten Fischerdorf Kali gelangt man nach Kukljica und dann über eine Brücke zur Insel ❸ **Pašman**. Von der Brücke sieht man auf der linken Seite am Ende der Bucht die Kirche Gospa od Snijega (Unsere Liebe Frau vom Schnee). Auf der schwach besiedelten Insel Pašman gibt es nur ein Hotel, aber viele Privatunterkünfte. Im Refektorium des Franziskanerklosters Sveti Duje in Kraj wurde ein stilvolles Restaurant eingerichtet. Die romanischen Gemäuer des Benediktinerklosters Sveti Kuzma i Damjan auf dem Berggipfel Čokovac bei Tkon gleichen einer Festung. Von diesem zauberhaften Ort hat man einen herrlichen Blick auf den Hafen von Tkon bis nach Biograd auf dem Festland. Die kleine gotische Kirche des Klosters birgt mehrere glagolitische Inschriften und kostbare Schätze.

Von Tkon verkehrt regelmäßig eine Autofähre nach ❹ * **Biograd**. An der palmengesäumten Riva der Stadt sollte man sich den Besuch des Stadtmuseums nicht entgehen lassen. Dort sind einmalige Exponate zu sehen, die aus einem gesunkenen venezianischen Schiff geborgen wurden.

Die E 65 führt in südöstlicher Richtung am ❺ * **Vransko jezero (Vraner See)** nach Pakoštane. Der 10 km lange und bis zu 4 km breite See ist durch einen schmalen Landstrich vom Meer getrennt. Am Anfang der Landenge liegt der kleine Ort Pakoštane. Von dort füh-

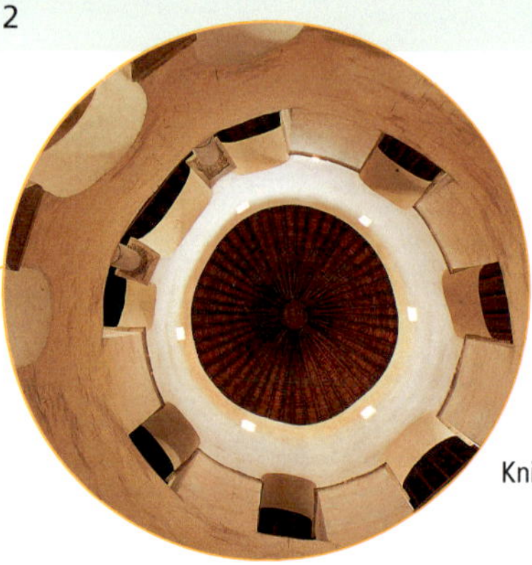

Eine der außergewöhnlichsten Kirchenbauten Dalmatiens ist die Rundkirche Sv. Donat in Zadar.

Der Skradinski buk im Krka-Nationalpark

Die Kathedrale Sveti Jakov in Šibenik ist 2000 zum Weltkulturerbe erklärt worden.

ren drei Fahrradtouren in den Naturpark Vransko jezero. Der größte natürliche See Kroatiens ist ein einzigartiges Biotop. Sein Reichtum an Aalen, Karpfen, Welsen und Hechten lockt Angler aus ganz Europa an. Das Sumpfgebiet an seinem Nordufer ist ein ornithologisches Reservat. Hier brütet die einzige Purpurreiherkolonie in Kroatien.

Wer will, kann bis zum Dorf Vrana fahren, wo sich eine alte osmanische Karawanserei befindet. Das Dorf wurde allerdings im letzten Krieg stark in Mitleidenschaft gezogen. Was bleibt, ist ein herrlicher Ausblick auf den von einem breiten Schilfgürtel umwachsenen, türkisgrünen See.

Von der Adriamagistrale bei **Pakoštane** genießt man einen herrlichen Ausblick auf die Inselwelt der Adria bis hin nach Pirovac. Dort kann man einen Abstecher auf die malerische **Insel Murter** mit ihren vielen Buchten unternehmen. In Tisno ist die Insel durch eine Zugbrücke mit dem Festland verbunden. Besonders schön ist der kleine Sandstrand in der **Slanica-Bucht** bei der Ortschaft Murter. Auch in der Bucht von Jezera findet man herrliche Badeplätze. Wer hungrig ist, sollte noch ein paar Kilometer weiter nach 6 **Vodice** fahren: Das exotische Restaurant Santa Maria ist dort stadtbekannt.

Von Vodice ist es ein Katzensprung bis nach 7 ✶✶ **Šibenik**. Die »Stadt unter den Wasserfällen« liegt an der Mündung der Krka in die Adria, wo sich der Fluss zunächst zu himmelblauen Seen erweitert und sich schließlich mit dem Meerwasser vermischt. Mit seinen Palästen und Kirchen schmiegt sich Šibenik an die Hänge unterhalb der Festung Sv. Mihovil. Enge Gassen führen zum Hauptplatz, wo der stattliche Bau der Kathedrale Sveti Jakov den Blick fesselt.

Für einen Ausflug in das Gebiet des 8 ✶✶ **Krka-Nationalparks** muss man einen ganzen Tag einplanen. Bis zum Skradinski buk, dem wasserreichsten Katarakt der Krka, oder bis in den Ort Skradin sind es zwar nur wenige Kilometer, der Besuch des Nationalparks nimmt aber viel Zeit in Anspruch. Über Drniš gelangt man auf der E 33 nach 9 **Knin**. Dort kann man die Festung oberhalb der Stadt besichtigen. Auch die Fahrt zur ✶ **Krka-Quelle** hinter Knin lohnt sich. Von Drniš empfiehlt sich ein Abstecher zum Roški-Wasserfall. Von dort führt eine schmale Straße nach Kistanje auf die B 509 und zum römischen Lager Burnum sowie zum Brljan-Wasserfall.

Ruhe kehrt ein im Hafen von Pakoštane.

Tour 3 Kultur und Natur in Dalmatiens Mitte

Länge der Tour: ca. 350 km **Tourdauer:** 1 Woche

Viel Zeit nimmt diese Route zu den kulturellen Highlights Mitteldalmatiens und dessen Naturschönheiten in Anspruch. Die Küste südlich Šibeniks gilt es zu entdecken, die Städte Primošten, Trogir und die dalmatinische Metropole Split. Landschaftliche Höhepunkte bilden die Makarska Riviera sowie die Inseln Hvar und Brač. Allein für Split sollte man einen Tag einplanen und die Überfahrt vor allem zur Insel Hvar lohnt sich nur bei einem längeren Aufenthalt von mindestens zwei Tagen.

Ausgangspunkt dieser Route ist die an der Krka-Mündung gelegene Stadt ❶ ** **Šibenik** Auf der Strecke nach Süden liegt ❷ * **Primošten**, ein malerisches Inselstädtchen mit vielen Bademöglichkeiten in näherer Umgebung. ❸ ** **Trogir** die nächste bedeutende Station an der Küstenmagistrale, gehört unbestritten zu den Highlights in Dalmatien – ein bestens erhaltenes Museumsstädtchen mit herrlichen Kunstschätzen und viel Charme.

Keine 20 km entfernt liegt ❹ ** **Split** in vielerlei Hinsicht die Metropole Dalmatiens – mit dem Profil einer modernen Großstadt, aber auch mit bedeutenden Museen und historischen Bauwerken, darunter auch dem größten erhaltenen Baudenkmal der Antike in Kroatien, dem ehemaligen Palast von Kaiser Diokletian.

Von Split erreicht man mit der Autofähre die Insel ❺ ** **Hvar**. Die von der Sonne verwöhnte Insel ist ein kleines Naturparadies – allerdings im Sommer auch ein viel besuchtes. In Stari Grad, dem Fährhafen, vor allem aber in dem Städtchen Hvar konzentriert sich der Fremdenverkehr. Ruhiger ist die Osthälfte der schmalen, langen Insel. Eine Fahrt zum östlichen Fährhafen **Sućuraj** ist vor allem landschaftlich außerordentlich reizvoll. Bei Drvenik betritt man wieder den Boden des Festlandes.

Der Küstenabschnitt ❻ * **Makarska Riviera** ist eines der beliebtesten Ferienreviere an der dalmatinischen Küste, ein Streifen mit üppigem Grün vor dem Hintergrund mächtiger Gebirgshänge. Die touristischen Brennpunkte dieser Region zwischen Brela im Norden und Gradac im Süden sind die Orte ❼ * **Makarska** und das etwas weiter nördlich gelegene * **Omiš**.

Auf dem Rückweg nach Split bietet sich ein weiterer Inselabstecher an: Von Makarska setzt eine Autofähre an die Ostküste der Insel

8 ★ **Brač** über. Bekannt ist Brač vor allem wegen des Goldenen Horns, des wohl berühmtesten Sandstrands an der Küste von Dalmatien. Von Supetar an der Nordküste der Insel geht es zurück nach Split.

An der Kathedrale Sveti Duje mit dem Mausoleum Diokletians ist das einzigartige historische Ambiente von Split für jeden spür- und erlebbar.

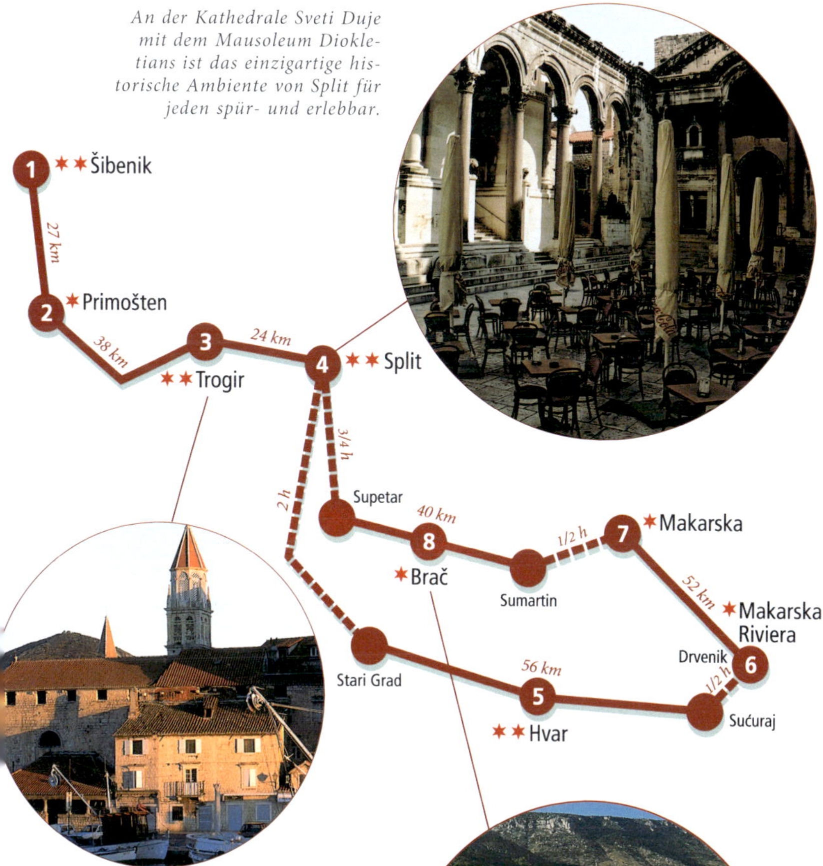

Trogir wartet mit einem vollständig erhaltenen, mittelalterlichen Stadtkern auf.

Der berühmteste Strand auf der Insel Brač: Zlatni rat

Tour 4 Dubrovnik-Riviera und Inseln

Länge der Tour: ca. 300 km **Tourdauer:** 3–4 Tage

Mit seinen herrlichen Kunstschätzen, der Altstadt und einer Reihe von Ausflugszielen in unmittelbarer Nachbarschaft bietet Dubrovnik ein Besichtigungsprogramm für mehrere Tage. Eine abwechslungsreiche Ergänzung zu den Stadtspaziergängen ist die nachfolgend beschriebene Rundfahrt, die sich für einen drei- oder viertägigen Ausflug anbietet.

Von ❶ ✶✶ **Dubrovnik**, der »Perle der Adria«, erreicht man über die Küstenstraße die rund 60 km nordwestlich gelegene Halbinsel **Pelješac**. Der erste Ort auf der Halbinsel ist ❷ ✶ **Ston**, dessen Befestigungssystem auch heute noch staunen macht. Eine Fahrt von Ston nach Orebić am Fuße des Sveti Illija vermittelt einen Eindruck von den starken Kontrasten, die Pelješac prägen: hohe, karge Berghänge, liebliche, fruchtbare Täler, steile Küsten an der Meerseite und flache, stille Ufer an der dem Festland zugewandten Seite. ❸ **Orebić** mit seinen alten Kapitänsvillen und einem schönen Sandstrand ist der Fährhafen zur Insel Korčula.

Gotik und Renaissance in einem Gebäude: der Sponza-Palast in Dubrovnik

Wer auf ❹ ✶✶ **Korčula** nur das hübsche Inselhauptstädtchen – angeblich der Geburtsort von Marco Polo – besuchen will, kann auch mit der Personenfähre übersetzen. Wenn man allerdings die ausgedehnten Sandstrände bei ❺ ✶ **Lumbarda** nicht missen möchte, sollte man mit dem Auto nach Korčula übersetzen.

Wieder zurück auf Pelješac gibt es für den Rückweg zum Festland zur Route Orebić–Ston die Alternative, bei Trpanj mit der Fähre nach ❻ **Ploče** überzusetzen, wo das Neretva-Delta beginnt. Touristisch ist das ehemalige Sumpfgebiet wenig interessant, wohl aber landschaftlich.

Spätestens bei ❼ **Neum** das zu dem schmalen Küstenstreifen Bosnien-Herzegowinas gehört, wird der Blick aufs Meer zuerst durch eine schmale Landzunge, dann durch die Halbinsel Pelješac verwehrt.

Links und rechts ragen hohe Bergketten auf, dazwischen der für die Muschelzucht genutzte Malostonski-Kanal, der sich immer mehr verjüngt. Von der Abzweigung der Straße nach Ston bis Dubrovnik sind es noch rund 60 km. An dieser Strecke liegen etliche kleine Ferienorte, zum Baden bietet sich manche Gelegenheit.

Im Palais Gabrielli auf Korčula ist heute das Stadt- und Inselmuseum untergebracht.

Wehrhaft und malerisch zugleich: Mali Ston

Der große Onofrio-Brunnen in Dubrovnik wurde bereits 1438 errichtet.

SG-283
SG 140
SG 138
SG 128
SG 31

Reiseziele von A bis Z

INSGESAMT KNAPP 3000 KILOMETER KÜSTE GEBEN DEN TON AN IN DALMATIEN. ABER AUCH DAS HINTERLAND HÄLT EINIGES AN ERLEBNISSEN FÜR SEINE BESUCHER BEREIT: EIN WEITGEHEND UNBERÜHRTES GEBIRGSMASSIV ODER DEN NATIONALPARK KRKA MIT SEINEN ATEMBERAUBENDEN WASSERFÄLLEN.

★ Brač

N–Q 9/10

Höhe: 0 – 778 m ü. d. M. **Einwohnerzahl:** 14 000
Gespanschaft: Dalmatien-Split

Brač ist die größte der dalmatinischen Inseln und die drittgrößte in der Adria. Lange Zeit kannte man Brač nur als Heimat des berühmten marmorähnlichen Kreidekalksteins, der u. a. beim Bau des Berliner Reichstags Verwendung fand. In den vergangenen Jahren hat sich Brač dank seiner vielen Freizeitmöglichkeiten und neu entstandenen Hotels zu einer gut besuchten Urlaubsinsel entwickelt.

Wasserarm, aber trotzdem grün

»Insel ohne Brot, ohne Wasser, ohne Wege, ohne Rebe und Ölbaum« nannte der kroatische Dichter Vladimir Nazor (1876 – 1949) Brač. Tatsächlich ist die Insel ausgesprochen wasserarm, denn sie besitzt keine oberirdischen Wasserläufe und nur einige Süßwasserquellen in der Umgebung von Bol. Dennoch wirkt die Landschaft von Brač bei Weitem nicht so herb, wie das Urteil von Nazor vermuten ließe. Ein großer Teil der hügeligen, überwiegend grünen Insel ist von Macchia sowie ausgedehnten Pinien- und Föhrenwäldern bedeckt. Insgesamt nehmen die **Wälder** mehr als ein Viertel der Inselfläche ein. Auf den

S. 104/105: Hafenpromenade von Stari Grad auf der Insel Hvar ►

Uferpromenade von Supetar auf Brač

BRAČ ERLEBEN

AUSKUNFT

Touristinformation Bol
Porat bolskih pomoraca bb
21420 Bol
Tel. 021 / 63 56 38
Fax 021 / 63 59 72
www.bol.hr

Touristinformation Supetar
Porat
21400 Supetar
Tel./Fax 021 / 63 05 51
www.supetar.hr

ANREISE

Anreise mit dem Boot
Es gibt regelmäßige Schiffsverbindungen zwischen Split und Supetar (ca. 45 Minuten), im Sommer auch nach Bol (Weiterfahrt nach Jelsa auf Hvar) sowie zwischen Makarska und Sumartin (45 Minuten). Tagesausflüge zur Nachbarinsel Hvar werden nur von privaten Anbietern organisiert und sind vergleichsweise teuer.

Anreise mit dem Flugzeug
Brač ist die einzige Insel Dalmatiens mit einem eigenen Flughafen. Zwischen April und Oktober steuert Croatia Airlines das Eiland jeden Samstag ab Zagreb an (www.airport-brac.hr). Im Sommer gibt es auch Anschlussflüge nach Zagreb und Charterflüge von den österreichischen Flughäfen Graz, Innsbruck, Linz und Wien (Infos: www.airport-brac.hr).

VERANSTALTUNGEN

In den Monaten Juli, August und September finden auf Brač verschiedene Kultursommer- und Fischerabende statt.

ESSEN

► Erschwinglich

Konoba Gušt
Riva Frane Radića 14
Bol
Tel. 021 / 63 59 11
Dalmatinische Küche und gute Weine in der Altstadt von Bol.

Restoran Britanida
Konoba Mlin Ante Starčevića 11
Tel. 021 / 63 53 76
Meeresfrüchte kommen auf einer grünen Terrasse neben einer alten Mühle auf den Tisch.

► Preiswert

Bistro Palute
Porat 4, Supetar
Tel. 021 / 63 17 30
Ein kleines, beschauliches Lokal nahe der Fähranlegestelle, das sich auf Grillfleisch und schmackhafte Fischgerichte spezialisiert hat. Mit angeschlossener familiärer Pension, ganzjährig.

ÜBERNACHTEN

► Luxus

Hotel Bonaca
Bračka cesta 13, Bol
Tel. 021 / 30 62 69
Fax 021 / 30 62 56
www.bluesunhotels.com
Clubhotel, ca. 350 m von dem berühmten Strand Zlatni rat (Goldenes Horn) entfernt, ideal für den Familienurlaub; abwechslungsreiches Sport- und Freizeitangebot.

► Komfortabel

Waterman Svpetrvs Resort
Put Vele Luke 4, Supetar
Tel. 021 / 64 01 54
Fax 021 / 63 13 44
www.watermanresorts.com

Moderne Hotelanlage in dalmatinischem Stil; in der Nähe Badebuchten mit herrlichen Kiesstränden und Schatten spendenden Pinienwäldern.

Hotel Borak
Bračka cesta 13, Bol
Tel. 021 / 30 62 02
Fax 021 / 30 62 15
www.bluesunhotels.com
Modern ausgestattetes Hotel, umgeben von Pinien und mediterranen Pflanzen, in der Nähe vom Goldenen Horn.

Hotel Amor
Put Vele Luke 10, Supetar
Tel. 021 / 60 66 06
Fax 021 / 60 66 00
www.velaris.hr
Behagliches kleines Wellnesshotel, das zur Ferienanlage Velaris gehört.

CAMPING

Autokamp Aloa
Bol (2 km außerhalb, Richtung Murvica)
Tel. mobil 098 / 17 76 48 47
Fax 021 / 63 53 67
www.camping-bol.com
Familienfreundlicher Waldplatz mit Kies- und Felsständen.

landwirtschaftlich genutzten, künstlich bewässerten Flächen werden vor allem Wein, Feigen, Kirschen und Oliven angebaut sowie Schafe gezüchtet.

Baden/Tauchen Der **Zlatni rat** (► S. 109) ist der bekannteste Badestrand der Insel. Abgelegene Badebuchten, schöne Sand- und Kiesstrände laden auch an der Westküste in der Umgebung von Milna und Supetar ein. Aktive mieten ein Boot im Nautic Center Bol (Tel. 021/63 53 57, www.nautic-center-bol.com) oder einen Tauchgang im Big Blue am Zlatni rat (Tel. 021 / 30 62 22, www.big-bluediving.hr).

Geschichte Die von Illyrern und später von den Römern besiedelte Insel gehörte erst ab 1420 dauerhaft zu Venedig. Ab 1797 stand sie – mit einer kurzen Unterbrechung – bis 1918 unter österreichischer Herrschaft. Im Zweiten Weltkrieg kämpften Titos Partisanen zuerst gegen die italienische, dann gegen die deutsche Besatzung auf Brač. Der Bau einer **Wasserleitung** vom Festland 1977 unterstützte sowohl die touristische als auch die landwirtschaftliche Erschließung der Insel.

? WUSSTEN SIE SCHON ...?

- ... dass die Spitze von Zlatni rat unter dem Einfluss der Meeresströmung jährlich um rund 30 cm wächst und dabei ihre Ausrichtung um bis zu 20 Grad ändert?

Sehenswertes auf Brač

Bol Bol, die einzige größere Siedlung im Süden von Brač, schmiegt sich eng an den Uferstreifen, hinter dem der Höhenzug mit dem Vidova gora (778 m) und dem Draževo brdo (627 m) aufragt. In der Ortsmitte steht die sehenswerte Barockkirche Gospa od Karmela (Unse-

Gospa od Karmela ►

rer Lieben Frau vom Karmel; 1778). Das Gemälde der Muttergottes vom Karmel schuf 1790 der Künstler Feliks Tironi aus Supetar. Die ältesten Gebäude des Ortes befinden sich in Ufernähe, so der **gotische Palazzo** mit gedoppelten Spitzbogenfenstern, der **Renaissancepalast** der Familie Jelčić und ein **Kastell** aus dem 17. Jahrhundert.

✶ ◄ Dominikanerkloster

Das Dominikanerkloster, das kunsthistorisch interessanteste Gebäude Bols aus dem 15. Jh., liegt östlich des Ortszentrums malerisch auf einer kleinen Landzunge. Im 17. Jh. wurde es erweitert. Den Hauptaltar der **gotischen Klosterkirche** schmückt ein Bildnis der »Madonna mit Heiligen«; aus der Schule Tintorettos (16. Jh.). Sehenswert ist auch die kunst- und kulturgeschichtliche Sammlung des Klosters.

◄ Sveti Ivan i Tudor

Neben dem Kloster steht die kleine dreischiffige Kirche Sveti Ivan i Tudor (St. Johannes und St. Theodor), ein Bauwerk aus altkroatischer Zeit (10./11. Jh.). Vor der Kirche wurden Mauerreste einer spätantiken Halle freigelegt.

✶✶ ◄ Zlatni rat

Bols **Wahrzeichen** ist freilich kein Bauwerk und kein Kunstschatz, sondern die nur wenige Schritte nordwestlich der Hotelanlagen ins Meer ragende, mehr als 600 m lange Halbinsel Zlatni rat, das Goldene Horn, mit einem schattigen Pinienwald in ihrer Mitte. Die Halbinsel mit ihrem feinen Kiesstrand ist besonders für Kinder geeignet. Es gibt auch separate FKK-Bereiche. Aufgrund der idealen Windverhältnisse ist das Goldene Horn bei Surfern sehr beliebt. Vor Ort vermittelt eine Surfschule (mit Brettverleih) das nötige Know-how (www.big-blue-sport.hr).

✶ **Vidova gora**

Von Bol aus steigt man in etwa zwei Stunden auf die **höchste Erhebung** aller adriatischen Inseln, den Berg Vidova gora (778 m). Vom Gipfel bietet sich an schönen Tagen ein fantastischer Rundblick. In

Der bekannteste Strand Kroatiens: der Zlatni rat, das Goldene Horn

Zahlreiche Sehenswürdigkeiten in und um die Ortschaft machen Bol zu einem idealen Ausgangspunkt auch für einen längeren Aufenthalt auf der Insel Brač.

der Nähe des Funkturms befand sich einst eine slawische Kultstätte. Die Konoba Vladimir Nazor auf dem Vidova gora hat Speisen und Getränke im Angebot. Die Schänke ist jedoch nur zur Hochsaison geöffnet. Auch mit dem Auto ist der Aussichtsberg zu erreichen: Ab dem im Inselinneren gelegenen Ort Nerežišća fährt man Richtung Pražnice. Nach ca. 3 km geht rechts eine Straße ab. Bei einer Gabelung hält man sich links Richtung Vidova gora.

✶ Kloster Blaca ▶

Nach rechts geht's zum Kloster Blaca, in dem einige wertvolle Bilder und kirchliche Bücher in glagolitischer Schrift aufbewahrt werden (Mai – Okt. tgl. ca. 9.00 – 18.00 Uhr, sonst nach Voranmeldung, Tel. 021 / 63 08 25). Da die Piste für herkömmliche Fahrzeuge nach einigen Kilometern unbefahrbar wird, sollte man das Auto abstellen und den restlichen Weg zu Fuß gehen.

✶ **Drachenhöhle bei Murvica**

Von Murvica führt ein Wanderweg (1 Stunde) zur Drachenhöhle (Zmajeva pećina). Die **kunstvoll angefertigten Reliefs** am Eingang und im Inneren der Höhle – Drachen, Löwen, Menschendarstellungen – stammen von Mönchen, die im 15. Jh. hier eine kleine Kapelle einrichteten. Der Zugang zur Höhle ist nur in Begleitung eines Führers möglich (Führungen und Infos in Deutsch bei Zoran Kojdić Tel. mobil 091 / 514 97 87).

Milna

Der Ort Milna mit dem **besten Hafen** auf der Insel liegt in einer schönen Bucht an der Westküste von Brač. Skippern steht eine Marina mit allen Serviceeinrichtungen und einer Werft zur Verfügung. Vor der Küste von Milna fand 1806 ein Scharmützel zwischen französischen Schiffen und einem russischen Aufklärungsboot statt. Die siegreiche zaristische Marine machte Milna für kurze Zeit zum russischen Flottenstützpunkt. Heute leben die Einwohner vor allem vom Fremdenverkehr sowie von Fischfang und -verarbeitung. In der barocken Pfarrkirche von Milna finden sich beachtenswerte Gemälde, die einem venezianischen Meister des 18. Jh.s zugeschrieben werden. Oberhalb des winzigen Ortes **Bobovišća**, wenige Kilometer nördlich von Milna, steht die frühmittelalterliche Martinskirche (Sveti Martin). Auf dem Altar findet sich ein interessantes Steinrelief.

! *Baedeker* TIPP

Per Schiff und per pedes

Von Murvica, einem kleinen Dorf 6 km westlich von Bol, erreicht man das Kloster Blaca in rund 3 Stunden zu Fuß. Eine schöne Kombination aus Schifffahrt und Wanderung zu der Einsiedelei wird in Bol jeden Mi. angeboten (Touristinformation Bol, Tel. 021 / 63 56 38).

Sutivan

Das Dorf Sutivan, knapp 10 km nördlich von Milna, entstand im 15. Jh. an der Stelle eines Johannesheiligtums aus frühchristlicher Zeit. Von der Johanneskirche aus dem 6. Jh. sind noch Ruinen erhalten. Die Pfarrkirche daneben stammt aus dem 16. Jh., wurde aber mehrfach umgebaut. Am Ufer steht das Kastell der Familie Marjanović aus dem 17. Jh. mit einer Sonnenuhr. Sehenswert sind außerdem die alte Windmühle, ebenfalls am Ufer, sowie eine von einem Park umgebene Barockvilla, einst Wohnsitz des Dichters Kavanjin.

Supetar

Die meisten Besucher betreten im Hafen von Supetar Bračer Boden. Das im Nordwesten der Insel gelegene Städtchen (2500 Einw.) ist mit seinen Sandstränden und Föhrenwäldern nach Bol das **wichtigste Fremdenverkehrszentrum** auf Brač. Die autofreie Innenstadt wird von den Natursteinhäusern geprägt; an der Uferpromenade reihen sich Cafés und Restaurants. Sehenswert ist die barocke Pfarrkirche Sveti Petar (St. Peter), die in ihrer heutigen Form im Jahr 1733 errichtet wurde. In ihr sind Bilder des einheimischen Künstlers Feliks Tironi aus dem 18.Jahrhundert zu sehen,.

Souvenirs: Hier findet jeder etwas Passendes.

✶ Petrinović-Mausoleum ► Am Ende des langen Badestrands von Supetar liegt der Friedhof des Orts mit einem außergewöhnlichen Mausoleum. Der Bildhauer Toma Rosandić (1878 – 1958) entwarf die im orientalisch-byzantinischen Stil erbaute Grabstätte für die Reederfamilie Petrinović, die nach Chile ausgewandert war und wohlhabend nach Supetar zurückkehrte. Auch andere reiche Inselbewohner ließen sich auf dem Friedhof von Supetar aufwendige Grabmäler errichten.

Sveti Luka An der Straße nach Donij Humac, südlich von Supetar, liegt die vorromanische Lukaskirche aus dem 10. oder 11. Jh. Aus dieser Zeit stammt die dortige **Wandzeichnung** eines Segelschiffs, vermutlich die älteste Darstellung dieses Sujets an der kroatischen Adriaküste.

Nerežišća Das Dorf Nerežišća, 10 km südlich von Supetar, war lange Zeit Verwaltungszentrum der Insel. Sehenswert sind die gotische Kirche Sveti Petar (St. Peter) aus dem 14. Jh., die große Pfarrkirche Sveta Marija,

Man verbindet mönchisches Dasein gemeinhin mit Armut, Verzicht und Tristesse. Beim Anblick des Klosters in Bol kommen Zweifel: Kann hier ein Leben öde sein?

die ihr heutiges Aussehen zur Zeit des Barock erhielt, und das fürstliche Renaissancepalais Harašić, vor dem eine mit dem venezianischen Löwen verzierte Fahnensäule steht.

Splitska

Fährt man von Supetar an der Küste entlang in Richtung Osten, erreicht man nach 4 km Splitska. Hier wurden in römischer Zeit die Quader aus den Bračer Steinbrüchen verladen und an die gegenüberliegende Festlandküste verschifft. An der Hafenbucht weiß die im 16. Jh. erbaute **Pfarrkirche Sveta Marija** (St. Maria) mit einem hübschen, schlanken Turm und einem Madonnengemälde von Leandro Bassano (1577 – 1622) im Inneren zu gefallen. Das mächtige **Renaissancekastell** der Familie Cerineo-Cerinić an der Abzweigung nach Škrip birgt die schöne Tafel einer »Muttergottes mit Kind«; von Bernardin dei Conti aus dem späten 15. Jahrhundert.

Škrip

Škrip, ein Ort mit heute kaum noch 500 Einwohnern (11 km südöstlich von Supetar), ist die älteste Siedlung auf Brač. In einem alten Wehrturm, der als solcher wohl schon von den Illyrern und Römern, schließlich von den Venezianern genutzt wurde, ist das **Museum der Insel Brač** mit einer archäologischen, ethnografischen und kulturgeschichtlichen Sammlung untergebracht. Gleich daneben sind Reste einer illyrischen Zyklopenmauer erhalten geblieben sowie – aus römischer Zeit – mehrere Gräber, Sarkophage und das Mausoleum eines hohen Würdenträgers. Zum Teil sind hiesige Funde im Inselmuseum des Wehrturms ausgestellt. In der Pfarrkirche Sveta Jelena (St. Helena) aus dem 18. Jh. stammt ein Altarbild von dem venezianischen Künstler Palma Giovane. Über dem Ort thront eine Burg, die Anfang des 17. Jh.s erbaut wurde.

Postira

Postira ist als Geburtsort des kroatischen Schriftstellers und Politikers **Vladimir Nazor** (1876 – 1949; ► Berühmte Persönlichkeiten) bekannt. Er erblickte in dem schönen Renaissancegebäude am Hafenbecken das Licht der Welt. Ebenfalls aus Postira stammt der Renaissancebildhauer **Nikola Lazanić**, dessen Familie im Ort ein Kastell besaß. Östlich von Postira, in der Bucht Lovrečina, trotzen die Ruinen einer dreischiffigen altchristlichen Basilika, die wahrscheinlich bereits im 5. oder 6. Jh. erbaut wurde, der Zeit.

Dol

3 km südlich von Postira liegt Dol, interessant wegen der kleinen, altkroatischen Kirchen rundherum sowie wegen der eingeschossigen, auf Naturfelsen erbauten Häuser, die besonders anschauliche Beispiele für die **volkstümliche Architektur** auf Brač darstellen.

Ca. 22 km östlich von Supetar liegt der mit 1700 Einwohnern zweitgrößte Ort der Insel, Pučišća, an einer tief eingeschnittenen Bucht.

? WUSSTEN SIE SCHON ...?

- ... dass die berühmten Steinbrüche östlich von Škrip schon in der Antike ausgebeutet wurden? Heute sind sie von Sträuchern überwuchert.

Pučišća Touristisch ist die Stadt eher unbedeutend, dafür aber als **Zentrum der Steinmetzkunst** bekannt; in der Nähe befinden sich gleich mehrere Steinbrüche. Schon im 15. Jh. wurden Steinblöcke aus Pučišća nach Šibenik verfrachtet, wo sie zum Bau der Kathedrale verwendet wurden. Aus der Blütezeit der Stadt im 15. und 16. Jh. sind noch mehrere Kastelle erhalten. In der Pfarrkirche Sveti Jeronim (St. Hieronymus), 1566 erbaut und 1750 barockisiert, finden sich ein sehenswerter, dem hl. Antonius geweihter Altar, einige wertvolle Gemälde, außerdem ein Holzrelief aus der Renaissance von Franjo Čiočić. Im Pfarramt des Orts wird die berühmte Urkunde Povljanska listina aufbewahrt, eine Liste der Besitztümer einer Benekiktinerabtei aus dem Jahr 1250. Die in kyrillischen Lettern geschriebene Urkunde ist die **älteste in kroatischer Sprache**.

Povljanska listina ►

Selca Über Gornij Humac erreicht man die Ortschaft Selca. Die etwas oberhalb des Dorfs gelegene Nikolauskirche (Sveti Nikola) aus dem 11./12. Jh. zählt zu den **bedeutendsten mittelalterlichen Baudenkmälern** auf der Insel. Außerdem erinnert in dem Ort ein Denkmal an den russischen Schriftsteller Leo Tolstoj, das dort bereits 1911, ein Jahr nach seinem Tod, aufgestellt wurde.

✶ Cavtat

Y 14

Höhe: 2 m ü. d. M.
Gespanschaft: Dubrovnik-Neretva
Einwohnerzahl: 1900

Cavtat ist die südlichste Küstenstadt Kroatiens und liegt auf einer weit ins Meer hineinragenden, bewaldeten Halbinsel, 17 km südlich von Dubrovnik. Seine Lage an der schönen Bucht Župski zaljev, die hübsche Strandpromenade, Hotels mit einem breit gefächerten Freizeitangebot und einige kunsthistorische Sehenswürdigkeiten machen den Ort zu einem beliebten Reiseziel.

Geschichte Die Halbinsel von Cavtat wurde bereits im 7. Jh. v. Chr. von Illyrern besiedelt. Im 4. Jh. v. Chr. gründeten Griechen an dieser Stelle die Stadt Epidauros. Im 3. Jh. v. Chr. nahmen Römer die Stadt ein und nannten sie fortan Epidaurum. Im 4. Jh. n. Chr. versank der größte Teil von Epidaurum durch ein Erdbeben in der Bucht. Als die Awaren und Slawen die wieder aufgebaute Stadt im 7. Jh. erneut zerstörten, flüchteten die Einwohner und gründeten am nördlichen Ende der Bucht Ragusa, das heutige Dubrovnik – deshalb wurde Cavtat früher auch Ragusavecchia, **das alte Ragusa**, genannt. Eine Stadt entstand an der Stelle des einstigen Epidauros erst wieder im 15. Jh., als sich hier nun umgekehrt Bürger und Kaufleute aus Ragusa niederließen. Noch im selben Jahrhundert gelangte Cavtat durch Kauf in den Besitz Dubrovniks. Zu der unabhängigen Handelsrepublik Ragusa gehörte das Städtchen bis 1806, als französische Truppen Istrien und Dalmatien besetzten. Der **Fremdenverkehr** in Cavtat entwickelte sich erst seit den 1960er-Jahren kontinuierlich. Die Zerstörungen aus der Zeit der serbischen Besetzung 1991/1992 hielten sich in Grenzen – sie waren weit weniger schlimm als im benachbarten Dubrovnik.

Sehenswertes in Cavtat

Mittelpunkt Cavtats ist die geschwungene, von Palmen beschattete Uferpromenade. Hier befinden sich einige Cafés und kleine Läden, Cavtats bedeutendste Bauwerke und der Hafen für Fischerboote und Jachten. Am Beginn der Uferpromenade (Obala dr. Ante Starčevića) steht der ehemalige Rektorenpalast (Knežev dvor). Das Renaissancegebäude, um 1550 errichtet, beherbergt heute das **Stadtmuseum**, in

✶ **Uferpromenade**

◄ Rektorenpalast

CAVTAT ERLEBEN

AUSKUNFT

Touristinformation Cavtat-Konavle
Tiha 3, 20210 Cavtat
Tel. 020 / 47 90 25, Fax 47 80 25
www.tzcavtat-konavle.hr

ESSEN

► Fein & teuer

Restoran Leut
Trumbićev put 11
Cavtat
Tel. 020 / 47 84 77
Hier werden Meeresfrüchte auf feine italienische Art zubereitet: schwarze Spaghetti mit Garnelen und Risotto mit Scampicreme.

► Erschwinglich

Restoran Konavoski dvori
Ljuta (Konavle), Pridvorje
Tel. 020 / 79 10 39
Bei Cavtat, wenige Kilometer im Landesinneren, lädt das traditionsreiche Restaurant Konavoski dvori (Konavler Hof), direkt neben dem wildromantischen Bach Ljuta, zur Einkehr ein. Hier verzehrt man leckere Grillspeisen und knuspriges Brot – alles unter der gusseisernen Backhaube zubereitet. Man sitzt am Forellenbassin oder am offenen Feuer und genießt die Urtümlichkeit des Landstrichs Konavle mit seinen Mühlen und Wasserfällen.

ÜBERNACHTEN

► Luxus

Hotel Croatia
Frankopanska 10
20210 Cavtat
Tel. 020 / 47 57 77, Fax 47 57 93
www.hotelcroatia.hr
Das Haus gehört zu den ersten Adressen in Kroatien. Eingebettet in üppiger mediterraner Vegetation blickt man von einer Halbinsel hinüber nach Cavtat mit seinem Charme einer historischen Stadt am Meer. Diverse Sport- und Wellnessmöglichkeiten, eigener Strand.

► Günstig

Hotel Supetar
Obala A. Starčevića 27
20210 Cavtat
Tel. 020 / 47 57 77, Fax 47 57 93
www.hotelsupetar.com
Das kleine Hotel in der Bucht von Cavtat liegt inmitten von romantischen Fischergässchen.

Cavtat – beliebter Badeort im äußersten Süden von Dalmatien

dem die bedeutende Sammlung von Grafiken, Münzen und Büchern aus dem früheren Besitz des Rechtswissenschaftlers und Historikers Baltazar Bogišić (1834 – 1908) untergebracht ist. Ein Denkmal zu seinen Ehren steht zwischen Palast und Ufer in einer kleinen Grünanlage. Von dem Maler Vlaho Bukovac (1855 – 1922), dem Wegbereiter des Impressionismus in Kroatien, besitzt das Museum einige Gemälde. Neben dem Rektorenpalast sind noch Reste der einstigen **Stadtbefestigung** zu sehen.

Sveti Nikola

Gleich neben dem Rektorenpalast erhebt sich die **Bischofskirche** Sveti Nikola (St. Nikolaus). Das ursprünglich mittelalterliche Gotteshaus erhielt im 17. Jh. nach einem schweren Erdbeben ein barockes Kleid. Auch der Campanile mit einem später eingebauten, pseudo-romanischen Zwillingsfenster stammt aus dem 17. Jh. Im Inneren sind der Altar sowie zwei Altarbilder mit Ansichten von Cavtat und Dubrovnik eines sizilianischen Künstlers aus dem frühen 19. Jh. beachtenswert. Gemälde von Vlaho Bukovac schmücken auch Sveti Nikola.

Galerie Bukovac

Geht man die kleine Gasse zwischen dem Stadtmuseum und Sveti Nikola bergauf, kommt man am **Geburtshaus** von Vlaho Bukovac vorbei, heute eine Galerie (auch Pinakothek genannt) mit Zeichnungen, Bildern sowie Möbeln und anderen Erinnerungsstücken des bekannten kroatischen Malers.

Sveti Vlaho

Am anderen Ende der Uferpromenade steht das Franziskanerkloster mit der Kirche Sveti Vlaho (St. Blasius), in der zweiten Hälfte des 15. Jh.s errichtet. Die Kirche selbst und der sich anschließende Kreuzgang weisen Merkmale sowohl der späten Gotik als auch der beginnenden Renaissance auf. In der Seitenkapelle hängt ein schönes Bild des aus Kotor (Montenegro) stammenden Malers Lovro Dobri-čević, das ebenfalls schon deutlich den Einfluss der italienischen Renaissance erkennen lässt. Wie in der Nikolauskirche befindet sich auch hier ein monumentales Fresko von Vlaho Bukovac mit einer Ansicht von Cavtat.

! Baedeker TIPP

Baden und Tauchen

Wer nach Cavtat kommt, hat eine gewisse Affinität zum Wasser. Schöne Fels- oder Kiesstrände findet man vor allem auf der parallel zur Altstadthalbinsel gelegenen Landzunge Sustjepan. Tauchausflüge und andere Wassersportaktivitäten organisiert der Anbieter Epidaurum mit Sitz am Strand des Hotels Epidaurus (Tel./Fax 020 / 47 13 86, www.epidaurum-diving-cavtat.hr).

✶ **Mausoleum der Familie Račić**

Der höchste Punkt der Halbinsel, eine bewaldete Anhöhe direkt hinter der Kirche, gewährt einen herrlichen Blick auf die Bucht Župski zaljev. Neben dem Friedhof steht auch das Mausoleum der Cavtater Reederfamilie Račić, 1920 – 1922 von Kroatiens berühmtem Bildhauer Ivan Meštrović (►Berühmte Persönlichkeiten) geschaffen. Der Eingang des **Kuppelbaus** wird von zwei säulenförmigen Karyatiden flankiert, die Mutterschaft und Schöpfung symbolisieren. Auf der Kuppel steht ein Engel, der die Gebete für die Verstorbenen sammelt und sie gen Himmel schickt. In die Innenwände sind Engelsköpfe eingelassen.

✶ Konavle

Der Garten Dubrovniks

Nicht umsonst wird die Gegend südöstlich von Cavtat als »Garten Dubrovniks« bezeichnet. Gedeihen in dem fruchtbaren Tal Konavle doch vor allem Wein, aber auch Feigen und Oliven, Obst und Gemüse. Das weitläufige Tal, dessen Name auf ein ausgeklügeltes System von Kanälen aus antiker Zeit zurückgeht, wird auf der Seeseite von einem dicht bewaldeten Höhenzug und im Landesinneren von dem 1324 m hohen Sniježnica-Massiv eingerahmt. Nördlich davon verläuft die Grenze zu Bosnien-Herzegowina, östlich jene zu Montenegro. Einen unverwechselbaren Charakter verleihen der Landschaft von Konavle die vielen **Zypressen**, die nirgendwo an der dalmatinischen Küste in dieser Häufigkeit anzutreffen sind.

? WUSSTEN SIE SCHON ...?

- Die Frauen im Konavle-Tal tragen – allerdings nur an Feiertagen – eine eigenartige weiße Kopfbedeckung, die ein wenig an die Hauben von Klosterfrauen erinnert.

Molunat

26 km südöstlich von Cavtat liegt Molunat, der letzte und südlichste kleine **Badeort** an der kroatischen Küste. Umgeben von dichtem Grün, befindet sich der Ort genau an der Stelle, wo das Festland in die kleine Halbinsel Rat übergeht, sodass Molunat zwei Buchten sein Eigen nennen darf. Von hier aus überblickt man die lang gestreckte Halbinsel Prevlaka, die weit in die (montenegrinische) Bucht von Kotor hineinragt. In der Nähe von Molunat wurden prähistorische Gräber gefunden.

★★ Dubrovnik

X 14

Höhe: 5 m ü. d. M. **Einwohnerzahl:** 44 000
Gespanschaft: Dubrovnik-Neretva

Südslawische Dichter haben die Stadt besungen, George Bernard Shaw schwärmte vom »Paradies auf Erden«. Kein Wunder, denn dieser faszinierende Ort zieht jeden Fremden sofort in seinen Bann.

Weltkulturerbe

Die Lage der **mittelalterlich anmutenden Altstadt** am Fuße des Berges Srđ, vom Meer an drei Seiten umspült, von gewaltigen Festungsmauern umgeben, Sehenswürdigkeiten und Kunstschätze von Weltrang und nicht zuletzt der südlich-mediterrane Charme (Dubrovnik liegt fast schon auf der Höhe von Rom) – dies sind nur einige der Gründe, weshalb Dubrovnik, das alte Ragusa, unbedingt einen Besuch wert ist. Ihren ganz besonderen Zauber entfaltet die zum Weltkulturerbe erhobene Festungsstadt abends, wenn sich der Stradun, die Hauptachse und Flaniermeile der Altstadt, in ein großes Wohnzimmer verwandelt, wenn die Mauersegler in den engen Gassen ihre Flugkünste vorführen und aus jedem Winkel die Lichter der Restaurants schimmern. Wer möchte da noch behaupten, Dubrovnik sei nicht »das Paradies auf Erden«?

Klima und Vegetation

Nicht nur das städtische Ambiente und die zahllosen Kulturdenkmäler, auch das **milde Klima** machen Dubrovnik zu einem – vor allem außerhalb der Sommersaison – bevorzugten Reiseziel. 250 Sonnentage im Jahr sind hier keine Seltenheit. Das mediterrane Klima verdankt der Ort auch dem Berg Srđ (412 m), der unmittelbar hinter

Ein Anblick, der stets von neuem fasziniert: die Altstadt Dubrovniks

dem historischen Altstadtkern steil ansteigt und die Stadt nach Nordosten hin abriegelt. Die steileren Berghänge sind weitgehend kahl; ansonsten wächst in der Umgebung vor allem Macchia. In den privaten Gärten und den Parks auf der Halbinsel Lapad und im Stadtteil Ploče gedeihen Pinien, Zypressen und Palmen, entfalten Oleander und Hibiskus ihre Blütenpracht.

Baden

Die meisten großen Hotels in Dubrovnik verfügen über kleine eigene Strandabschnitte, zumeist Felsbuchten. Wenige Meter östlich vom Ploče-Tor und der Festung Revelin hat man in unmittelbarer Nähe zur Altstadt Gelegenheit zum Baden. Die Felsabschnitte unterhalb der Stadtmauer zwischen Sveti Ivan und Sveta Margarita bieten ebenfalls Gelegenheit für einen Sprung ins kühlende Wasser. Ein FKK-Strand liegt neben dem Hotel Dubrovnik Palace (Masarykov put). Beliebte Badeausflugsziele sind die Dubrovnik vorgelagerte Insel Lokrum und die ►Elafitischen Inseln. Ansonsten bleibt noch die Möglichkeit, in die Orte südlich von Dubrovnik auszuweichen.

Geschichte

7. Jh.	Systematische Besiedlung der heutigen Stadt Dubrovnik
1205	Dubrovnik gehört zu Venedig.
1358	Friedensschluss von Zadar, Dubrovnik wird unabhängig.
14.–16. Jh.	Größte Blüte Dubrovniks als Handelsmacht
6. 4. 1667	Ein Erdbeben zerstört die Stadt.
Jan. 1808	Aristokratisch regierte Stadtrepublik wird aufgelöst.
1815–1918	Dubrovnik gehört zu Österreich.
1918	Dubrovnik kommt zu Jugoslawien.
1991/1992	Starker serbischer Artilleriebeschuss
2007	Sommerliche Waldbrände bedrohen Dubrovnik.

In der Umgebung von Dubrovnik wurden Siedlungsspuren sowohl aus römischer als auch aus illyrischer Zeit gefunden. Die **unabhängige Stadtrepublik**, zugleich ein florierender Handelsplatz in günstiger Lage zwischen den Mittelmeerländern und dem Balkanhinterland, entstand ab dem 7. Jh. aus den beiden Siedlungen Ragusa und Dubrava. Nach und nach dehnte das von Patriziern und mächtigen Kaufleuten regierte Dubrovnik seinen Einfluss aus. Vom 14. bis 16. Jh. erlebte die Stadtrepublik ihre größte **Blüte als Handelsmacht** und Metropole, in der Wissenschaften und Künste sich entfalteten. Am Ende des 16. Jh.s hielt sich die Stadtrepublik eine Flotte mit fast 200 Schiffen und 5000 Seeleuten. Am 6. April 1667 erschütterte ein verheerendes **Erdbeben** die Stadt, dem viele Menschen zum Opfer fielen. Auch große Teile der mittelalterlichen Bausubstanz wurden vernichtet. Von dieser Katastrophe erholte sich die Stadt nur langsam und im 18. Jh. zeichnete sich das Ende der Ragusaner Herrlichkeit bereits ab.

12. November 1991: Nach schweren Angriffen steigen Rauchwolken über der brennenden Altstadt auf.

Im Januar 1808 lösten die Franzosen die aristokratisch regierte Republik formal auf, der Wiener Kongress sprach Dubrovnik 1815 Österreich zu, bei dem es bis 1918 verblieb.

Nach dem Zweiten Weltkrieg nahm der **Tourismus** eine stürmische Entwicklung: Dubrovnik wurde seit den 1960er- und 1970er-Jahren zu einem der beliebtesten Reiseziele im Mittelmeerraum. Der Krieg im ehemaligen Jugoslawien setzte dieser Entwicklung ein abruptes Ende: Dubrovnik wurde besonders in den Jahren 1991 und 1992 durch serbischen Artilleriebeschuss schwer beschädigt. Sporadische Angriffe gab es bis 1995. Mit den Wiederaufbau- und Renovierungsarbeiten nach Kriegsende setzte auch der Tourismus in altbekanntem Ausmaß wieder ein.

✶✶ Stadtmauer

Uneinnehmbar

Zwischen dem 12. und dem 17. Jh. entstand die einzigartige Befestigungsanlage, die heute zu den **eindrucksvollsten Bauzeugnissen** der Stadt gehört. Uneinnehmbar scheinen die Mauern, die an der Landseite 4 – 6 m, an der Seeseite 1,5 – 3 m stark und fast überall rund 25 m hoch sind. Die gotische Stadtbefestigung wurde im Spätmittelalter durch einen zweiten Mauerring mit Kasematten, Doppeltoren und einem Wehrgraben erweitert und durch den Bau von Bastionen und Festungen verstärkt. Im Nordosten sichert die Festung Revelin aus dem 16. Jh. den Stadtzugang. Die für den Schutz des Hafens und des Arsenals erbaute, seeseitige Festung Sveti Ivan erhielt ebenfalls im 16. Jh. ihr heutiges Aussehen, während die 1464 errichtete Festung Bokar Angriffe aus dem Westen vereiteln sollte. Ein markanter Blickfang ist der zinnenbekrönte Rundturm Minčeta in der nordwestlichen Ecke (14./15. Jh.). Eine weitere Bastion, die Feste Lovrijenac, liegt westlich vor den Toren der Stadt.

? WUSSTEN SIE SCHON ...?

- Bereits im 14. Jh. gab es in Dubrovnik so fortschrittliche Einrichtungen wie einen öffentlichen Gesundheitsdienst, eine Apotheke oder ein Altersheim. Der Sklavenhandel wurde schon Anfang des 15. Jh.s abgeschafft.

Vom Pile-Tor zum Fort Revelin

✶ **Pile-Tor**

Das Pile-Tor ist noch heute der **wichtigste Zugang** zur Altstadt. Es besteht aus einem äußeren, 1537 errichteten und einem inneren Tor (1460) mit der Statue des Stadtpatrons, des hl. Blasius (Sveti Vlaho).

Sie ist ein Werk des kroatischen Bildhauers Ivan Meštrović (► Berühmte Persönlichkeiten). Hinter dem Tor betritt man die Hauptachse der Altstadt, Stradun genannt.

Sveti Spas

Nach dem Passieren des Tors erblickt man links die Erlöserkapelle Sveti Spas, die um 1520 nach Plänen des dalmatinischen Architekten Petar Andrijić entstand. Hinter der schlichten Fassade mit einer gotischen Fensterrose verbirgt sich ein einschiffiger Renaissancebau. Die Kirche überstand das Erdbeben von 1667 unbeschadet.

! *Baedeker* TIPP

Rundgang auf der Wehrmauer

Für einen Überblick über Dubrovnik sollte man zuerst auf die Festungsmauern hinaufsteigen und darauf die Stadt umrunden. Die Wehrmauern sind auf gesamter Länge – knapp 2 km – begehbar. Es gibt mehrere Aufgänge, z. B. direkt hinter dem Pile-Tor an der Westseite der Altstadt, ein weiterer kurz hinter dem Altstadtzugang am Ploče-Tor (8.00 – 19.30 Uhr).

Durch den schmalen Durchgang zwischen Sveti Spas und der Franziskanerkirche mit einer schönen Pietà am Südportal gelangt man in das Franziskanerkloster (Franjevački samostan), mit dessen Bau im Jahr 1317 begonnen wurde. Ein eindrucksvolles Zeugnis mittelalterlicher Baukunst ist der herrliche untere Kreuzgang mit seinen filigranen Doppelsäulen, die der Steinmetz Mihije Brajkov aus Bar mit maskenbesetzten Kapitellen ausstattete. Durch den Kreuzgang gelangt man zur **Museumssammlung** des Franziskanerklosters. Sie beherbergt die ebenfalls im Jahr 1317 gegründete und im ursprünglichen Zustand erhaltene Apotheke, die zu den ältesten in Europa zählt. Ferner sind Goldschmiedearbeiten des 17. bis 19. Jh.s, Reliquien, Ikonen und Gemälde ausgestellt, darunter auch eine detailreiche Stadtansicht, die Dubrovnik vor dem verheerenden Erdbeben von 1667 wiedergibt, das große Teile der Stadt völlig zerstörte. Die Klosterbibliothek bewahrt rund 20 000 kostbare Handschriften und Inkunabeln (tgl. 8.00 – 18.00 Uhr).

Highlights Dubrovnik

Stadtmauer
Verschaffen Sie sich zunächst bei einem Rundgang um die Altstadt auf der 2 km langen Festungsmauer einen Überblick.
► Seite 120

Altstadt mit Stradun
Wer schlendert nicht gern durch »das Paradies auf Erden«, zumal wenn man dabei shoppen und in Cafés einkehren kann?
► Seite 120

Rektorenpalast
Hier wohnte einst der Rektor, der Stadtrepräsentant, und hier tagten der Große und der Kleine Rat der Stadt.
► Seite 131

Berg Srđ
Wer den Hausberg von Dubrovnik besteigt, wird mit einem herrlichen Rundblick über Stadt und Umgebung belohnt.
► Seite 135

Dubrovnik Orientierung

Übernachten

① Pucić Palace
② Grand Villa Argentina
③ Stari Grad
④ Hotel Lapad

Großer Onofrio-Brunnen Rechter Hand hinter dem Pile-Tor errichtete Onofrio della Cava, der Baumeister des Rektorenpalasts, 1438 einen großen, mit 16 Wasserspeiern geschmückten Brunnen. Bereits seit dem 14. Jh. besaß Dubrovnik ein **ausgeklügeltes Wasserversorgungssystem**. Aus einer 12 km entfernten Quelle wurde das Trinkwasser in die Stadt gepumpt und durch Rohre weiterverteilt. Der Brunnen war der Endpunkt dieses alten Wasserversorgungsnetzes. Im Stadtgebiet finden sich weitere schöne Brunnen, die zu dieser Anlage gehören.

Ehemaliges Klarissinnenkloster Bereits im ausgehenden 13. Jh. ließen sich die Klarissinnen an der Stelle nieder, wo sie nach dem Erdbeben von 1667 den heute noch bestehenden Neubau errichteten. Um 1800 wurde das Kloster (Samostan Sveta Klara) aufgelöst. Ein Teil des ehemaligen Klosterkomplexes an der westlichen Stadtmauer südlich des Pile-Tors, so die Arkaden um den quadratischen Innenhof, wird heute vom Restaurant Jadran genutzt. Bei einem Rundgang auf der Stadtmauer kann man den Innenhof des Klarissinnenklosters von oben einsehen.

⑤ Hotel Neptun
⑥ Hotel Astarea
⑦ Hotel Zagreb
⑧ Excelsior

Restaurants
►Karte Altstadt, S. 129

✶ Stradun

Der Stradun, auch Placa genannt, ist die lebendige, von Geschäften, Reisebüros und Cafés gesäumte **Hauptstraße** in der Altstadt von Dubrovnik. Sie verläuft an der Stelle des zugeschütteten Meereskanals, der in den Anfängen der Stadt die beiden Siedlungen Ragusa und Dubrava getrennt hatte. Das aus glatt geschliffenen Platten bestehende Straßenpflaster haben nicht – wie fälschlich angenommen – die Römer verlegt, sondern im Jahr 1468 die Bewohner von Dubrovnik selbst, nachdem unter der Straße eine Wasserleitung eingerichtet worden war. Die schlichten, unverputzten Steinhäuser zu beiden Seiten der Straße wurden beim Erdbeben von 1667 bis auf das Erdgeschoss zerstört und anschließend einheitlich wieder aufgebaut.

Sveti Vlaho

Am östlichen Ende weitet sich der Stradun zum **Luža-Platz** (Pred Lužom), der von repräsentativen Gebäuden umringt ist. Rechts führen ein paar Stufen vor die Fassade der barocken St.-Blasius-Kirche (Sveti Vlaho), die nach einem Brand von dem venezianischen Baumeister Marino Gropelli 1706 – 1715 an der Stelle einer romanischen

Vorgängerkirche neu erbaut wurde. Die vergoldete Silberstatue des Schutzheiligen auf dem Hochaltar fertigte im 5. Jh. ein Goldschmied aus Dubrovnik. Das kostbare Stück wurde früher jeweils am 3. Februar in einer großen Prozession durch die Stadt getragen.

Roland-Denkmal

Vor der Kirche erinnert das steinerne Roland-Denkmal daran, dass der im Mittelalter viel besungene Held Orlando (Roland) den Bürgern von Dubrovnik bei der Belagerung durch arabische Piraten im 8. Jh. beistand, wofür sie ihm 1418 den Gedenkstein mit seiner Standfigur in mittelalterlicher Ritterrüstung errichteten. Möglicherweise symbolisiert die Figur auch die Stadtrechte.

✶ Sponza-Palast

Zu den wenigen Gebäuden, die das Erdbeben von 1667 überstanden haben, gehört der Sponza-Palast schräg gegenüber von Sveti Vlaho. Das stattliche Bauwerk, von einheimischen Architekten und Steinmetzen zwischen 1516 und 1522 im Übergangsstil von der **Spätgotik zur Renaissance** erbaut, diente zunächst als Zollamt und Lagerhaus, nahm später aber auch die städtische Münze und die Akademie auf. Architektonisch bemerkenswert ist nicht nur die dreigeschossige Fassade mit zierlichen Arkaden im Erd- und herrlichen gotischen Maßwerkfenstern im Hauptgeschoss, sondern auch der von Säulen getragene Innenhof. Der Stadtpatron von Dubrovnik, Sveti Vlaho, steht in einer Nische über dem mittleren Drillingsfenster an der Straßenfront. In einem kleinen Seitenraum wird an die meist jungen Männer gedacht, die während der Verteidigung Dubrovniks bzw. Süddalmatiens in den Jahren 1992 bis 1995 gefallen sind.

Roland-Denkmal vor der Kirche Sv. Vlaho

Der Sponza-Palast grenzt an einen überwölbten Durchgang. Die Glockenloge über dem Durchgang, 1463 errichtet und Mitte des 19. Jh.s wegen des Baus einer Wohnung für den österreichischen Stadtkommandanten niedergerissen, wurde 1952 im ursprünglichen Zustand wieder hergestellt. Rechts davon erhebt sich der 1444 erbaute, 31 m hohe Uhrturm (zvonik), dessen Glocken früher die Räte der Republik zu den Sitzungen zusammenriefen oder aber das Herannahen einer Gefahr signalisierten.

Glockenloge, Uhrturm ▶

Im Kreuzgang des Franziskanerklosters

Ehemaliger Ratspalast

An den Uhrturm schließt sich rechter Hand ein **neogotisches Gebäude** (1862) an. Es ersetzt den im 14. Jh. erbauten Palast des Großen Rats, der 1816 einem Brand zum Opfer fiel. Heute nimmt es die Stadtverwaltung, ein Theater sowie – im Erdgeschoss – das Stadtcafé (Gradska kavana) auf, an dessen Eingang der Kleine Onofrio-Brunnen aus dem Jahr 1438 plätschert.

★ Dominikanerkloster

Anfangs lag das 1310 begonnene Dominikanerkloster außerhalb der Stadtmauern an einer strategisch wichtigen Position – deshalb der wehrhafte Charakter der Anlage. Wenig später wurde sie jedoch durch die Erweiterung der Mauern und den Bau des Ploče-Tors in die Verteidigungsanlagen einbezogen und bis zum 16. Jh. ausgebaut. Das romanische Südportal der Kirche wurde 1419 durch eine Kalksteinfassung von Meister Bonino aus Mailand dem Zeitgeschmack angepasst. Eine Besichtigung des Klosters beginnt im **Kreuzgang**, der den Besucher mit einer Atmosphäre klösterlicher Ruhe und Meditation empfängt. Typisch für die Baukunst Dalmatiens ist wiederum die Mischung aus Renaissance (weite Arkadenbögen) und Gotik (Maßwerkfenster).

◄ Klostermuseum

Im Kapitelsaal und in der Sakristei ist heute das ausgesprochen sehenswerte Klostermuseum eingerichtet. Neben altem Schmuck, Kirchengerät und Reliquiaren sind vor allem die mittelalterlichen Handschriften sowie die Gemälde interessant. Insbesondere die großformatigen **Altarbilder von Nikola Božidarević** (vermutlich 1476 – 1517/18) belegen das hohe Niveau der dalmatinischen Renaissancemalerei (tgl. 9.00 – 18.00 Uhr).

DUBROVNIK ERLEBEN

AUSKUNFT

Touristinformation Dubrovnik
Svetog Dominika 7
20000 Dubrovnik
Tel. 020 / 32 38 87, Fax 32 37 25
www.tzdubrovnik.hr

ANREISE

Mit der Küsteneilfähre (►Praktische Informationen S. 87) vom nordkroatischen Hafen Rijeka aus dauert die Anreise rund 20 Stunden, und die Passage lohnt sich schon allein wegen der herrlichen Inselwelt, die man so zumindest im Vorbeifahren kennenlernt. 20 km südlich von Dubrovnik liegt der Flughafen Čilipi (www.airport-dubrovnik.hr), Bus dorthin ab Busterminal am Hafen. Dubrovnik wird in der Saison von vielen europäischen Städten, auch mit Low-Cost-Airlines angeflogen.

VERANSTALTUNGEN

Sommerfestival im Juli/August: Seit über 50 Jahren feiert die Stadt das Dubrovnik-Sommerfestival. Zu den Attraktionen gehören Theateraufführungen in der historischen Altstadt, Konzerte mit alter Musik und überlieferten Tänzen in historischen Kostümen.

VERKEHR

Die Altstadt ist autofrei. Parkplätze gibt es rings um die Stadtmauer, die allerdings oft schon frühmorgens alle belegt sind. Busse fahren in regelmäßigen Abständen von allen Stadtteilen ins Zentrum.

EINKAUFEN

Die Einkaufsstraße in Dubrovnik ist der Stradun. Hier befinden sich zahlreiche kleine Shops, Boutiquen und auch Galerien. Ob Töpfer- oder Lederwaren, Keramik, Antiqutäten oder Kleidung – für alle Geschmäcker und Vorlieben hält der Stradun was bereit. In Dubrovnik ist zudem die Firma Ronchi, ein sehr bekannter Hutfabrikant, beheimatet. Seit 1858 werden die unterschiedlichsten, originellen Hüte nach einer alten Technik gefertigt, die man in dem Geschäft in der Altstadt (Lučaria 2) erstehen kann.

ESSEN

► Fein & teuer

⑥ *Restoran Atlas Club Nautika*
Brsalje 3
Tel. 020 / 44 25 26
Das geschmackvoll eingerichtete »Nautika« am Pile-Tor bietet Leckereien wie Beefsteak in Trüffelsauce, Hummermedaillons in Himbeersauce und erlesene Weine an.

► Erschwinglich

① *Restoran Antunini*
Prijeko 30
Tel. 020 / 42 23 49
Unter den vielen Gaststätten in der Prijeko-Straße ist es das stilvollste.

④ *Steakhouse Domino*
Od Domina 6
Tel. 020 / 32 31 03
Das Domino zählt zu den besseren Adressen in Dubrovniks Altstadt. Steaks, Rostbraten und gegrillter Fisch schmecken hier ausgezeichnet.

⑤ *Riblji Restoran Proto*
Široka 1
Tel. 020 / 32 32 34
Das stilvolle Restaurant in der Altstadt ist eine gute Adresse für Fischliebhaber, aber auch Tournedos (Lendenspitzen vom Rind) mit Artischocken werden serviert.

Impressionen bei Nacht: In Dubrovniks Altstadtgassen kann man am Abend gemütlich einkehren.

② ***Konoba Rosarij***
Prijeko 2, Ecke Zlatarska
Tel. 020 / 32 12 57
Bei Kerzenschein genießt man köstlich zubereiteten Fisch in einer Altstadtgasse Dubrovniks, direkt neben der Kirche Sveti Nikola.

▶ Preiswert

③ ***Buffet Kamenica***
Gundulićeva poljana 8
Tel. 020 / 32 36 82
Ein kleines, beliebtes Restaurant mit kleiner Speisekarte. Besonders gut sind in Mehl geschwenkte, kleine Fische.

ÜBERNACHTEN

▶ Luxus

① ***Pucić Palace***
Ulica od Puca 1
20000 Dubrovnik
Tel. 020 / 32 62 00
Fax 020 / 32 62 23
www.thepucicpalace.com
Das Hotel gilt als Star der kroatischen Hotellerie. Die 19 Zimmer und Suiten in einem aufwendigst restaurierten Adelspalast aus dem 18. Jh. lassen keine Wünsche offen. Jeder Raum wurde einem Künstler aus Dubrovnik gewidmet. Eine Limousine erledigt den Transfer zum Flughafen, und im Cabriolet fährt man zum Picknick ans Meer. Natürlich ist dies nur eine extravagante Alternative zum noblen Gourmetrestaurant des Hotels.

② ***Grand Villa Argentina***
Frana Supila 14
20000 Dubrovnik
Tel. 020 / 44 05 55
Fax 020 / 47 57 93
www.gva.hr
In dem komplett renovierten Hotel wohnte in den 1960er-Jahren der Filmstab der Rialto-Filmgesellschaft während der Dreharbeiten für die Karl-May-Filme. Noch heute strahlt das in einem subtropischen Garten über dem Meer liegende Hotel das noble Flair von damals aus.

③ ***Stari Grad***
Od Sigurate 4
2000 Dubrovnik
Tel. 020 / 32 22 44
Fax 020 / 32 12 56

www.hotelstarigrad.com
Das vornehme kleine Hotel in einer Seitengasse in der Altstadt hat acht liebevoll eingerichtete Zimmer. Von der Dachterasse genießt man einen wunderbaren Blick über die Altstadt.

⑧ *Excelsior*
Frana Supila 12
2000 Dubrovnik
Tel. 020 / 35 33 53
Fax 020 / 35 35 55
ww.hotel-excelsior.hr
Eines der nobelsten Häuser vor Ort erstreckt sich über dem Meer, direkt neben der Grand Villa Argentina. Mit Sushi-Restaurant.

► Komfortabel

④ *Hotel Lapad*
Lapadska obala 37
20000 Dubrovnik
Tel. 020 / 45 55 55, Fax 45 55 51
www.hotel-lapad.hr
Angenehmes Hotel mit 380 Betten am Fährhafen von Dubrovnik. Schöner Swimmingpool, Boottransfer zum nächsten Strand.

⑤ *Hotel Neptun*
K. Stepinca 31
20000 Dubrovnik
Tel. 020 / 44 01 00
Fax 020 / 44 02 00
www.importanneresort.com
Das gepflegte Hotel an der Felsenküste der Halbinsel Lapad liegt in einem ruhigen Pinienwald. Fast alle Zimmer mit Meerblick. Im Terrassenrestaurant oberhalb der beiden Swimmingpools und der Küste werden die Gäste mit einem reichhaltigen Büffet verwöhnt.

⑥ *Hotel Astarea*
Šetalište Marka Marojice 40
20207 Mlini
Tel. 020 / 48 40 66
Fax 020 / 48 63 62
www.hotelimlini.hr
Das beliebte Hotel befindet sich an der Riviera von Dubrovnik in dem kleinen Fischerort Mlini. Es verfügt über ein Meerwasserhallenbad. Bis zu dem schönen, flachen Kieselstrand ist es nicht weit.

⑦ *Hotel Zagreb*
Šetalište K. Zvonimira 27
20000 Dubrovnik, Lapad
Tel. 020 / 43 89 30
Fax 020 / 43 60 06
www.hotels-sumratin.com
Eine behagliche Unterkunft in einem kleinen Palazzo auf der grünen Halbinsel Lapad. Die Zimmer sind einfach eingerichtet, der Kiesstrand nur wenige Schritte entfernt. Es fahren regelmäßig Busse nach Pile Gate.

CAMPING

Autokamp Kate
Mlini bei Dubrovnik
Tupina 1
Tel. 020 / 48 70 06
www.campingkate.com
Auf einem Wiesengelände unweit des kleinen, romantischen Urlaubsorts Mlini an der Riviera von Dubrovnik gelegen.

Von Felsvorsprüngen genießt man eine wunderschöne Aussicht.

Ploče-Tor

Wer sich von Osten der Altstadt nähert, tritt durch das Ploče-Tor auf das historische Pflaster. Auch dieser Zugang besteht aus einem äußeren, 1450 von Simeon della Cava erbauten und im 19. Jh. erweiterten Tor und einem inneren Torbau, überragt von einem Wehrturm aus dem 14. Jahrhundert. Dahinter geht es über eine den früheren Stadtgraben überspannende, **steinerne Brücke**, die 1449 vollendet wurde, zum Fort Revelin.

Fort Revelin

Die monumentale Festung Revelin wurde außerhalb der Stadtmauern im 16. Jh. nach Entwürfen von Anton Ferramollino in Form eines unregelmäßigen Vierecks angelegt, um den Stadthafen zu bewachen. Zudem schützte das Fort den nordöstlichen Zugang zur Stadt. Man nutzte es als **Getreidespeicher**.

Dubrovnik • Altstadt Orientierung

Essen

1. Restoran Antunini
2. Konoba Rosarij
3. Buffet Kamenica
4. Steakhouse Domino
5. Restoran Proto
6. Restoran Atlas Club Nautika

1 Sv. Spas
2 Großer Onofrio-Brunnen
3 Sv. Vlaho
4 Roland-Denkmal
5 Sponza-Palast
6 Uhrturm
7 Ploče-Tor
8 St.-Lukas-Turm
9 Ehem. Bootshaus
10 Ehem. Ratspalast
11 Kathedrale Sv. Gospa
12 Bischöfliches Palais

Hinter einer Zugbrücke beginnt der Stadtteil Ploče, wo sich – vor allem an der Uferstraße Frana Šupila – alte Villen mit terrassenartig angelegten, üppig bewachsenen Gärten und einige renommierte Hotels den Blick auf die Altstadt von Dubrovnik teilen. Schaut man dagegen nach rechts zurück, so sieht man den gesamten alten Hafen.

✶ Stadtteil Ploče

Wie das Fort Revelin diente auch die gegenüberliegende Festung Sveti Ivan dem Schutz des alten Hafens, der heute nur noch **Bootshafen** ist. Auch die Ausflugsboote zur Insel Lokrum legen hier an und ab. In dem neu aufgebauten Bootshaus mit rundbogigen Einfahrten lagen früher die Staatsbarkassen der Patrizier von Ragusa zum Auslaufen bereit. Heute sitzen hier die Gäste der Gradska kavana, des Stadtcafés, das sich im Erdgeschoss des angrenzenden ehemaligen Ratspalasts fortsetzt.

Alter Hafen

✶✶ Rektorenpalast

Der von 1435 bis 1451 von Onofrio Giordano della Cava aus Neapel als Sitz des Großen und des Kleinen Rats sowie als Wohnung für den Rektor, den Stadtrepräsentanten, errichtete Palast, wurde 1463 von Michelozzo Michelozzi erneuert und nach dem Erdbeben von 1667 originalgetreu wieder aufgebaut. Das Erdbeben von 1979 erforderte eine weitere Restaurierung des Gebäudes. Der Palast umschließt mit vier Flügeln einen offenen **Innenhof** mit einer barocken Treppe, der wegen seiner guten Akustik für Kammerkonzerte genutzt wird. Im Säulengang erzählt eine Tafel die Äskulaplegende, wonach der griechische Gott der Heilkunde aus dem nahe gelegenen Städtchen Epidauros, dem heutigen ► Cavtat, stammen soll. Eine lateinische Inschrift an die Ratsmitglieder lautet: OBLITI PRIVATORUM PUBLICA CURATE – Vergesst Eure persönlichen Angelegenheiten, sorgt für das öffentliche Wohl. Die 1638 geschaffene Büste von Miho Pracat – das einzige öffentliche Denkmal aus der Zeit der Republik – soll daran erinnern, dass der Reeder und Mäzen aus Lopud sein Vermögen der Stadt vermacht hatte (Rektorenpalast mit

Ästhetisch und unverwüstlich

Dubrovnik Rektorenpalast

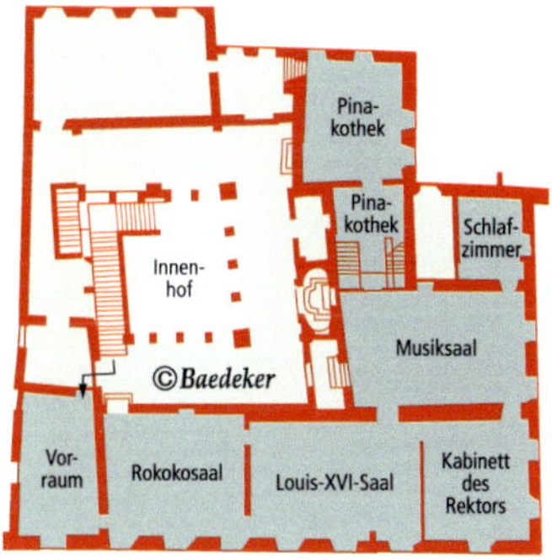

Erstes Obergeschoss

← *Der Stradun, auch Placa genannt, ist die lebendige Hauptstraße der Altstadt von Dubrovnik. Ein Meereskanal trennte hier im Frühmittelalter die Siedlungen Ragusa und Dubrava.*

Stadtmuseum ►

Stadtmuseum: tgl. 9.00 – 18.00 Uhr). Im Zwischengeschoss des Palasts wird die Sammlung des Stadtmuseums präsentiert: Exponate zur Geschichte Dubrovniks, Münzen, Porträts bedeutender Bürger der Stadt, Fayencen, Teile von Rüstungen und Waffen sowie Möbel. Die Wohn- und Repräsentationsräume des Rektors im Obergeschoss sind ebenfalls zugänglich. Das Kabinett des Rektors ist das **Herzstück**: Gleich rechts neben der Tür hängt ein Hauptwerk der Dubrovniker Malerei, eine 1508 für den Rektorenpalast geschaffene »Taufe Christi«; von Mihajlo Hamzić. Auf einer gegenüberliegenden Kommode steht eine Uhr ohne Zeiger aus dem 17. Jahrhundert. Ihre römischen Ziffern bewegen sich im Halbkreis von links nach rechts. Das Gemälde »Venus und Adonis« (16. Jh.) darüber stammt von dem italienischen Maler Paris Bordone. In dem intarsiengeschmückten Kästchen auf einer weiteren Kommode liegen die vier Schlüssel der beiden Stadttore (je ein Schlüssel pro Türflügel), die von den Rektoren aufbewahrt wurden. Ein **Meisterwerk der Möbelkunst** ist der Kabinettschrank, der Ende des 17. Jahrhunderts in einer neapolitanischen Werkstatt entstand. Die Landschaften und mythologischen Szenen sind in Tempera auf Glas gemalt.

Der Rektorenpalast gilt als bedeutendster Profanbau Dubrovniks.

Vom Rektorenpalast zur Festung Sveti Ivan

Gundulićeva poljana

Vom Rektorenpalast lohnt ein Abstecher hinüber zur Gundulićeva poljana, dem **Marktplatz** von Dubrovnik. Vom hohen Sockel seines Denkmals blickt der in Dubrovnik geborene Dichter Ivan Gundulić (ca. 1589 – 1638; ►Berühmte Persönlichkeiten) auf das bunte Markttreiben herab.

Kathedrale Maria Himmelfahrt (Velika Gospa)

Einer Legende nach soll der englische König Richard Löwenherz auf der Rückkehr vom dritten Kreuzzug 1192 in einem Sturm bei der Insel Lokrum Schiffbruch erlitten haben. Aus Dankbarkeit, dass sein Leben gerettet wurde, stiftete er eine große Summe, mit der die Stadt wenig später die erste Kathedrale erbaute. Das Gotteshaus wurde beim Erdbeben 1667 zerstört; der von italienischen Architekten entworfene Neubau entstand von 1673 bis 1713 im Stil des **römischen Barock**. Der schlichte, auf monumentale Wirkung bedachte Innenraum lässt die qualitätvollen Altarblätter bestens zur Geltung kommen. Von Venedigs Renaissance-Genie Tizian stammt das Werk

Ermöglichte eine Spende von Richard Löwenherz den Bau der Kathedrale?

»Maria Himmelfahrt« (16. Jh.) am Hauptaltar. Die anderen Altarbilder sind ebenfalls überwiegend Werke namhafter italienischer Künstler wie Andrea del Sarto oder Parmigianino. Die Schatzkammer des Doms gehörte vor dem großen Erdbeben von 1667 zu den **reichsten ihrer Art** in Europa. Zu den erhaltenen Kostbarkeiten zählen heute 138 Reliquien. Wertvollster Besitz sind ein im byzantinischen Stil mit Silber, Gold und Edelsteinen verziertes Hand- sowie ein Schädelreliquiar des Schutzpatrons der Stadt, des hl. Blasius, aus dem 11./12. Jahrhundert. Das flämische Triptychon nahmen früher die Gesandten Ragusas auf ihren Dienstreisen als »Reisealtar« mit (Mo. – Sa. 9.00 – 17.00, So. 11.00 – 17.00 Uhr).

✶ ◀ Schatzkammer der Kathedrale

Festung Sv. Ivan, Schifffahrtsmuseum

Nach dem Dom passiert man rechts das Bischöfliche Palais und erreicht am Ende der Gasse das auf der Landzunge thronende Fort Sveti Ivan. Auf zwei Etagen ist hier das Schifffahrtsmuseum (Pomorski Muzej) der Stadt Dubrovnik untergebracht, das anhand von Schautafeln und Exponaten über die **Geschichte der Seefahrt** und ihre Bedeutung für die Stadt unterrichtet. Im Erdgeschoss werden Schiffsmodelle aus dem 16. und 17. Jahrhundert, Seekarten, Frachtbriefe und andere Dokumente zum Thema Seefahrt gezeigt. Die beiden Räume des ersten Obergeschosses sind der Seefahrt im 19. und 20. Jahrhundert gewidmet, die u. a. mit einem großen Modellschiff, Navigationsgeräten und Fotografien von Schiffen veranschaulicht wird (tgl. 9.00 – 18.00 Uhr).

◀ Aquarium

Das Aquarium im Erdgeschoss der Festung informiert über Flora und Fauna der Adria (tgl. 8.00 – 19.00 Uhr).

Durch die südliche Altstadt

Ältester Stadtteil von Dubrovnik

Die auf den Felsen erbaute, südliche Altstadt ist der älteste Teil von Dubrovnik, der Kern der ehemaligen Siedlung Lausa mit steilen, engen Gassen und vielen malerischen Winkeln und gotischen Adelspalästen.

✶ Jesuitenkirche Sveti Ignacijo

Von der Festung Sveti Ivan geht es wieder zurück zur Kathedrale. Hinter der Kirche überquert man den hübschen Bunić-Platz (Bunićeva poljana) und steigt über die herrliche Barocktreppe zur Jesuitenkirche Sveti Ignacijo (St. Ignatius) hinauf. Die Jesuiten waren seit dem frühen 17. Jh. in Dubrovnik vertreten und beeinflussten nachhaltig das kulturelle Leben in der Stadt. Für den Bau ihres Gotteshauses, das zu den **größten Barockkirchen** in Dalmatien zählt, beriefen sie aus Rom den viel beschäftigten Architekten Andrea Pozzo, nach dessen Plänen von 1699 bis 1735 der Bau ausgeführt wurde. Das große Vorbild war, wie vor allem im Inneren deutlich wird, die »Mutterkirche« der jesuitischen Ordensbaukunst, Il Gesù, in Rom. Ebenso wie dieses Bauwerk wurde Sveti Ignacijo als tonnengewölbter, einschiffiger Raum mit seitlichen Kapellen angelegt. Die Fresken und Altarbilder erzählen aus dem Leben des Ordensgründers, des hl. Ignatius von Loyola. In der vollständig ausgemalten Chorapsis wird die »Aufnahme des hl. Ignatius in den Himmel« geschildert.

Museum Rupe

Unterhalb der Barocktreppe von Sveti Ignacijo beginnt linker Hand die hübsche Strosmajerova ulica. In ihrer Verlängerung, der Ulica Od Rupe, befindet sich der im 16. Jh. für den Fall einer Belagerung

Wenn die Laternen Dubrovnik in ein warmes Licht tauchen, entfaltet die »Perle der Adria« ihr einzigartiges Flair.

oder einer Hungersnot angelegte **Getreidespeicher**, genannt Rupe. Er bestand aus 15 in den Fels gehauenen »Silos«, die mit einer wasserundurchlässigen Beschichtung ausgekleidet wurden. Heute zeigt hier ein Museum volkskundliche Exponate aus der Geschichte Dubrovniks von der Antike bis zum Mittelalter (tgl. 9.00 – 18.00 Uhr).

Im Geburtshaus von **Marin Držić** (um 1508 – 1567; Široka ulica 7; Di. – So. 10.00 – 18.00 Uhr) erinnert eine Ausstellung an den bekanntesten Renaissancedichter des Landes. Jedes Schulkind kennt die hübschen Komödien des »kroatischen Shakespeare«, die sich auch regelmäßig im Programm der Dubrovniker Sommerfestspiele wiederfinden.

! *Baedeker* TIPP

»Cold drinks with the most beautiful view«

So steht es auf einem kleinen Holzschild geschrieben, das zur »Buža« genannten Bar und Restaurant führen soll. Doch das »Felsenloch«, was Buža zu Deutsch bedeutet, ist trotz (sporadischer) Beschilderung nicht leicht zu finden. Wenige Schritte westlich des Margarethenturms, ungefähr auf der Höhe der Jesuitenkirche, verlässt man durch eine Holztür in der Stadtmauer die Altstadt und gelangt auf die vorgelagerten Felsvorsprünge. Die Sicht reicht über die Adria bis zum Horizont – ein unvergesslicher Ausblick.

Sehenswertes außerhalb der Altstadt

◄ Festung Lovrijenac

Geht man durch das Pile-Tor und über den Brsalje-Platz, so erreicht man, immer links bleibend, am westlichen Zugang der Stadt das gewaltige Kastell Lovrijenac. Die auf einem Felsen angelegte Festung soll laut Stadtchronik im 11. Jh. entstanden sein. Über dem Eingangstor steht ein **Wahlspruch** der ehemaligen Republik Dubrovnik: »Non bene pro toto libertas venditur auro« (»Nicht für alles Gold in dieser Welt werden wir unsere Freiheit verkaufen«).

Gruška Luka

Lohnend ist ein Besuch des Dubrovniker Hafens **Gruž** westlich der Altstadt. Hier legen die Kreuzfahrtschiffe an, Handelsschiffe löschen ihre Ladung, und Ausflugsboote starten zu den ►Elafitischen Inseln Koločep, Šipan und Lopud. Im Stadtteil Gruž befinden sich alle Hafeneinrichtungen, Schiffsagenturen sowie der Busbahnhof.

*** Lapad**

An der Westseite des Hafens von Gruž beginnt die reizvolle Halbinsel Lapad mit zahlreichen modernen Hotels und alten Villen sowie schönem, z. T. parkartigem Baumbestand. An der Westseite der Halbinsel liegt in der hübschen Bucht Sumartin ein **Strandbad**. Im südlichen Teil von Lapad lohnt sich der Besuch der hoch gelegenen St.-Blasius-Kapelle (Sveti Vlaho). Von dieser Anhöhe (197 m) bietet sich ebenso wie vom Berg Petka eine grandiose Aussicht.

*** Berg Srđ**

Ein herrlicher Rundblick über die Stadt eröffnet sich nicht nur auf der Jadranska Magistrale oberhalb Dubrovniks, sondern auch vom 412 m hohen Brdo Srđ, dem Sergiusberg. Zu Fuß oder mit dem Auto kann man den **Hausberg** von Dubrovnik mit seiner Festung aus napoleonischer Zeit erklimmen. Von der Jadranska Magistrale geht in Höhe des Dubrovniker Stadtteils Ploče ein Sträßchen Richtung Bosanka ab, das zum Srđ führt. Die Anhöhe um Bosanka war im serbisch-kroatischen Krieg Anfang der 1990er-Jahre schwer umkämpft. Zahlreiche Kreuze und Gedenktafeln erinnern an die kroatischen Soldaten, die hier ihr Leben ließen.

★ **Lokrum**

Die überwiegend **bewaldete Insel**, die in Sichtweite vor dem südöstlichen Stadtteil Ploče liegt, ist schon seit Langem ein Refugium für die Bewohner Dubrovniks. Im Sommer pendeln in kurzen Abständen Ausflugsboote zwischen dem alten Hafen und dem grünen Eiland. Lokrum besitzt schöne Badebuchten (Felsstrände; auch FKK) und eine artenreiche subtropische Vegetation. Der kleine Salzsee im Südteil der Insel wird Mrtvo more, Totes Meer, genannt. Bereits im 11. Jh. ließen sich Benediktiner auf Lokrum nieder und gründeten ein Kloster. 1806 errichteten die Franzosen das Fort Royal, das die Insel überragt. Von den Verteidigungsmauern des Forts hat man einen herrlichen Ausblick auf die Altstadt Dubrovniks.

Blühender Kaktus im botanischen Garten auf Lokrum

Im Jahr 1858 ging die Insel in den Besitz des habsburgischen Erzherzogs Maximilian, des späteren Kaisers von Mexiko, über. In einem Teil des Benediktinerklosters richtete er seinen Sommersitz ein; um das Kloster ließ er einen Park mit Zypressen und anderen mediterranen Baumarten anlegen. Ebenfalls in nächster Nähe zum Kloster gedeihen im 1959 gegründeten **Botanischen Garten** 500 verschiedene Pflanzen- sowie 200 Kakteenarten vorwiegend amerikanischer und australischer Herkunft. Im Kloster selbst ist ein Restaurant untergebracht.

Elafitische Inseln

Vom alten Hafen Dubrovniks fahren regelmäßig Ausflugsboote zu den ►Elafitischen Inseln Koločep, Šipan und Lopud.

Riviera von Dubrovnik

Trsteno

Etwa 15 km südlich von Slano führt die Küstenmagistrale durch Trsteno. Die Hauptattraktion des kleinen Orts ist der herrliche, beinahe 3 ha große **Park Gutečić** mit exotischen, zum Teil sehr seltenen Bäumen aus beinahe allen Ländern der Welt.

Orašac 20 km von Dubrovnik entfernt liegt Orašac, ein ehemaliges Dorf, das sich in den 1980er-Jahren zu einem **Ferienort** gemausert hat. Auftrieb erhielt die touristische Entwicklung vor allem durch den Bau der exklusiven, mit Restaurants, Tennisplätzen und einem Meerwasserschwimmbecken ausgestatteten Appartementanlage »Sonnengärten von Dubrovnik«. Von dem ehemaligen Schloss Arapovo des Venezianers Pietro Soderini (16. Jh.) sind nur Ruinen erhalten.

Srebreno 10 km südlich von Dubrovnik erreicht man Srebreno, das sich im Schutz der dahinter liegenden Gebirgsketten an der weiten Bucht Župski zaliv ausbreitet. Baden kann man hier am langen Sandstrand oder an felsigen Küstenabschnitten.

Mlini Beinahe nahtlos gehen Srebreno und Mlini ineinander über. Auch dieser Ort verfügt über einen schönen, flachen Strand. Der Name Mlini bedeutet so viel wie Mühle und weist darauf hin, dass die Bäche in der Umgebung von Mlini einst **Wassermühlen** antrieben. Die reichlich vorhandenen Quellwasser sorgen auch dafür, dass Mlini von üppigem Grün umgeben ist.

Plat Nur 3 km weiter beginnt Plat, ebenfalls ein **Badeort** an der Župski zaliv, der mit Stränden, modernen Hotels und landschaftlich schöner Umgebung aufwartet. Von hier sind es nur noch wenige Kilometer bis nach ►Cavtat.

Dugi Otok

C–F 4–6

Höhe: 0 – 338 m ü. d. M.
Einwohnerzahl: 2800
Gespanschaft: Zadar

Dass Dugi Otok auf Deutsch lange Insel heißt, verwundert kaum. Denn sie ist knapp 44 km lang und höchstens 5 km, stellenweise sogar nur 1,5 km breit. Ihre Ostküste ist verhältnismäßig flach, wohingegen die Westküste vor allem im äußersten Süden mit bis zu 160 m hohen Felswänden steil zum Meer hin abfällt.

Fruchtbare Insel Eine einzige Straße – zwischen dem im Nordwesten gelegenen Hafenort Božava und dem Fährhafen Sali an der Südostküste – erschließt die Insel und auch das erst seit dem Jahr 1980. Auf der 52 km langen **Panoramastraße** kann man sich einen guten Überblick über das Inselparadies Norddalmatiens verschaffen; in der Ferne sind die Kornaten zu sehen. Dugi Otok besitzt weder Quellen noch oberirdische Wasserläufe, doch füllen sich im Winter die Karstfelder Malo jezero, Velo jezero und Dugo polje mit Süßwasser und werden zu Seen. Im Übrigen reichen die Niederschläge und die Bodenfeuchtigkeit aus, um auf Dugi Otok Weinreben, Oliven, Gemüse, Kiefern und Pinien gedeihen zu lassen. Die südöstlichste Bucht der Insel, Telašćica, ist als Teil des Nationalparks ► Kornaten ein beliebtes und im Sommer stark frequentiertes Ausflugsziel. Ansonsten konzentriert sich der Tourismus auf die Orte Božava, Sali und Luka, wo es Hotels und Privatunterkünfte gibt.

Baden/Tauchen

Die Möglichkeit zu sportlichen Aktivitäten bietet sich vor allem in Božava, wo man Boote sowie Surfbretter, Wasserskier und Tauchgeräte (Tauchschule) mieten kann. Tauchschulen gibt es ebenso in Sali und in Zaglav. Einige Gebiete um Dugi Otok sind allerdings für Taucher gesperrt. Nähere Informationen erteilen die Hotels von Božava. Die Badeplätze haben größtenteils Felseinstieg, z. T. mit betonierten Liegeflächen; es gibt aber auch kleine Kiesstrände. Einen **Sandstrand** findet man in der Bucht Saharun, südlich von Božava.

Geschichte

Die ältesten Siedlungsfunde auf Dugi Otok stammen aus der **Jungsteinzeit** und wurden bei der Ortschaft Žman freigelegt. Auf manchen Anhöhen der Insel erkennt man noch heute Reste illyrischer Befestigungen und Grabhügel. An die römische Besiedlung erinnert eine **Villa rustica** auf der Landenge Proversa, von der Fundamente an Land und Reste der Kanalisation samt einem Wasserbecken im Meer erhalten blieben. Ein Mosaikfußboden aus dem antiken Landhaus wird im Archäologischen Museum in ► Zadar aufbewahrt. Aus altkroatischer Zeit besitzt Dugi Otok noch einige kleine Kirchen, Häuser und Grabstätten.

Weiter auf S. 142 ►

Und noch eine felsige Insel: Dugi Otok

DUGI OTOK ERLEBEN

AUSKUNFT

Touristinformation Sali
23281 Sali
Tel./Fax 023 / 37 70 94

Touristinformation Božava
23286 Božava
Tel./Fax 023 / 37 76 07
www.dugiotok.hr

ANREISE

Von Zadar aus gibt es drei Fährverbindungen zur Insel Dugi Otok. Eine Autofähre verkehrt mehrmals täglich zwischen Zadar und Brbinj. Zusätzlich verkehren Passagierschiffe von Zadar nach Sali und in der Hochsaison von Zadar nach Božava. Die Küsteneilfähre von Rijeka nach Dubrovnik legt samstags in Brbinj an. Von Ende Juli bis Mitte September hält die Autofähre Ancona–Zadar zweimal wöchentlich in Brbinj. Die Schnellboote von Ancona nach Zadar verkehren Mitte Juli bis Mitte September. Sie machen in Božava Halt.

VERANSTALTUNGEN

August: Eselrennen in Sali.

ESSEN

► Erschwinglich

Restoran Kornat
Sali
Tel. 023 / 37 70 49
Von dem Hotel Sali blickt man auf eine mediterran-verwunschene Bucht. Dazu passt das südländische Ambiente in dem angeschlossenen Restaurant, wo man Fisch, Grillspeisen und andere Köstlichkeiten probieren kann.

Restoran Tamaris
Obala Kralja Tomislava 17
Sali
Tel. 023 / 37 73 77
Urgemütliches Restaurant im Ortskern von Sali; man sitzt im Freien unter einer Weinpergola.

Restaurant Roko
Zaglav 28, Zaglav
Tel. 023 / 37 71 82
Das urige Familienrestaurant in dem kleinen Küstenort Zaglav liegt direkt am Meer. Auf der Speisekarte findet man eine reichhaltige Auswahl von Meeresspezialitäten der Insel. Angeschlossen ist eine kleine Pension mit einem Appartement und fünf Doppelzimmern, von deren Balkonen man den Blick auf das blaue Meer genießt.

ÜBERNACHTEN

► Luxuriös/Komfortabel

Hotelanlage Božava
23286 Božava
Tel. 023 / 29 12 91, Fax 37 76 82
www.hoteli-bozava.hr
Die vier unterschiedlich ausgestatteten Hotels Lavanda, Agava, Maxim und Mirta machen diese Anlage aus, die sich an einer Felsenküste erstreckt. Die Häuser wurden komplett saniert und bieten zum Teil Meeresblick. Aktive Urlauber werden verlockt von einer Tauchschule, Tennisplätzen und weiteren Sportangeboten.

► Günstig

Hotel Sali
Sali bb, 23281 Sali
Tel. 023 / 37 70 49, Fax 37 70 78
www.hotel-sali.hr
Das idyllisch gelegene und vollklimatisierte Hotel besteht aus vier Pavillons, die in einem Pinienwald liegen. Man blickt auf eine kleine Bucht mit Felsenständen zum Baden.
www.dugiotok.hr

Große Freiheit: Die Strände an der kroatischen Adria sind eine Hochburg der Freikörperkultur.

HÜLLENLOS GLÜCKLICH

Für manche ist es die große Freiheit, für andere nur an menschenleeren Stränden eine Versuchung und für wieder andere ein Verstoß gegen den guten Geschmack – die Rede ist vom FKK, dem, wie der Brockhaus so schön altmodisch formuliert, »gemeinsamen Freiluftleben beider Geschlechter ohne Bekleidung«. Dalmatien gilt neben Istrien als Hochburg der Freikörperkultur, denn nirgendwo sonst in Europa gibt es eine Küste mit so vielen Stränden, an denen das hüllenlose Baden erlaubt ist.

Die Gründe dafür, warum sich das ehemalige Jugoslawien zu einem **Nacktbadeparadies** entwickeln konnte, sind vielfältig. Mit dem englischen Thronfolger und späteren Privatier Edward VIII. hat es angeblich angefangen. Er bat, so wird erzählt, 1934 während eines Aufenthalts auf der Insel Rab die Behörden, seiner Frau Wallis Simpson das hüllenlose Baden in der Bucht von Kandarola zu genehmigen. Einen gewaltigen Aufschwung erlebte die FKK-Bewegung dann in den 1950er- und 1960er-Jahren. Das damalige Jugoslawien war noch kein sehr bekanntes Reiseland. Um den Fremdenverkehr anzukurbeln, versuchte man, die wachsende Anhängerschaft der Freikörperkultur ins Land zu locken. Eine mächtige Kirche, die den Behörden – wie z. B. in Italien – einen Strich durch die Rechnung hätte machen können, gab es nicht – man war ja ein **sozialistischer Staat**. Koversada, die größte FKK-Campinganlage Kroatiens bei Poreč in Istrien, besteht bereits seit 1961. Titos liberaler Staat öffnete sich

schon sehr früh für westliche Touristen. Auffallend ist, dass sich an der jugoslawischen Küste das Nebeneinander von Textil- und Nacktstränden einbürgerte, wodurch auch jene leicht überwechseln konnten, denen bis dahin FKK fremd gewesen war.

Die Geburtsstunde der Freikörperkultur

Anderswo in Europa war man zu Beginn der 1960er-Jahre noch weitaus prüder. Zur Erinnerung: Die Geburtsstunde der Freikörperkultur in Europa schlug nicht – wie man vielleicht annimmt – in den »wilden« 1960er-Jahren, sondern schon wesentlich früher, um die Jahrhundertwende. Die ersten Naturisten oder Nudisten waren Anhänger einer **Reformbewegung**, die Schluss machen wollte mit der geschlechtlichen Geheimnistuerei der verklemmten wilhelminischen Ära. Sie vertraten die Auffassung, dass der Mensch durch das Erlebnis des hüllenlosen Aufenthalts im Freien ein gesundes Verhältnis zum Körper entwickle und sich dies positiv auf seine Persönlichkeitsentfaltung auswirke.

Allen Anfeindungen zum Trotz hat die Reformbewegung überlebt und unser Verhältnis zur Nacktheit revolutioniert, sodass heute jeder selbst entscheiden kann, ob er nackt, halbnackt oder in Badekleidung an den Strand geht. In Istrien und Dalmatien muss man auch nicht gleich zum FKK-Anhänger werden, wenn man sich der natürlichen Nacktheit hingeben will. Wem ausgewiesene FKK-Reviere nicht liegen, der findet an der istrischen und dalmatinischen Küste genug **einsame Buchten** und schwer erreichbare Inselchen, an denen man sich nahezu unbeobachtet »ganz ohne« in die Sonne legen kann.

Aber aufgepasst: Die Sonne an der dalmatinischen Küste hat's in sich, deshalb sollten alle Körperteile gut eingecremt werden.

Schroffe Kalkfelsen und steile Klippen: An der Südspitze von Dugi Otok meint man Sirenen singen zu hören. Doch der Eindruck täuscht: Schöne Buchten locken »Seefahrer« an.

Sehenswertes auf Dugi Otok

Božava

Touristischer Mittelpunkt ist das am Nordwestzipfel der Insel gelegene Božava, das sich an einer kleinen Bucht ausbreitet und von Obstgärten, Olivenhainen und einem Föhrenwäldchen umgeben ist. Das kristallklare Meer lockt nicht nur Badende, sondern auch viele Segler, Surfer und Taucher an. Die frühmittelalterliche Pfarrkirche, angeblich aus dem 9. Jh., besitzt drei gotische Prozessionskreuze.

Savar
★
Sv. Pelegrin ▶

Eine der **bedeutendsten altkroatischen Kirchen**, Sveti Pelegrin, findet sich in dem Dorf Savar, südöstlich von Božava und nur 1 km vom Hafen Brbinj entfernt. Der im 13. Jh. auf der Friedhofshalbinsel errichtete Bau ist wegen der plastischen Auffassung des Baukörpers, wie man am runden Chorraum leicht beobachten kann, typisch für diese Epoche der kroatischen Kunst.

Sali

Sali, mit 900 Einwohnern der größte Ort der Insel, ist vor allem vom **Fischfang** geprägt. Die Erträge der Fischerei werden zum Teil in der örtlichen Konservenfabrik verarbeitet. Die gotische Pfarrkirche von Sali besitzt einen geschnitzten Altar sowie Epitaphe mit glagolitischen Inschriften. Vom Hafen mit einer kleinen Schiffswerft führt ein bequemer Spazierpfad in den oberen Teil des Dorfs. Er endet am Friedhof, der eine innerhalb der Adria-Inseln nur hier zu beobachtende Beisetzungsart zeigt: Steingrüfte werden zur Aufnahme der Särge in den Fels gesprengt. Dann verschließt man die Grabkammern mit Steinplatten. Das Hotel in Sali liegt ca. 10 Gehminuten außerhalb des Orts und besitzt einen teilbetonierten Fels- sowie einen Kiesstrand. Einen schönen Blick auf die norddalmatinische Inselwelt genießt man vom **Hausberg Brčastac** (200 m).

★★ **Luka Telašćica**

Ein beliebtes Ausflugsziel auf Dugi Otok ist die 8 km lange und bis zu 2 km breite Bucht Telašćica am stark zergliederten Südzipfel der Insel. Die als Naturpark ausgewiesene Bucht – einer der bestgeschützten **Naturhäfen** in der Adria – ist zugleich Teil des Nationalparks ►Kornaten und wird deshalb meist im Rahmen einer organisierten Rundfahrt durch die Inselwelt der Kornaten angefahren. Bereits von Weitem erblicken Besucher, die während des Sommers hier zahlreich mit ihren Booten einlaufen, den kegelförmigen Inselberg Školj am Ende der Bucht.
Mit dem Auto bzw. zu Fuß erreicht man die Bucht Telašćica ab der Ortschaft Sali. Von dort führt eine Straße bis an den Natur-/Nationalpark heran, wo sich ein Restaurant befindet. Auch ein Bootsverleih ist vorhanden. Ein besonderes Badevergnügen bietet der nahe gelegene **Salzsee Mir**, der sich auf dem Festlandstreifen zwischen der Telašćica-Bucht und dem Meer ausbreitet. Die Wassertemperatur des 900 m langen, 300 m breiten und 10 m tiefen Sees liegt im Sommer um 6 °C höher als die des Meeres. Gespeist wird der See durch ein System unterirdischer Kanäle und Spalten, durch die das Meerwasser zum Mir vordringt.

! *Baedeker* TIPP

Wanderwege

Wer im Nationalpark Kornaten wandern möchte, dem sei der sonnige Wanderweg von der Telašćica-Bucht zu einem Restaurant oberhalb schöner Badeklippen in einem Pinienwald empfohlen. Von dort führt ein Waldweg zu einem Aussichtspunkt hinauf, wo sich das atemberaubende Panorama der berühmten weißen Klippen öffnet. Sie stürzen an der Außenküste der Insel bis zu 160 m senkrecht ins Meer.

★ Elafitische Inseln (Šipan, Lopud, Koločep)

V–X 13/14

Höhe: 0 – 243 m ü. d. M. **Einwohnerzahl:** 1000
Gespanschaft: Dubrovnik-Neretva

Vor der süddalmatinischen Küste, zwischen der Halbinsel ►Pelješac und der Dubrovniker Halbinsel Lapad, liegen neben einigen kleineren Eilanden und Riffen die bewohnten Inseln Šipan, Lopud und Koločep, die auch als Elafitische Inseln bezeichnet werden. Berühmt sind die Inseln für ihre üppige subtropische Vegetation sowie für ihre schönen Badestrände.

Ruhe, Ruhe und nochmals Ruhe

Als Naherholungsziel für die Bewohner von Dubrovnik stehen die Elafitischen Inseln nicht erst in jüngster Zeit hoch im Kurs; bereits im 15. und 16. Jh. verbrachten Adlige und hohe kirchliche Würdenträger hier gerne die heißen Sommermonate. Ausländische Besucher kommen meist im Rahmen einer **Tagestour** mit dem Boot von Dubrovnik auf die Inseln. Man kann aber auch länger bleiben – Hotels und Privatquartiere stehen zur Verfügung. Wer vor allem Ruhe und Erholung sucht, keinen Wert auf ein breites Unterhaltungsangebot legt, sondern in erster Linie die Natur genießen, baden und faulenzen möchte, ist auf den Elafitischen Inseln genau richtig.

ELAFITISCHE INSELN ERLEBEN

AUSKUNFT

Touristinformation Dubrovnik
Svetog Dominika 7
20000 Dubrovnik
Tel. 020 / 32 38 87, Fax 32 37 25
www.tzdubrovnik.hr

Šipanska Luka, 20223 Šipan
Tel. 020 / 75 80 23

Lopud, 20222 Lopud
Tel. 020 / 75 90 86

ANREISE

Personenschiffe pendeln mehrmals täglich täglich zwischen Dubrovnik und den drei Inseln Koločep, Šipan und Lopud.

ESSEN

► Erschwinglich

Konoba Obala
Obala Ivana Kuljevana
Lopud
Tel. 020 / 75 90 28
Der Besitzer der urigen Taverne an der Strandpromenade des romantischen Inselorts, Zdravko Perčin, serviert einfache, leckere Speisen und natürlich viel Fisch in verschiedenen geschmacklichen Variationen.

Konoba Kod Marka
Šipanska Luka, Tel. 020 / 75 80 07
Konoba-Chef Marko serviert in seiner Taverne an der Hafenpromenade schmackhafte Fischgerichte.

ÜBERNACHTEN

► Komfortabel

La Villa
Iva Kuljevana 33
Tel. mobil 091 / 322 01 26
www.lavilla.com.hr
Boutique-Hotel mit winzigem Sandstrand, der Preis richtet sich nach indiviueller Farbe und Größe des Zimmers.

Hotel Villas Koločep
20222 Lopud
Donja Čelo bb, 20221 Koločep
Tel. 020 / 75 70 25
Fax 020 / 75 70 27
www.kolocep.com
Die komfortable Hotelanlage liegt an der Uferpromenade Koločeps und besteht aus acht dreistöckigen Villen. Hier kann man die Ruhe und Romantik einer kleinen Insel genießen. Nach Dubrovnik besteht eine regelmäßige Schiffsverbindung.

► Günstig

Hotel Šipan
Šipanska Luka 160, 20233 Šipan
Tel. 020 / 75 49 00
Fax 020 / 75 49 10
www.sipanhotel.com
Das gemütliche Hotel liegt in der tief eingeschnittenen Hafenbucht von Šipan und ist umgeben von alten Gässchen und grünen Hügeln. In 500 m Entfernung befindet sich ein Sandstrand.

Geschichte

Die Geschichte der Elafitischen Inseln ist eng mit der von Dubrovnik verbunden. Alle Inseln waren von griechischen Siedlern bewohnt. Im 15. und 16. Jh. entdeckten begüterte Bürger aus Dubrovnik den Reiz der Inseln und ließen sich dort stattliche Landsitze errichten, von denen insbesondere auf Šipan einige erhalten sind. Viele Wehrtürme, die heute noch markante Punkte der Inseln beherrschen, wurden im 16. Jh. erbaut, als die Türken die Inselbewohner in Angst und Schrecken versetzten. 1571 überfiel sogar der berüchtigte Pirat Ulič-Ali die Inseln Lopud und Koločep. Als Napoleon 1808 die Republik Dubrovnik auflöste, wurden auch die Elafitischen Inseln den Illyrischen Provinzen zugeschlagen.

? WUSSTEN SIE SCHON ...?

- ... dass die Bezeichnung Elafiten erstmals beim römischen Schriftsteller Plinius dem Älteren auftaucht? Sie leitet sich her von dem altgriechischen Wort »elaphos«, was so viel wie Hirsch bedeutet.

✶ Šipan

Landschaftsbild

Mit knapp 17 km² ist Šipan die größte der Elafitischen Inseln. Das Eiland liegt am weitesten von Dubrovnik entfernt. **Wanderwege** erschließen die Insellandschaft mit ausgedehnten Kiefernwäldern, Zypressenhainen und Palmenparks. In den fruchtbaren Tälern werden Oliven, Feigen und Weinreben angebaut. Auch Johannisbrot-, Mandel- und Granatapfelbäume prägen das Bild der Insel.

Šipanska Luka

Die in einer tiefen Bucht versteckte **Hauptsiedlung** Šipanska Luka (300 Einw.) im Nordwesten der Insel ist noch nicht von Touristen überlaufen. Einen Nachweis früher Besiedlung liefern die Überreste einer römischen Villa rustica. Vom Glanz vergangener Zeiten zeugt der oberhalb der Ortschaft liegende, gotische Rektorenpalast, der während der Herrschaft Dubrovniks erbaut wurde. Die Inschrift über dem Hofeingang stammt aus dem Jahr 1450.
Von den Kirchen Šipanska Lukas ist vor allem die Anfang des 12. Jh.s erbaute, später jedoch mehrfach umgestaltete **Pfarrkirche** sehenswert. Sie birgt einige Gemälde vorwiegend einheimischer Künstler und eine »Muttergottes, die dem Jesuskind huldigt« von dem venezianischen Maler Maestro Pantaleone (15. Jh.).

Suđurađ

Ein Fußweg zu der 4 km von Šipanska Luka entfernten Ortschaft Suđurađ führt an den Überresten der ehemaligen **Sommerresidenz der Bischöfe** von Dubrovnik vorbei, die im 16. Jh. errichtet wurden. Mit diesem Ort verbindet sich der Name des Bischofs Ludovico Beccadelli (1501 – 1572), eines Humanisten und Freunds von Michelangelo, der hier intellektuelle Zirkel über wissenschaftliche und literarische Themen abhielt. In Suđurađ steht ein befestigtes **Schloss** der Familie Škočibuha, das 1539 erbaut und 1577 durch einen Wehrturm erweitert wurde.

✶ Lopud

Üppige Vegetation Der Name Lopud leitet sich von dem griechischen Delaphodia ab, das zum römischen Lafota und später zum kroatischen Lopud wurde. Aufgrund seiner Lage zwischen Koločep und Šipan hieß die Insel bei den Römern und Dubrovnikern auch Insula Media. Über 30 Ruinen von Kirchen und Kapellen, ein Dominikaner- und ein Franziskanerkloster künden noch heute von den zahlreichen kirchlichen Förderern des Eilands. Da es auf Lopud **Süßwasserquellen** gibt, gedeiht die subtropische Flora noch üppiger als auf Šipan. Überall wachsen Palmen, Pinien, Zypressen und Kakteen, gedeihen Wein, Oliven, Zitrusfrüchte, Johannisbrot und Feigen.

Baden Sandstrände findet man beim Hotel Lafodia (mit FKK-Bereich) und in der Šunj-Bucht, wo der Strand langsam abfällt. An der Nordostküste gibt es hauptsächlich Badeplätze mit Felseinstieg (FKK).

✶ Lopud (Ort) Die einzige Siedlung der Insel, Lopud, ist ein beschaulicher Ort mit mediterraner Ausstrahlung. Als die Insel Lopud im 16. Jh. eines der acht Fürstentümer bzw. Verwaltungsbezirke von Dubrovnik war, residierte der hierher entsandte Rektor in beherrschender Höhenlage über der Ortschaft. Sein Amtssitz ist als Ruine erhalten. An der hübschen **Hafenpromenade** reihen sich Eisdielen, Cafés und gemütliche Tavernen aneinander, vor deren Kulisse im Sommer die Jachten vor Anker gehen. Die stattlichen Marmorvillen an der Uferpromenade wurden einst von reichen Familien aus Dubrovnik erbaut. Empfehlenswert ist von hier aus ein Spaziergang durch den kleinen Palmenpark, der Anfang der 1940er-Jahre angelegt wurde.

Ferienziel ohne Allüren: Auf den Elafitischen Inseln hat der Massentourismus noch nicht Einzug gehalten.

Die Šunj-Bucht auf Lopud: einer der seltenen Sandstrände in Dalmatien

Franziskanerkloster

Das 1483 im Übergangsstil von der Gotik zur Renaissance vollendete Franziskanerkloster wurde im 16. Jh. durch Wehranlagen verstärkt, um den Bewohnern Schutz vor Piratenüberfällen zu gewähren. Seit 1808 ist das Kloster aufgelassen und dem **Verfall** preisgegeben. Sehenswert ist gleichwohl die als Pfarrkirche genutzte, ehemalige Klosterkirche Sveta Marija od Špilice. Das romanische Gotteshaus besitzt einige sehenswerte Ausstattungsstücke, u. a. ein Chorgestühl von 1480 sowie mehrere Altarbilder aus dem 16. Jahrhundert. Im Pfarramt wurde ein Museum zur Geschichte der Insel eingerichtet.

◄ Inselmuseum

Sveta Gospa od Šunja

Im Osten der Insel steht oberhalb der weiten Šunj-Bucht die Votivkirche Sveta Gospa od Šunja, die im 12. Jh. erbaut, mehrfach umgestaltet und vor Kurzem **liebevoll restauriert** wurde. Sie birgt einige Gemälde aus der Renaissance- und Barockzeit. Die lebensgroßen Apostelfiguren des Hauptaltars soll der im Jahr 1528 in Lopud geborene und durch ein Erbe zu Wohlstand gekommene Bürger Miho Pracat von der Londoner Westminster Abbey erworben haben, als Heinrich VIII. alle Altarbilder entfernen ließ.

✶ Koločep

Die kleinste bewohnte Insel der Elafiten

Mit nur 2,5 km^2 ist Koločep das kleinste bewohnte Eiland der Inselgruppe. Die Insel liegt nur etwa 4 km vom Hafen Dubrovniks entfernt. Es gibt **zwei Ortschaften** auf Koločep, Gornje Čelo und Donje Čelo. Zusammen haben sie etwa 150 Einwohner, die in Dubrovnik arbeiten oder vom Tourismus leben und nebenbei Obst, Gemüse und Wein anbauen. Bis ins 19. Jh. war die Korallenfischerei ein wichtiger Erwerbszweig der Inselbewohner. Die stark zerklüftete Küste von Koločep fällt im Südwesten fast senkrecht bis zu 40 m ab, während sich die Landschaft im Norden und Osten terrassenförmig zum Meer senkt. Die höchste Erhebung von Koločep ist der 125 m hohe Čavalika brdo. Obwohl die Insel aus Kalkstein besteht und keine oberirdischen Gewässer besitzt, ist sie ein **grünes Paradies**. Durch die von Zypressen, Aleppokiefernwäldern, Palmen, Pinien und Kakteen bewachsene Insel führen markierte Wanderwege.

Donje Čelo In Donje Čelo, dem touristischen Zentrum an der Nordwestseite der Insel, lohnt sich ein Besuch der **Pfarrkirche** (13./15. Jh.), deren Wände Bruchstücke römischer Marmorskulpturen und Teile einer frühmittelalterlichen Flechtornamentik enthalten. Oberhalb der Kirche thront ein viereckiger Wehrturm, ursprünglich Teil eines Mauerrings, den die Bewohner von Koločep im 16. Jh. zum Schutz vor den Türken errichteten. Geschützte **Badestrände** findet man in der sogenannten Malerbucht, die gegenüber von Dubrovnik liegt, und bei der Villa Ruža (kleiner Sandstrand). Westlich von der Villa Ruža gibt es Fels- und Kiesstrände für FKK-Anhänger.

Gornje Čelo Auf dem Weg nach Gornje Čelo, der zweiten Ortschaft in einer kleinen Bucht am Ostende von Koločep, passiert man die Ruinen einer mittelalterlichen Festung. Unweit von Gornje Čelo stehen zudem zwei verfallene Kirchen aus dem 9. Jh. Die vorromanische Kirche St. Anton von Padua wurde im 18. Jh. restauriert. **Bademöglichkeiten** findet man westlich unterhalb des örtlichen Sportplatzes und an der Steilküste, wo über 100 Stufen zu einem Kiesstrand hinunterführen.

★★ Hvar

N-S 10/11

Höhe: 0 – 626 m ü. d. M. **Einwohnerzahl:** 12 000
Gespanschaft: Split-Dalmatien

Lavendel- und Rosmarinfelder, blühende Gärten mit Zypressen, Oleander, Orangen- und Zitronenbäumen, schmale, kurvenreiche Landsträßchen und zahllose einsame Wanderwege mit herrlichen Ausblicken auf das türkisblaue Meer – Hvar gehört ohne Zweifel zu den Inseln, deren Reizen man sich schwerlich entziehen kann.

Unendlich viele Sonnenstunden Zugegeben: In den Sommermonaten, wenn die Ferienorte Hvar, Stari Grad, Vrboska und Jelsa ausgebucht sind, wird es auf der 68 km langen und maximal 10,5 km breiten Insel zuweilen recht eng. Doch in der **Vor- und Nachsaison** sind Ferien auf Hvar ein Vergnügen von besonderem Reiz, denn Schnee, Nebel und Minusgrade sind selbst zwischen Dezember und März äußerst selten. Mit durchschnittlich 2718 Sonnenscheinstunden im Jahr liegt Hvar in der Rangliste der sonnenbeständigen Adriareiseziele ganz vorne.

Landschaftsbild Mit knapp 300 km² ist Hvar die viertgrößte Adriainsel. Der größte Teil der Insel, vor allem aber das flache Gebiet zwischen Stari Grad und Vrboska, wird landwirtschaftlich genutzt: Felder, Olivenhaine, Gemüse- und Obstanbau sowie Weingärten dominieren das Bild.

Blick auf Hvar und die vorgelagerten Pakleni otoci →

INSEL HVAR ERLEBEN

AUSKUNFT

Touristinformation Stari Grad
Obala Franje Tuđmana bb
21460 Stari Grad
Tel./Fax 021 / 76 57 63
www.stari-grad-faros.hr

ANREISE

Am besten erreicht man die Insel Hvar mit der Autofähre ab Split, die in Stari Grad anlegt. Eine andere Möglichkeit ist das Tragflügelboot, das in Hvar-Stadt stoppt. Eine weitere Verbindung besteht zwischen Drvenik (Festland) und Sućuraj. Regelmäßige Busverbindungen bestehen zwischen den Inselorten.

VERANSTALTUNGEN

Mai: Tage des Hvarer Theaters in Hvar (Stadt)
Juli: Weintage in Jelsa
Juli bis September: Kultursommer/ Fischerabende
September: Schwimmmarathon in Stari Grad

ESSEN

► Erschwinglich

Konoba Kod Komina
Pitve
Tel. mobil 091 / 934 94 42
Alte dalmatinische Spezialitäten werden in diesem Restaurant im Landesinneren serviert, schöne Terrasse.

Baedeker-Empfehlung

Restoran Murvica
Jelsa
Tel. 021 / 76 14 05
Das Restaurant der kleinen Pension hat eine wunderschöne Arkadenterrasse. Auf der reichhaltigen Speisekarte werden Fisch- und Krebsgerichte vom Lavasteingrill angeboten, außerdem vegetarische Speisen aus ökologischem Anbau. Auch die Weine, Schnäpse und Liköre stammen aus eigener Produktion. www.murvica.net

Konoba Vrisnik
Vrisnik
Tel. 021 / 76 18 16
Atmosphäre eines alten Dorfplatzes, hervorragende Fisch- und Fleischgerichte.

Stari Grad: der Hafenplatz und die Uferpromenade mit ihren Cafés und Restaurants

► **Preiswert**
Kod Barba Luke
Riva bb, Stari Grad
Tel. 021 / 76 52 06
In dem beliebten Hafenrestaurant werden auf einer von Palmen umstandenen Terrasse leckere Fischgerichte serviert.

ÜBERNACHTEN

► **Komfortabel**
Hotel Arkada
21460 Stari Grad
Tel. 021 / 76 55 55
Fax 021 / 76 51 28
www.heliosfaros.hr
Das gepflegte Urlaubshotel liegt am Rand von Stari Grad, dem ältesten Ort der Insel, und verbreitet nostalgischen Feriencharme. Felsenstrände, Sport- und Tennisplätze und ein Meerwasserschwimmbecken stehen direkt vor der Tür zur Verfügung.

Hotel Resort Fontana
Vitarnja bb
21465 Jelsa
Tel. 021 / 76 18 10
Fax 021 / 71 84 56
www.jelsa-hotels.com
Diese kleinen Pavillons mit Zimmern und Appartements liegen sehr hübsch in einem schattigen Wald nahe der Küste.

CAMPING

Autokamp Grebišće
21465 Jelsa
Tel. und Fax 021 / 611 91
www.grebisce.hr
Dieser Campingplatz ist in einem Pinienwald gut 1,5 km außerhalb von Jelsa angelegt. Er besitzt einen eigenen Strandzugang. Auf dem Platz gibt auch einige Bungalows zu mieten.

Den Gebirgsrücken, der sich von Osten nach Westen zieht, bedecken Wälder, Schafweiden und Macchia. Eine Fahrt über die Insel führt durch kleine und winzige Ortschaften und ist von herrlichen Landschaftseindrücken, Ausblicken auf die weit unten liegende Küste und nicht selten vom Duft des Lavendels begleitet. Nicht vergessen sollte man allerdings, dass die kurvenreichen und zum Teil unbefestigten Straßen auch erhöhte Aufmerksamkeit und etwas mehr Zeit erfordern als gewohnt.

Baden/Tauchen

Obwohl der Tourismus auf Hvar verhältnismäßig stark entwickelt ist, muss man sich hier beim Baden nicht gegenseitig auf die Füße treten, denn es gibt – bedingt durch die stark gegliederte Küste – noch viele **unverbaute kleine Buchten** mit Kies- oder Sandstränden sowie eine Reihe von kleinen bis winzigen Inseln, die regelmäßig von Ausflugsbooten angefahren werden. In der Stadt Hvar selbst sind die Bademöglichkeiten allerdings mäßig, doch vom Hafenbecken in Hvar setzen täglich Boote zu den Pakleni otoci über, u. a. zur FKK-Insel Jerolim sowie zur größten der »Hölleninseln«, Sveti Klement. Füllstationen für Tauchgeräte gibt es in Hvar ebenfalls. Ferner können dort Boote, Surfbretter, Tauchzubehör und Wasserskier ausgeliehen werden.

Geschichte Die Insel blickt auf eine bewegte Geschichte zurück. Höhlenfunde belegen, dass Hvar schon während der **Jungsteinzeit** besiedelt war. Im Jahr 384 v. Chr. gründeten Griechen an der Stelle des heutigen Stari Grad eine Kolonie, die sie nach ihrer Heimatinsel Pharos nannten, und kurz darauf eine zweite kleinere Siedlung namens Dimos – dort, wo heute die Stadt Hvar liegt. Ab dem 7. Jh. wurde Hvar von Slawen aus dem Neretva-Gebiet besiedelt. Kroatische Könige und byzantinische Herrscher regierten vom 9. bis 12. Jh. abwechselnd die Insel. In den nachfolgenden Jahrhunderten kämpften die ungarisch-kroatischen Könige, Venedig, schließlich auch Bosnien und die Republik Dubrovnik um Hvar, bis 1420 Venedig endgültig die Herrschaft über die Insel an sich riss. Das ständige Hin- und Hergerissenwerden zwischen verschiedenen Mächten wiederholte sich ab 1797 erneut – diesmal waren Österreich, Frankreich und später auch Italien die beteiligten Parteien. Im Jahr 1922 fiel die Insel an das Königreich der Serben, Kroaten und Slowenen, das spätere Königreich Jugoslawien. 1941 wurde Hvar von italienischen Truppen besetzt, die nach der Kapitulation Italiens 1943 durch deutsche Verbände abgelöst wurden. Im Jahr 1944 eroberten jugoslawische Partisanen die Insel. Nach dem Zweiten Weltkrieg entwickelte sich der **Fremdenverkehr** zum wichtigen Wirtschaftsfaktor.

Hvar soll zu den zehn schönsten Inseln der Welt gehören – und Lavendel sorgt für betörende Düfte.

✶✶ Hvar (Stadt)

Autofreie Altstadt In einer geschützten Bucht an der Südwestküste der Insel, zu Füßen der Festung Španjola, breitet sich das hübsche Städtchen Hvar aus. Sein Mittelpunkt ist der weitläufige Hauptplatz am Hafen, von dem links und rechts kleine verwinkelte Gassen abzweigen. An der Hangseite unterhalb der **Spanischen Festung** bauten sich die Patrizier ihre Wohnhäuser, während auf der gegenüberliegenden Seite die Bürgerstadt entstand, die heute mit vielen kleinen Souvenirläden, Restaurants, Bars und Cafés das lebendige Zentrum von Hvar bildet. Auch an der palmenbestandenen Uferpromenade und am Hafenbecken laden gemütliche Cafés zur Einkehr ein. Von den Altstadthotels am rechten Hafenbecken führt die noch vor dem Ersten Weltkrieg angelegte Uferpromenade zu den westlich von Hvar gelegenen, modernen Hotelkomplexen.

Vom Parkplatz vor der Stadt gelangt man zu Fuß rasch zu dem schönen länglichen Hauptplatz, **Trg Svetog Stjepana**, welcher sich bis zum kleinen Hafenbecken von Hvar erstreckt. Der große runde Steinbrunnen auf dem Platz stammt aus dem Jahr 1520.

> **! *Baedeker* TIPP**
>
> **Španjola**
>
> Empfehlenswert ist ein Aufstieg zu dem nördlich über der Stadt gelegenen Spanischen Fort (Španjola), das 1557 fertiggestellt wurde. Von dieser Festung genießt man einen herrlichen Blick über die Stadt und das Hafenbecken sowie auf die vorgelagerten Pakleni otoci, zu denen Ausflugsboote hinüberfahren.

An der nördlichen Schmalseite schließt die Kathedrale Sveti Stjepan mit ihrem schlanken, romanische Formen zitierenden Campanile (1574) den Platz ab. Die **dreischiffige Basilika** wurde nach dem türkischen Feldzug 1571 an der Stelle eines Vorgängerbaus aus dem 12. Jh. errichtet. Ihre barocke Fassade konnte erst im 18. Jh. vollendet werden.

Bischofspalast/ Museum

Im Bischofspalast daneben wurde ein kleines Museum mit **sakraler Kunst** von der Gotik bis zum Barock eingerichtet. Kostbarstes Stück der Sammlung ist der vergoldete Messingstab des Bischofs Pritić, den der aus Dubrovnik stammende Goldschmied Pavao Dubravčić im Jahr 1509 schuf.

Hektorović-Palast

In einer Seitengasse auf der Burgseite des Platzes überragt der ehemalige Palast der Familie Hektorović mit seinen spätgotischen Spitzbogenfenstern die umstehenden Häuser. Auch als **Ruine** vermittelt er

Hvar • Altstadt *Orientierung*

Übernachten
1. Amfora
2. Hotel The Palace
3. Hostel Green Lizard
4. Hotel Croatia

Essen
1. Konoba Menego
2. Palača Paladini
3. Zlatna Školjka
4. Steak & Fish House Dalmatino
5. Restoran Panorama
6. Restaurant Luna

HVAR (STADT) ERLEBEN

AUSKUNFT

Trg Svetog Stjepana 16
21450 Hvar
Tel./Fax 021 / 74 10 59
www.tzhvar.hr

NACHTLEBEN

Hvar-Stadt gilt als eines der Top-Ausgehziele in Kroatien. Das Angebot ist sehr überschaubar, dafür jedoch aufregender als anderswo im Land. Der Startschuss fällt am frühen Abend in der Hula-Hula-Bar, östlich des Hotels Amfora: Hier wird gechillt, mit Ausblick auf einen atemberaubenden Sonnenuntergang. Der Strandklub mit DJ-Musik wird von Kroaten aus Köln betrieben (www.hulahulahvar.com).

Nach dem Abendessen geht es ins fast schon legendäre Carpe Diem auf einen Cocktail, mit Blick auf die Edel-Yachten entlang der Strandpromenade (www.carpe-diem-hvar.com). Anschließend wird bis zum Morgengrauen in der Open-Air-Disco Veneranda getanzt. Bei Vollmond wird auf der vorgelagerten Insel Stipanska am Carpe Diem Beach getanzt (Überfahrt mit dem Taxiboot).

ESSEN

► Fein & teuer

③ *Zlatna Školjka*
Petra Hektorovića 8
Tel. 021 / 74 22 30
In diesem familiären Hause gibt es Fisch und Meeresfrüchte gekocht, gegrillt oder in Öl gebraten sowie zahlreiche Weine und Prosecco.

⑤ *Restoran Panorama*
Tel. 021 / 74 25 15
Das Restaurant hoch über der Stadt an der Straße nach Vira bietet exzellente Küche sowie einen fantastischen Rundblick auf Hvar und die Pakleni otoci. Gerichte nach Peka-Art müssen vorbestellt werden.

► Erschwinglich

① *Konoba Menego*
Groda bb
Tel. 021 / 74 20 36
In der gemütlichen Taverne kommen hausgemachte Spezialitäten wie Ziegenkäse, Schinken und marinierte Sardellen auf den Tisch. Dazu wird eigener Wein von den Hölleninseln ausgeschenkt. Das opulente Mahl lässt sich prima mit einer Portion »beschwipster Feigen« abrunden.

Am Hauptplatz des Städtchens Hvar

② *Restoran Palača Paladini*
Petra Hektorovića 4
Tel. 021 / 74 21 04
Das gediegene Restaurant der Familie Todor im südlichen Teil des Altstadtkerns serviert leckere dalmatinische und internationale Gerichte. Geräumiger Innenhof und Gästehalle mit Brunnen sorgen für eine anheimelnde Atmosphäre.

⑥ *Restaurant Luna*
Groda bb
Tel. 021 / 74 14 00
Rustikale Dachterrasse mit Inselspezialitäten wie dem Fischtopf Hvarska Gregada

► **Preiswert**
④ *Steak & Fish House »Dalmatino«*
Banketi 1
Tel. 021 / 74 13 35
Das rustikale Haus wartet mit guter und deftiger lokaler Küche und freundlicher Bedienung in uriger Atmosphäre auf.

ÜBERNACHTEN

► **Luxus**
① *Amfora*
Majerovića bb
Tel. 021 / 75 03 00
Fax 021 / 75 03 01
www.suncanihvar.com/amfora
Nach komplettem Umbau glänzt das Amfora nun als eines der elegantesten Häuser in Hvar. Die stille Bucht, ein wenig außerhalb der Altstadt, bietet einen schönen Blick auf die Hölleninseln. Und auf der Veranda mit Seeblick schmeckt der Fisch gleich nochmal besser.

② *Hotel The Palace*
Groda, 21450 Hvar
Tel. 021 / 74 19 66
Fax 021 / 74 24 20
www.suncanihvar.com
Am Hauptplatz der Altstadt gelegen, strahlt das Gebäude die Atmosphäre eines historischen Palazzo aus. Die städtische Renaissanceloggia wurde in den vornehmen Hotelbau integriert. Von der Terrasse genießt man einen einmaligen Blick auf den Hafen und die vorgelagerte Inselgruppe Pakleni otoci.

► **Günstig**
③ *Hostel Green Lizard*
Lučica bb
21450 Hvar
Tel. 021 / 74 25 60
www.greenlizard.hr
Die Schwestern Tonina und Vanessa Novak betreiben den ersten Backpacker-Treffpunkt auf der Insel. Er liegt in der Nähe der Altstadt und lockt vor allem Gäste aus Übersee an. Schlafsaal und Doppelzimmer mit Meeresblick stehen zur Auswahl, gekocht wird in der Gemeinschaftsküche. Das Green Lizard bildet eine recht angenehme Alternative zu den sonst eher teuren Hotels auf Hvar.

Baedeker-Empfehlung

④ *Hotel Croatia*
Majerovica bb
21450 Hvar
Tel. 021 / 74 24 00
Fax 021 / 74 17 07
www.hotelcroatia.net
Nur 30 m vom Strand und 10 Min. zu Fuß vom Stadtzentrum entfernt wartet dieses kleine, familiengeführte Hotel mit gutem Service, angenehmem, natürlichem Ambiente und auch Familienappartements auf. In Hotelnähe befinden sich eine Tauchschule und Tennisplätze. Für Abwechslung und Freizeitangebote ist somit gesorgt.

noch ein eindrucksvolles Bild von einem patrizischen Stadthaus. Der berühmteste Spross dieser Familie, der Renaissancedichter Petar Hektorović (► Berühmte Persönlichkeiten), baute sich in Stari Grad einen befestigten Landsitz, den man heute noch besichtigen kann.

*** Uhrturm, Hotel Palace, Stadtloggia**

Auf der gleichen Platzseite, aber ganz vorne am Hafenbecken, stand einst die untere Stadtburg, Sitz der Rektoren und Stadtherren, von der nur der niedere Uhrturm aus dem 16. Jh. erhalten ist. Die Stelle der Burg nimmt heute das Hotel Palace ein. Die 1440/1450 entstandene, **eingeschossige Loggia** vor dem Hotel – von diesem als Festsaal genutzt – gehört zu den schönsten ihrer Art in Dalmatien. Von der Kavana Pijaca neben dem Palace genießt man den besten Blick auf das Treiben am Hafenbecken.

*** Arsenal, Theatersaal**

Zur vornehmen Architektur der Stadtloggia bietet das gegenüberliegende wuchtige Arsenal einen schönen Kontrast. Es wurde von 1579 bis 1611 an der Stelle eines Vorgängerbaus aus dem 13. Jh. errichtet. Sein etwa 10 m weiter Arkadenbogen an der Hafenseite erlaubte sogar einer Kriegsgaleere die Einfahrt. Im Obergeschoss, zugänglich über die seitliche Treppe, ließ der Hvarer Fürst Pietro Semitecolo 1612 einen Theatersaal einrichten, eines der **ersten kommunalen Theater** Europas. Später wurde der Theatersaal im Stil des Klassizismus umgestaltet. Heute ist im Arsenal auch eine kleine Galerie mit Wechselausstellungen untergebracht.

Sveti Marko

Von der ehemaligen Dominikanerabtei westlich hinter dem Hafenbecken stehen nur noch die Ruine der Klosterkirche Sveti Marko sowie der grazile Glockenturm. Die Apsis der Kirche beherbergt ein **Lapidarium** sowie eine Sammlung **archäologischer Exponate.**

Trg Stjepana: sparsame Beleuchtung eines an Schönheit reichen Platzes

Uferpromenade

Am Arsenal beginnt die palmengesäumte Uferpromenade (Riva), an der die vielen kleinen Ausflugsboote auf Kundschaft warten, Skipper ihre Segelboote festmachen, Urlauber ihre Souvenirs erstehen und die Tragflügelboote aus Split anlegen.

✶ Franziskanerkloster

Von der Uferpromenade erreicht man auf einem kurzen Spaziergang die Landzunge mit dem Franziskanerkloster südöstlich des Stadtzentrums. In der Kirche des im 15. Jahrhunderts gegründeten und nach dem Türkeneinfall 1571 wieder aufgebauten Klosters sind drei Altarblätter des venezianischen Malers Francesco di Santacroce aus dem 16. Jahrhundert zu sehen. Das Refektorium und ein zweiter Raum sind heute **Museum**. Zu sehen sind das monumentale »Letzte Abendmahl« (venezianische Schule, spätes 16. Jh.) sowie weitere italienische Gemälde des 15. bis 18. Jahrhunderts, Münzen, moderne Kunst und diverse Kuriositäten. Länger verweilen möchte man im hübschen Klostergarten mit einer über 200 Jahre alten Zypresse.

! *Baedeker* TIPP

Zu den Pakleni otoci

Es ist den Seglern und Jachtbesitzern vorbehalten, die zahlreichen, zum Teil einsamen und wunderschönen Buchten der Pakleni otoci zu erkunden, Anker zu werfen, wo es einem gefällt, vom Boot ins glasklare Wasser zu springen ... Ein Privileg wohlhabender Bootseigentümer? Mitnichten! Am Hafen der Stadt Hvar leiht man sich von einem der Anbieter ein PS-schwaches Tuckerboot und erkundet die besagten Buchten auf eigene Faust, wirft den Anker, wo es einem gefällt, springt ins glasklare Wasser ...

Stari Grad

Anfahrt mit Ausblick

Um nach Stari Grad (20 km östlich von Hvar) zu kommen, muss man auf einer kurvenreichen, aber gut ausgebauten Straße das Bergmassiv überwinden – eine Fahrt, die sich schon wegen der herrlichen Ausblicke auf das Meer und die Küstenlandschaft der Insel lohnt. Noch reizvoller ist die alte, schmale Straße zwischen Hvar und Stari Grad, die über Brusje führt. Die Ebene von Stari Grad, eine seit der Kolonisierung der Griechen im 4. Jh. v. Chr. intakt gebliebene Kulturlandschaft, wurde 2008 UNESCO-**Weltkulturerbe**.

◄ Ebene von Stari Grad

Der Ort Stari Grad erstreckt sich an einer weit ins Land eingeschnittenen Bucht an der Nordwestküste der Insel. Außerhalb des Städtchens liegen größere Hotelanlagen, zumeist aus den 1970er-Jahren. Sie sind durch einen Promenadenweg mit dem Zentrum verbunden.

✶ Landsitz Petar Hektorovićs

Dort, wo sich die Uferstraße zu einem länglichen Platz mit Palmen öffnet, ist auch schon die **Hauptsehenswürdigkeit** von Stari Grad erreicht, der 1520 – 1569 errichtete Landsitz des kroatischen Renaissancedichters Petar Hektorović (1487 – 1572, ►Berühmte Persönlichkeiten). Hinter dem unscheinbaren Gebäude verbirgt sich ein bemerkenswertes Ensemble. Interessant ist weniger die kleine ethnografische Sammlung in dem ehemaligen Wohnhaus, sondern vielmehr der dahinterliegende, außerordentlich **hübsche Garten**. Durch eine

Wenn Stari Grad auch nicht so pittoresk wirkt wie Hvar, entbehrt es doch nicht eines gewissen Charmes.

gewölbte Halle im Erdgeschoss betritt man zunächst eine Art Laubengang, der um einen dunkelgrün schimmernden Fischteich angelegt wurde. Die lateinischen und kroatischen Inschriften sind Sentenzen des Hausherrn, der auf diese Art die Gäste mit seiner Philosophie vertraut machte. Angeblich wird das Bassin mit den Fischen durch eine Rohrleitung vom Hafen mit Meerwasser gespeist. In dem wildromantischen Garten gedeihen zahlreiche seltene Pflanzen neben den typischen Vertretern der hier heimischen Flora. Auf dem Platz vor dem Landhaus hat der Bildhauer Ivan Meštrović dem Dichter Hektorović ein Denkmal gesetzt (1956).

Kirchen Sehenswert in Stari Grad ist außerdem die 1605 fertiggestellte Pfarrkirche Sveti Stjepan (St. Stephan), die ein schönes dreiteiliges Altarbild von Francesco di Santacroce bewahrt. Für den Bau ihres frei stehenden Glockenturms wurden Steinblöcke der antiken Stadtmauern verwendet. Der **schönste Platz** in Stari Grad liegt etwas nördlich unterhalb dieser Kirche und heißt Piazza Škor.

? WUSSTEN SIE SCHON ...?

- ... dass einer der beiden berühmten italienischen Künstler, Tizian oder Paolo Veronese, das Gemälde des Hochaltars in der Pfarrkirche Sveti Lovrinac gemalt haben soll?

Vrboska

Von seiner schönsten Seite zeigt sich der kleine Ort Vrboska (8 km östlich von Stari Grad) an der schmalsten Stelle der Bucht, wo sich das Wasser auf die Breite eines Flüsschens verengt und kleine Brücken die beiden Ufer mit den niedrigen, einfachen Steinhäusern verbinden.

★ Sveta Marija Das **ungewöhnlichste Gotteshaus** der Insel Hvar steht auf einer Anhöhe oberhalb des alten Ortszentrums von Vrboska: Die im 16. Jh. erbaute Sveta Marija ist Festung und Kirche in einem. Der fast völlig fensterlose Bau gibt sich nur von vorne als Gotteshaus zu erkennen, nach hinten mündet das von einem Zinnenkranz bekrönte Kirchenschiff in zwei wuchtige, halbrunde Wehrtürme.

Sveti Lovrinac

Die Pfarrkirche Sveti Lovrinac (St. Laurentius) wurde im 15. Jh. errichtet und im 17. Jh. barock umgestaltet. Sehenswert sind die Altarbilder im Inneren der Kirche, die zum Teil aus der Festungskirche Sveta Marija ausgelagert und hierher gebracht wurden. Bei dem großen, mehrteiligen Gemälde des Hochaltars, auf dem der hl. Laurentius, Johannes der Täufer und der hl. Nikolaus dargestellt sind, sind die hohe Qualität und die stilistische Nähe zur venezianischen Malerei des 16. Jh.s. auffällig.

Ein kleines **Fischereimuseum** dokumentiert die Geschichte des Fischfangs auf Hvar vom 18. bis zum 20. Jahrhundert. Neben Netzen, Werkzeugen und Fangkörben fällt vor allem eine **Fischerküche** ins Auge (tgl. 10.00 – 13.00 und 18.00 – 21.00 Uhr).

Jelsa

In Jelsa, etwa 5 km südöstlich von Vrboska gelegen, das im 18. und 19. Jh. für seinen Schiffbau bekannt war, locken vor allem die guten Bademöglichkeiten. Am Hauptplatz sind noch einige hübsche Bürgerhäuser im Stil der Renaissance und des Barock versammelt. Hier steht auch die **Johanneskirche** (Sveti Ivan), die durch einen Umbau im 17. Jh. ihr barockes Aussehen erhielt. Bereits im 14. Jh. wurde die **Pfarrkirche Sveti Fabijan i Sebastijan** (St. Fabian und St. Sebastian) erwähnt. Aus dem 16. Jh. datiert ihre festungsartig wirkende Apsis. Die Hotelanlagen in Jelsa befinden sich abseits vom Hafen rechts und links auf den bewaldeten Berghängen; auch zwei Campingplätze werden in der Nähe von Jelsa betrieben.

Die mittelalterliche Hirtensiedlung Humac liegt rund 10 km von Jelsa in Richtung Sućuraj entfernt. Von der

Sveta Marija: wehrhaftes Gotteshaus in Vrboska

✶ **Humac**

Hauptverkehrsstraße führt ein gut beschildertes Sträßchen rechts ab, das nach wenigen Metern in einen Schotterweg übergeht und zur mittlerweile unbewohnten Siedlung führt. Die verhältnismäßig gut erhaltenen Steinhäuser von Humac sind in der heutigen Erscheinungsform 200 bis 300 Jahre alt. Gleichwohl entstand das Dörfchen im 13. und 14. Jh., als die **Schafzucht** wichtigster Erwerbszweig auf der Insel war. Noch im 19. Jh. war Humac dauerhaft von Hirten besiedelt, dann aber aufgegeben worden. Ihre Nachfahren leben heute zum Großteil in Vrisnik und haben begonnen, einzelne Häuser der Siedlung zu restaurieren.

Grapčeva Špilja

In gut 30 Minuten erreicht man ab Humac die **Höhle** Grapčeva Špilja. Tropfsteine und Sintersäulen schmücken die zwei großen Räume der Höhle, der vor allem aber aufgrund zahlreicher Funde aus vorgeschichtlicher Zeit Bedeutung zukommt: Artefakte, v. a. kunstvoll verzierte Keramik, belegen eine Besiedlung Hvars schon ab dem 4. Jt. v. Chr. sowie rege Handelsbeziehungen mit dem griechischen Kulturkreis ab dem 3. Jt. v. Chr. Ein internationales Team von Archäologen forscht noch heute in der Höhle. Treffpunkt für die Höhlenbesichtigung im Rahmen von **Führungen** ist Mo., Mi. und Sa. um 9.00 Uhr vor der Konoba Humac (Reservierung empfohlen: Tel. mobil 099 / 577 17 70, Jakov Rubinić).

Die Ruinen des Augustinerklosters oberhalb von Sveta Nedjelja

Drei Kilometer landeinwärts liegt Pitve, ein typisches Inseldorf. Das dortige **Weinmuseum** informiert anhand von Geräten, Fotografien und anderen Exponaten über den Weinanbau auf der Insel Hvar. Durch einen über 1 km langen, einspurigen Straßentunnel, dessen Durchfahrung höchst abenteuerlich ist, erreicht man Zavala mit einigen schönen Badebuchten, allen voran die Bucht Petarčica. 8 km westlich ist Sveta Nedjelja Ausgangspunkt einer reizvollen **Bergwanderung** auf den Gipfel des Sveti Nikola, mit 628 m die höchste Erhebung der Insel. Die Wanderung führt an einer Höhle oberhalb von Sveta Nedjelja vorbei, in der Überreste eines Augustinerklosters erhalten sind, das im 15. Jh. errichtet und 1787 aufgegeben wurde.

✶ ◄ Sveta Nedjelja

! *Baedeker* TIPP

Konoba Humac – rustikaler geht's nicht!

Obwohl Humac eine verlassene, menschenleere Siedlung ist, hält die Familie Franičević den Betrieb eines kleinen Lokals aufrecht. In rustikalem Ambiente werden Gemüse und Salate aus eigenem, biologischem Anbau serviert. Auch der kräftige Rotwein und die Schnäpse sind Produkte des Hauses. Wie überall, so gilt auch hier: Gerichte, die unter der Glocke (Peka) zubereitet werden, müssen einen Tag im Voraus bestellt werden (Tel. mobil 091 / 523 94 63).

✶✶ Korčula

O–S 12

Höhe: 0 – 568 m ü. d. M. **Einwohnerzahl:** 17 000
Gespanschaft: Dubrovnik-Neretva

Ein kleines Juwel unter den Inseln der Adriaküste – das ist Korčula ohne Zweifel. Weltberühmtheit genießt auf der süddalmatinischen Insel vor allem das gleichnamige Museumsstädtchen. Den Urlauber erwarten auf der 47 km langen und bis zu 8 km breiten Insel schöne Strände, eine abwechslungsreiche Landschaft und ein mildes Klima mit überdurchschnittlich hoher Sonnenscheindauer.

Wirtschaft

Die Küste ist landschaftlich reich gegliedert, während im Landesinneren schwarzgrün bewaldete Höhenzüge aufragen. Auf Korčula gedeihen Pinien, Zypressen, Aleppo- und Schwarzkiefern, Palmen, Feigen-, Granatapfel- und Mandelbäume. Die Bewohner von Korčula leben heute hauptsächlich vom **Fremdenverkehr**, früher spielte der Schiffsbau eine große Rolle. Außerdem wurden auf Korčula – wie heute noch auf ► Brač – weißer Marmor und Kalkstein abgebaut. Landwirtschaftlich genutzt werden die von Kalksteinrücken begrenzten Karsttäler der Insel, in denen Wein, Oliven, Gemüse und Zitrusfrüchte angebaut werden.

Säbeltänze

Woher die Tradition der Säbeltänze auf Korčula stammt, ist nicht eindeutig geklärt: Finden sich die Ursprünge in Spanien, symbolisie-

INSEL KORČULA ERLEBEN

AUSKUNFT

Touristinformation Vela Luka
Ulica 41 br. 11
20270 Vela Luka
Tel./Fax 020 / 81 36 19
www.tzvelaluka.hr

Touristinformation Lumbarda
20263 Lumbarda
Tel./Fax 020 / 71 20 05
www.lumbarda.hr

ANREISE

Autofähren und Tragflügelboote legen in Korčula-Stadt und Vela Luka an. Die Küsteneilfähre von Rijeka nach Dubrovnik stoppt ebenfalls auf der Insel. Lokale Fährverbindungen bestehen zwischen Orebić (Halbinsel Pelješac) oder Drvenik (Festland) und Korčula-Dominče (2 km von der Altstadt). Mit oder ohne Auto kann man auch von Split nach Vela Luka gelangen, Busse warten an der Fähre (50 km bis Korčula-Stadt). Die Fähre von Dubrovnik nach Lastovo stoppt auch auf der Insel. Neben Jadrolinija verkehrt auch Mediteranska plovidba (www.medplov.hr).

VERANSTALTUNGEN

Juli/August: Am Festlandtor in der Stadt Korčula wird im Sommer mindestens einmal wöchentlich der Säbeltanz Moreška aufgeführt.
September: Marco-Polo-Tage mit einem Historienspiel über die Schlacht von Korčula, in der Marco Polo von den Genuesen gefangen genommen wurde.

ESSEN

► Erschwinglich

Restoran Feral
Tatinja bb, Lumbarda
Tel. 020 / 71 20 90
Die kleine Pension am Badestrand von Lumbarda serviert gesunde Hausmannskost und verschiedene Salate. Lecker schmecken auch die Makkaroni mit Hummer.

Restoran Zlinje
Ulica 85 6/1, Blato
Tel. 020 / 85 13 23
Dalmatinische Impressionen gastronomischer Art genießt man in Blato. Umgeben von rustikalen Gemäuern, kann man im Zlinje alle möglichen Fischspezialitäten versuchen.

► Preiswert

Konoba Maslina
Lumbarajska cesta
Tel. 020 / 71 17 20
Kleines, familiengeführtes Restaurant an der Straße von Korčula nach Lumbarda zwischen Olivienbäumen. Hier kommt Hausmannskost auf den Tisch.

ÜBERNACHTEN

► Komfortabel

Hotel Borik
Lovor d.d., 20263 Lumbarda
Tel. 020 / 71 22 15, Fax 71 24 33
www.hotelborik.hr
Das im modernen dalmatinischen Stil erbaute Haus steht in einem Pinienwald und bietet schlichte Zimmer zu guten Preisen an.

► Günstig

Hotel Dalmacija
Ulica 62 br. 2, 20270 Vela Luka
Tel. 020 / 81 20 42, Fax 81 20 22
www.humhotels.hr
Die kleine, freundliche Pension liegt im Ortszentrum von Vela Luka und verfügt über eine Terrasse auf der Meeresseite mit schönem Blick auf das Inselchen Ošjak.

Hotel Feral
HP Brna d.d.
20272 Smokvica
Tel. 020 / 83 20 80
Fax 020 / 83 20 47
www.hotel-feral.hr
Das moderne und günstige Hotel liegt am Fuße hoher, bewaldeter Berge an der Felsenküste.

Hotel Jadran
Obala 4 br. 20
20270 Vela Luka
Tel. 020 / 81 20 42
Fax 020 / 81 20 22
www.humhotels.hr
Das schlichte, preiswerte Hotel liegt im Ortskern, direkt am Meer.

CAMPING

Autokamp Kalac
20260 Korčula
Tel. 020 / 266 93
Fax 020 / 71 17 46
www.korcula-hotels.com
Der nur 1,7 ha große Campingplatz liegt etwa 500 m vom Fährhafen der Insel Korčula entfernt. Er verfügt über 230 relativ kleine Parzellen, ein neues Sanitärgebäude, eine schalldichte Diskothek, einen Swimmingpool sowie zwei kleine Badestrände.

ren die Tänze den Kampf zwischen Arabern und Christen auf der iberischen Halbinsel zur Zeit der Reconquista? Oder sind es die türkischen Überfälle auf die Insel Korčula, an die bis heute erinnert wird? Einer der Tänze, die **Moreška**, wurde ursprünglich einmal im Jahr – heute ein- bis zweimal wöchentlich – in der Stadt Korčula aufgeführt. Die schwarz gekleideten »Schwertkämpfer« – egal ob Mauren oder Türken – stehen für das Böse, während die Roten, die Guten, das christliche Abendland verteidigen: Ein »Kampf der Kulturen« en miniature! Außer der Moreška werden auf der Insel die Kumpanija in Vela Luka, Pupnat, Čara, Blato und Smokvica aufgeführt sowie die Moštra in Žrnovo. Alle Tänze werden von Dudelsack und Trommeln begleitet. Wann und wo die einzelnen Tänze stattfinden, erfährt man in den Fremdenverkehrsbüros der Insel.

Wer auf Korčula Landwirtschaft betreibt, bekommt nichts geschenkt.

Der öffentliche Strand der Stadt Korčula ist ein Kiesstrand mit allmählich abfallendem Grund. Gepflegter wirken die verschiedenen Hotelstrände in der Umgebung, wenngleich auch hier die Wasserqualität durch den Schiffsverkehr beeinträchtigt ist. 2 km südöstlich, beim Hotel Bon Repos, befindet sich eine hübsche kleine Badebucht. Taxiboote verkehren zwischen der Stadt und der Badeinsel Badija. An der Nordküste der Insel, 11 km von Korčula entfernt, liegt der kleine Ort Račišće mit mehreren kleinen, seichten Buchten. Strandbuchten gibt es auch nordwestlich und südlich der Stadt Vela Luka (Kiesstrand Poplat). Einer der schönsten und gewiss größten Sandstrände an der kroatischen Adriaküste befindet sich in **Lumbarda**. Verschiedenen Wassersportarten kann man vor allem in Korčula, Vela Luka, Brna und Prižba nachgehen. Der Archipel von Korčula mit gut zwanzig Inselchen ist vor allem bei Hobbyfischern und Tauchern beliebt. Auf der Insel bieten zahlreiche Tauchbasen ihre Dienste an, u. a. »MM-Sub« in Lumbarda (www.mm-sub.hr). Mit über 200 Liegeplätzen und allen Serviceeinrichtungen ist die 1988 fertiggestellte, östlich der Altstadt gelegene ACI-Marina von Korčula ein beliebter Anlegepunkt bei Skippern geworden.

Geschichte

Korčula blickt auf eine überaus wechselvolle Geschichte zurück. Sehr früh schon, im 4. Jh. v. Chr., wurde die Insel von **griechischen Zuwanderern** kolonisiert. Sie nannten ihre neue Heimat »Korkyra Melaina« (schwarzes Korčula), wahrscheinlich wegen der dichten dunklen Nadelwälder. Der Handel mit den anderen griechischen Kolonien Dalmatiens – Issa (Vis), Tragurion (Trogir) und vor allem Salona (Solin) – florierte alsbald. Nach langen Kämpfen fiel die Insel 35 v. Chr. an die **Römer**. Die Liste der Herren Korčulas nach dem Untergang des Römischen Reichs ist lang, noch länger als andernorts in Dalmatien: Ostgoten, Byzanz, neretvanische Seeräuber, venezianische Adlige und ungarische Könige zählen dazu. Zwischen 1420 und 1797 herrschte ohne Unterbrechung die Handelsmacht **Venedig** über die Insel. Im 15. und 16. Jh. entstanden im Landesinneren befestigte Siedlungen, in die sich die Küstenbewohner bei Angriffen der Türken zurückzogen. Bevor Korčula an die Österreicher fiel, wurde die Insel zeitweilig auch von den Franzosen, den Briten und sogar von den Russen in Besitz genommen. Italien besetzte die Insel gar zweimal im letzten Jh.: 1918 – 1921 und 1941 – 1943. Titos Partisanen lieferten sich 1944 heftige Kämpfe mit den Deutschen auf Korčula. Vom jüngsten Krieg im ehemaligen **Jugoslawien** Anfang der 1990er-Jahre blieb die Insel verschont.

? WUSSTEN SIE SCHON ...?

- Steif und fest behaupten die Korčulaner, dass der große Entdecker und Weltenbummler, Marco Polo (1254 – 1324), auf der Insel geboren wurde. Wissenschaftlich spricht zwar wenig für diese Behauptung. Historiker gehen jedoch davon aus, dass Polo als Kommandant einer Kriegsgaleere an der Schlacht vor Korčula 1298 teilnahm und in Gefangenschaft geriet.

✶✶ Korčula (Stadt)

Städtebaulich an Topografie angepasst

Der erste Eindruck von Korčula ist überwältigend. Nicht umsonst findet sich das Weichbild der Stadt auf vielen Prospekten und Ansichtskarten von Dalmatien wieder. Das hat vor allem zwei Gründe: Die Altstadt liegt auf einer kleinen Halbinsel, eigentlich eine felsige

Majestätischer Eingang: das Landtor von Korčula

Anhöhe, die nur durch eine schmale Landzunge mit dem Festland verbunden ist. Zum anderen zeichnet sich Korčula durch eine faszinierende, wohl überlegte städtebauliche Struktur aus, die der topografischen Situation auf ideale Weise angepasst ist. Von einer Mittelachse, an der die wichtigsten Gebäude versammelt sind, zweigen die Gassen in fast regelmäßigem Abstand ab, sodass der Stadtplan wie das Gerippe eines Blattes aussieht. Die Straßen sind so angelegt, dass sie gegen Wind und Sonne bestens geschützt sind. Korčula ist damit zweifellos eines der eindrucksvollsten Beispiele für eine **planvoll angelegte mittelalterliche Stadt**.

◄ Stadtbefestigung

Der im Mittelalter entstandene sowie im Lauf der Jahrhunderte mehrfach erneuerte Befestigungsring mit Stadtmauern, sowohl runden als auch viereckigen Wehrtürmen wie dem Großen und dem Kleinen Fürstenturm (Velika und Mala kneževa kula) aus dem 15. Jh. und zwei Stadttoren ist bestens erhalten. Die Uferpromenade unter schattigen Bäumen folgt der einstigen Befestigung, die der Stadt einen ähnlichen Charakter wie ► Dubrovnik verleiht.

Das Landtor (1571) im Süden der Altstadt, im viereckigen, mit Zinnen bewehrten Turm Veliki Revelin, ist der **Hauptzugang zur Alt-**

! Baedeker TIPP

Cuba Libre auf dem Wehrturm

Wie kommt man auf den Zakerjan-Turm? Über Treppen erreicht man eine bessere Holzleiter, über die man die letzten Höhenmeter erklimmt, zwängt sich durch eine Luke und wird von einem Ober willkommen geheißen. Was macht der Ober auf dem Wehrturm? Er bedient die Gäste der hiesigen Cocktailbar. Und wie kommen die Drinks nach oben? Mit einem kleinen Außenaufzug, denn: Leiter und Luke kann man allenfalls den Gästen (ab 16 Jahren), nicht aber den Bediensteten zumuten. Gibt es einen Grund, dort hochzugehen? Viele, u. a. gute Cocktails, eine herrliche Aussicht auf Korčula, das Meer, die Halbinsel Pelješac ...

Korčula • Altstadt *Orientierung*

Übernachten

① Hotel Korčula
② Hotel Liburna
③ One Love Hostel

Essen

① Konoba Adio Mare
② Konoba Marinero
③ Fresh
④ Morski Konjić

stadt. Vor der ausladenden neobarocken Treppe breitet sich ein kleiner Markt aus, wo man die wichtigsten Einkäufe machen kann. Auf der Rückseite wurde dem Landtor 1650 ein Triumphbogen zu Ehren des venezianischen Heerführers Leonardo Foscolo vorgeblendet.

✶ **Landtor, Veliki Revelin**

Links hinter dem Landtor erblickt man das Rathaus aus dem 16. Jh. mit Arkaden, einer schönen Loggia und einem venezianischen Löwen. Früher stand an seiner Stelle der Rektorenpalast. Die kleine, im Jahr 1603 errichtete Michaelskapelle (Sveti Mihovil) gegenüber wird von einer schönen Fensterrose geschmückt.

Rathaus, Sveti Mihovil

Auf dem höchsten Punkt der Stadt weitet sich die Treppengasse zum **Domplatz**, wo sich Bischofssitz und Kathedrale einerseits sowie Adelspaläste andererseits gegenüberstehen. Im ehemaligen Bischofspalast (Opatska Palača), zu erkennen an der breiten, konsolgestützten Balkonbalustrade im zweiten Obergeschoss, ist die Schatzkammer untergebracht. Sie birgt bemerkenswerte Kunstschätze, darunter Gemälde von Blaž Jurjev Trogiranin und Vittore Carpaccio, Silber- und Goldschmiedearbeiten, Porzellan, Gewänder, Münzen und mittelalterliche Handschriften.

Ehemaliger Bischofspalast

✶

◄ Schatzkammer

Die Markuskathedrale ist das **bedeutendste Baudenkmal** der Stadt. Erbaut wurde die mächtige Kirche vom Beginn des 15. Jh.s bis um die Mitte des 16. Jh.s. Teile der Apsis und wahrscheinlich auch der untere Teil des Glockenturms stammen noch von einem romanischen Vorgängerbau. Das von stilisierten Löwen bewachte Hauptportal ist ein Werk des Meisters Bonino aus Mailand. Im Inneren der dreischiffigen Basilika fällt der Blick zuerst auf das hohe Ziborium (1486) über dem Hauptaltar, ein Werk des einheimischen Bildhauers Marko Andrijić. Das Gemälde hinter dem Altar (»Die Heiligen Markus, Hieronymus und Bartholomäus«) ist wahrscheinlich ein Jugendwerk des großen venezianischen Malers Jacopo Tintoretto (Mitte 16. Jh.), ebenso die »Verkündigung« im südlichen Seitenschiff der Kathedrale.

✶✶ **Kathedrale Sveti Marko**

Spätgotik und Renaissance vereinen sich am **Arneri-Palast**, der aus dem Zusammenschluss mehrerer mittelalterlicher Parzellen entstand. Von einer Seitengasse aus sieht man in den herrlichen Innenhof des Gebäudes. Der Arneri-Palast liegt direkt gegenüber von Sveti Marko.

Wurde Marco Polo hier geboren? Die Korčulaner sind überzeugt davon, der Rest der Welt zweifelt.

KORČULA (STADT) ERLEBEN

AUSKUNFT

Touristinformation Korčula
Obala dr. Franje Tuđmana 4
20260 Korčula
Tel. 020 / 71 58 67 und 71 57 01
Fax 020 / 71 58 66
www.visitkorcula.net

ESSEN

► Erschwinglich

① *Konoba Adio Mare*
Sv. Roka 2
Tel. 020 / 71 12 53
Im Stadtkern, nicht weit von der Kathedrale Sveti Marko entfernt, befindet sich diese beliebte Konoba, die ihre Gäste mit solider dalmatinischer Küche in gediegenem Ambiente verwöhnt.

② *Konoba Marinero*
Marka Andrijića 13
Tel. 020 / 71 11 70
Das familiengeführte Restaurant in den windgeschützten Altstadtgassen serviert täglich frischen Fisch, regionale Spezialitäten sowie vorzügliche Weine aus der Gegend.

④ *Restoran Morski Konjić*
Šetalište Petra Kanavelića
Tel. 020 / 71 18 78
Nettes Restaurant an der Uferpromenade im Osten der Altstadt. Herrlicher Blick auf den Meereskanal zwischen Korčula und der Halbinsel Pelješac.

► Preiswert

③ *Fresh*
Hrvatske bratske zajednice 1
Tel. mobil 091 / 799 20 86
Hier gibt es die leckersten Smoothies und Wraps in der Altstadt, zudem findet man Anschluss an Traveller aus aller Welt, die sich hier stärken und Kontakte knüpfen.

ÜBERNACHTEN

► Luxus

② *Hotel Liburna*
Put Od Luke 17
20260 Korčula
Tel. 020 / 72 60 06, Fax 72 62 72
www.korcula-hotels.com

Korčula darf sich dank seiner Lage und mittelalterlichen Bausubstanz zu den schönsten Städten Kroatiens zählen.

Das Hotel bietet einen fantastischen Ausblick auf die nur wenige Gehminute entfernte Altstadt. Unterhalb des Hotels liegen ein Felsenstrand und eine kleine Kieselbucht.

► **Komfortabel**
① *Hotel Korčula*
Obala F. Tuđmana bb
20260 Korčula
Tel. 020 / 71 10 78, Fax 71 10 26
www.hotelkorcula.com

In wunderschöner Altstadtlage am Kai; Zimmer zum Teil mit Balkon und herrlicher Aussicht auf das Meer.

► **Günstig**
③ *One Love Hostel*
Hrvatske bratske zajednice 6
20260 Korčula
Tel. 021 / 71 67 55
www.korculabackpacker.com
In der Altstadtvilla sind nur feierlustige Gäste unter 35 Jahre willkommen.

Gabrielli-Palast

Nicht weniger stolz präsentiert sich der Gabrielli-Palast (16. Jh.) direkt daneben, in dem heute das **Stadt- und Inselmuseum** mit archäologischen Sammlungen und Exponaten aus der Geschichte Korčulas untergebracht ist. Die Ausstellung veranschaulicht das hohe Niveau der einheimischen Steinmetz- und Schiffsbaukunst. Künstler und Handwerker aus Korčula waren in ganz Dalmatien gefragte Spezialisten. Neben einer naturgetreu aufgebauten Goldschmiedewerkstatt sind auch Schiffsmodelle zu sehen.

Sveti Petar, Marco-Polo-Haus

Etwas versteckt hinter der Kathedrale bzw. an ihrer nordöstlichen Seite steht die kleine gotische Peterskirche (Sveti Petar) aus dem 14. Jh. mit einem Renaissanceportal. Nördlich der Kathedrale weisen Schilder den Weg zum angeblichen Geburtshaus von Marco Polo, dem weltberühmten Reisenden und Händler. Unweit davon wurde ein Marco-Polo-Turm mit Gemälden und Bildern über die Geschichte des berühmtesten Sohns der Insel eröffnet. Oben auf dem Turm kann man von der Aussichtsplattform über die Insel schauen. Auch der Garten und das Geburtshaus sollen in Zukunft zusammen mit dem Turm als Marco-Polo-Museum dienen.

✶ Svih Svetih

Am südöstlichen Ende des von Mauern und Türmen eingefassten Altstadtkerns steht ein weiteres **bemerkenswertes Gotteshaus**, die im 15. Jh. erbaute und später barockisierte Allerheiligenkirche. Zu ihren Besonderheiten zählen die barocke Kassettendecke, das um 1500 entstandene Ziborium sowie die monumentale Pietà des österreichischen Rokokobildhauers Georg Raphael Donner (18. Jh.). Der »Schmerzensmann« (15. Jh.) an der Wand rechts vom Altar ist eine der besten Arbeiten von Blaž Jurjev Trogiranin. Im Gebäude der Allerheiligenbruderschaft ist eine Sammlung von Ikonen zu sehen.

✶ Glavica, Sveti Antun

Südöstlich der Altstadt erhebt sich ein kleiner **bewaldeter Berg** (Glavica), von dem sich ein reizvoller Blick auf die Stadt, den Kanal zwischen Korčula und der Halbinsel Pelješac sowie auf den Archipel von Korčula bietet. Auf dem Berg steht die Kapelle Sveti Antun (15. Jh.). Man erreicht ihn, indem man von der Altstadt Korčulas Richtung Trajekt/Lumbarda fährt, der Beschilderung folgend rechts nach Lumbarda abbiegt und der ersten Straße nach links folgt. Am Fuße des Hügels stellt man das Fahrzeug auf einem Parkplatz ab und steigt die zypressengesäumten Treppen nach oben.

»Verkündigung« im Dom von Korčula

Vorwiegend zum **Baden** wird die kleine, Korčula östlich vorgelagerte Insel Badija aufgesucht, wenngleich dort auch ein Franziskanerkloster mit einem schönen Kreuzgang und der kleinen Barmherzigkeitskirche (Gospa Milosrđna) aus dem 15. Jh. sehenswert ist. Die barocke Kapelle an der Nordseite wurde nach Plänen des venezianischen Baumeisters Giorgio Massani angebaut.

Weiteres auf Korčula

Mit zwei gepflegten Sandstränden, Campingplätzen und guten Restaurants, einem kleinen Hafen, einer Marina und ein paar verstreut liegenden Sommervillen aus der Renaissance weiß Lumbarda im äußersten Südosten der Insel zu gefallen. In den Weingärten rund um den Ort wachsen die Trauben für den Grk, einen trockenen, aber schweren Weißwein mit goldener Farbe. Neben der mittelalterlichen **Peterskirche** (Sveti Petar) im Dorf steht das Geburtshaus des kroatischen Bildhauers Frane Kršinić (1897 – 1982). Auf einem Hügel der Halbinsel Koludrt, nördlich von Lumbarda, wurde bei den Ruinen der mittelalterlichen **Johanneskirche** das vermutlich älteste schriftliche Dokument im südslawischen Raum gefunden – Fragmente einer griechischen Inschrift aus der Zeit der Kolonisation (4. Jh. v. Chr.). Das Original der Steintafel wird im Archäologischen Museum in Zagreb aufbewahrt.

✶ **Lumbarda**

Čara Nach weiteren 20 km auf der Straße nach Vela Luka passiert man das Dorf Čara. Sehenswert sind das **Kastell Spanić** aus dem 17. Jh. sowie die renovierte **Pfarrkirche Sveti Petar** (St. Petrus). Das Altarblatt mit einer Darstellung des ungläubigen Thomas schuf der venezianische Maler Leandro Bassano (1557 – 1622).

Smokvica Das malerische Dorf Smokvica liegt 3,5 km hinter Čara. Neben mehreren barocken Häusern und Kastellen korčulanischer Patrizier ist die Dorfloggia aus dem 17./18. Jh. sehenswert.

Dorfszene

4 km von Smokvica entfernt, liegt an der Südküste der Insel der kleine Hafen **Brna**. Ebenso wie das wenige Kilometer entfernte Prižba ist Brna mit einigen Hotels und Appartements auf Gäste eingestellt. Es gibt ein Sportzentrum mit Tennisplätzen, auch Surfen ist möglich. Außerdem ist Brna für seinen **Heilschlamm** bekannt.

Vela Luka

Der Hafen Vela Luka, an der Westküste in einer tief eingeschnittenen Bucht gelegen, 49 km westlich der Stadt Korčula, ist der **größte Ort** der Insel. Im wirtschaftlichen Leben der von Bergen eingerahmten Stadt spielen neben dem Fremdenverkehr auch der Schiffsbau und die Fischverarbeitungsindustrie eine große Rolle. In Vela Luka wird zudem Olivenöl gepresst und Wein gekeltert.
Zu den Sehenswürdigkeiten der Stadt zählt die im 15. Jh. erbaute, später barockisierte Johanneskirche (Sveti Ivan) auf der Halbinsel Gradina. In Ufernähe steht ein ehemaliges Kastell aus dem späten 15. Jh. In der Bucht von Vela Luka gibt es mehrere Hotels und Privatunterkünfte sowie einen Campingplatz. In der aus Forschungsgründen nicht zugänglichen Höhle Vela Špilja nördlich außerhalb der Stadt fand man Siedlungsspuren, die ungefähr 17 000 Jahre alt sind. Ein beliebtes Ausflugsziel von Vela Luka aus ist das pflanzenreiche **Inselchen Ošjak**. Es liegt in der Bucht von Vela Luka und steht unter Naturschutz.

✶✶ Kornaten

F–H 6/7

Höhe: 0 – 237 m ü. d. M.
Gespanschaft: Šibenik-Knin
Einwohnerzahl: Nur saisonal bewohnt

Die Inselwelt der Kornaten wirkt zumindest aus der Vogelperspektive recht bizarr und geradezu gespenstisch: Rund 150 unterschiedlich große und nur dürftig bewachsene Inseln, Inselchen und Riffe sowie zahllose Felsklippen erstrecken sich vor der Küste Norddalmatiens.

Namensherkunft

Die Herleitung des Namens Kornaten von dem lateinischen Begriff **»corona«** (Krone) ist so abwegig nicht, wenn man einen Blick auf die Entstehung der Inseln wirft: Die Kornaten sind in mehreren Reihen angeordnete Gipfel eines im Meer versunkenen Hügellands, das parallel zum Dinarischen Gebirge auf dem Festland von Nordwest nach Südost verläuft. Die aus dem Meer herausragenden Gipfel eines versunkenen Gebirges werden im geologischen Fachjargon auch als »Kronen« bezeichnet.

Nationalpark Innerhalb der Grenzen des Nationalparks, der 1980 gegründet wurde, befinden sich 89 Inseln. Taucher können sich zusätzlich an einem **maritimen Nationalpark** unter der Wasseroberfläche erfreuen. Der Archipel wird von drei Meereskanälen durchschnitten.

Im Nordwesten der Kornaten, wo der 27 m hohe Leuchtturm auf der Insel Velika Sestrica mit seinen markanten roten und weißen Spiralstreifen vor Riffen warnt, geht der Nationalpark in den Naturpark Telašćica auf der Insel ►Dugi Otok über. In der **Sonderschutzzone** des Nationalparks der Kornaten, d. h. auf dem Inselchen Purara und in ihren umliegenden felsigen Gewässern, darf man sich nicht aufhalten. Hier lässt man der Natur ihren freien Lauf. Eintrittskarten für den zugänglichen Teil des Nationalparks erhält man in Murter und Tisno sowie auf den Inseln Velika Panitula, Veliki Žakan, Kornat und Žut.

Robinson-Urlauber Die Kornaten sind ein Paradies für Robinson-Urlauber. Fernab der Zivilisation, ohne Auto und Fernsehen und ganz allein auf einer Insel kann man außergewöhnliche Ferien verbringen. Die Agentur Atlas (Ulica hrvatskih vladara 8, 22243 Murter, Tel./Fax 022 / 43 40 17) bietet Unterkünfte in sogenannten **Behausungen** an. Das sind in der Regel einfache Steinhäuser ohne elektrischen Strom und Telefon, je-

Die Inselwelt der Kornaten ...

doch ausgestattet mit Gaskocher, Trinkwasser, Boot und Fischfanggeräten. Bis zu 3 kg Fisch darf man täglich fangen. In regelmäßigen Abständen verkehrt ein Versorgungsschiff zu den Robinson-Unterkünften. Damit wird die Versorgung mit Lebensmitteln und anderen notwendigen Dienstleistungen sichergestellt. Robinson-Tourismus wird vor allem auf den Inseln Sit, Šćitina, Kornat, Svršata, Žut und Lavsa angeboten. Auf der Insel Ravni Žakan befinden sich ein Restaurant und ein **Tourismusbüro**, wo man alle organisatorischen Belange regeln kann. Insgesamt gibt es auf den Kornaten 20 Restaurants. Die Fischgerichte sind dort so karg und einfach wie die Landschaft der Inseln.

Naturraum

Aus der Vogelperspektive wirken die Kornaten öde und abweisend. Die Wälder, die noch bis in römische Zeit die Kornaten bedeckten, wurden gerodet – zurück blieben kahle, nur von Steinmäuerchen durchzogene Eilande, deren **karger Bewuchs** höchstens den Schafen, die dort gehalten werden, genügend Nahrung gibt. Die besagten Trockenmauern auf den Inseln dienten und dienen noch heute dazu, die Anpflanzungen vor den salzigen Meereswinden zu schützen. Wollte man Felder für den Anbau von Oliven, Mandeln, Feigen und Weinstöcken anlegen, mussten Tausende von Steinen mühselig aus der Erde gegraben werden. Aus den Steinen baute man Mauern ohne jegliche Bindemittel. Sie dienten zugleich als Grundstücksgrenzen. Die meisten Mauern wurden in den Jahren 1885 – 1897 erbaut. An einem 2 km langen Mauerstück bauten zwei Männer 150 – 200 Tage.

... ist trotz ihrer Kargheit faszinierend schön.

In den heißen Sommermonaten wurde nachts gearbeitet, tagsüber geschlafen. Ungerechterweise waren die Arbeiter daher der Nachrede ausgesetzt, sie seien Faulenzer – weil man sie nie bei der Arbeit sah. Sowohl über als auch unter Wasser findet man den gesamten, für eine Karstlandschaft typischen Formenschatz vor: Höhlen, Senken, Karren und Dolinen. Landschaftlich besonders reizvoll sind die südlicheren Kornaten-Inseln mit ihrer stark gegliederten Küste. Senkrecht aufragende Felsen, steil abfallende Klippen, gefaltete und schräg gestellte Schichtpakete lassen darauf schließen, dass sich zumindest dieser Teil der Inselwelt in einer geologischen Störungszone befindet bzw. von tektonischen Bewegungen erfasst worden ist.

Besiedlung und Wirtschaft

Die Inseln der Kornaten sind nicht ständig besiedelt. Die kleinen Siedlungen, die man vor allem auf der Hauptinsel Kornat sehen kann, sind nur für den **vorübergehenden Aufenthalt** der Inselbesitzer gebaut, die hier Schafe züchten und in bescheidenem Umfang Oliven, Obst und Gemüse sowie Wein anbauen. Das Wasser aus den Zisternen reicht dafür kaum aus, geschweige denn für den wachsenden Bedarf durch die touristische Nutzung in den Sommermonaten. Die **einzige Süßwasserquelle** sprudelt spärlich in der Bucht Luka Žut auf der gleichnamigen Insel. Einzelne Gasthäuser auf den Inseln lassen in der Saison Trinkwasser durch Tankschiffe heranschaffen.

Baden/Tauchen/ Segeln

Heute durchstreifen im Sommer vor allem Naturfreunde das als Nationalpark ausgewiesene Revier. Überall auf den Inseln findet man Badebuchten, meist Felsstrände, die auch für Nudisten zugelassen sind. Wer die Kornaten erkunden will, kann in Murter Boote mit und ohne Besatzung mieten (Eseker, Tel. 0 22 / 43 56 69, www.eseker tours.hr oder Motor Sport, Juran Neda, Tel. mobil 098 / 193 52 58). Die noch sehr sauberen Gewässer im Bereich der Kornaten sind ein wahres **Tauchparadies** mit einer außergewöhnlich artenreichen Meeresfauna und -flora. In Acht nehmen muss man sich in der stark zerklüfteten Unterwasserwelt vor Haien, Muränen und vor dem Großen Drachenkopf. Das Tauchen in Eigenregie ist im Nationalpark nur in bestimmten Zonen und auf vorgeschriebene Weise erlaubt. Ein sehr beeindruckendes Erlebnis ist eine Unterwassertour zwischen den Inseln Velika und Mala Panitula, die durch Felsgestein unter der Meeresoberfläche verbunden sind. Nicht nur bei Tauchurlaubern gelten die Kornaten schon seit Jahren als Geheimtipp, auch bei den Besitzern von Motorbooten und Jachten sind sie gut bekannt, aber ihrer gefährlichen Untiefen und Riffe wegen auch berüchtigt. **Sportskipper** benötigen daher zum Navigieren innerhalb

? WUSSTEN SIE SCHON ...?

- Wie bei vielen anderen Inseln, so rankt sich auch um die Entstehung der Kornaten eine Legende: Gott soll eine Hand voll weißer Steine, die bei der Schöpfung der Welt übrig geblieben waren, ins Meer geworfen haben. Ob gewollt oder nicht, Gott schuf so auch – neben dem Rest der Welt – die Kornaten.

KORNATEN ERLEBEN

AUSKUNFT

Kornati Nationalpark Verwaltung
Butina 2, 22243 Murter
Tel. 022 / 43 57 40
Fax 022 / 43 50 58
www.kornati.hr

ANREISE

Tagesausflüge auf die Kornaten können in den meisten Hotels und Reisebüros vor Ort gebucht werden.

ESSEN

► **Erschwinglich**
Konoba Robinson
Uvala Vrulje, Murter, Insel Kornat
Tel. mobil 091 / 541 73 63

In der traumhaften Bucht von Vrulje auf der größten Kornaten-Insel kann man in der Konoba Robinson ausprobieren, auf welche Weise sich Schiffbrüchige ernährt haben mögen!

ÜBERNACHTEN

Auf den Inseln der Kornaten gibt es keine Hotels oder Pensionen. Unterkünfte findet man in den sogenannten Behausungen (►S. 172), die von der Agentur Atlas vermittelt werden: Atlas d. o. o. Murter, Ulica hrvatskih vladara 8, 22243 Murter, Tel. 022 / 43 40 17 und Fax 022 / 43 49 99, atlas-sibenik@si.t-com.hr (siehe auch Special Guide).

der Kornaten sehr genaue Seekarten. Fast jedes Kornaten-Eiland besitzt einen kleinen, geschützten Hafen, in dem drei oder vier Boote Unterschlupf bei Stürmen finden. Beliebte Treffpunkte von Skippern, Sportfischern und Tauchern sind die Marinas von Piškera und Žut sowie die Bucht Lojena auf der Insel Levrnaka.

Kornat

Wanderwege zu den Highlights

Die größte Insel des Archipels nimmt 64 Prozent seiner Gesamtfläche ein. Man erkennt sie an ihren quer laufenden Mauern, die aussehen, als sei die Fläche mit einem groben Kamm gestriegelt worden. Hier und da sieht man Felder, die mit Oliven- oder wilden Obstbäumen bepflanzt sind. Markierte Wanderwege führen zu den Sehenswürdigkeiten, zum Beispiel von der Kravjačica-Bucht im Nordwesten zur **geologischen Attraktion** Magazinova škrila am östlichen Ufer. Dabei handelt es sich um eine 9100 m² große Felsplatte mit einer Neigung von 30 bis 40 Grad. Man geht davon aus, dass sie vor etwa 200 Jahren infolge eines Erdbebens durch das Übereinanderrutschen von Kalksteinschichten entstand. Der Weg dorthin führt über den höchsten Gipfel der Insel: Der Aussichtsberg Metline ist mit 237 m Höhe zugleich die höchste Erhebung der gesamten Kornaten.

✶ Magazinova š-

Festung Tureta

Im Rahmen eines Wachsystems an der östlichen Adria baute der byzantinische Kaiser Justinian im 6. Jh. die Festung Tureta. Sie liegt oberhalb des fruchtbaren Karstfelds Tarac an der Südküste der Insel.

Mystisch ragt sie aus einer unwirklichen Landschaft empor; sie gäbe eine gute Kulisse für den Film »Herr der Ringe« ab. In gleichmäßigen Abständen und in ähnlicher Bauweise wurden etwa 40 Festungen an der Küste errichtet, sodass man sich untereinander verständigen und die Schifffahrtswege überwachen konnte. Zu diesem System gehörte auch die Festung Gradina auf der Insel Žirje. Gleichzeitig wurde bei Tarac eine altchristliche, dreischiffige Basilika erbaut. Auf deren Mauerresten entstand im 16. Jh. die **Maria-Wallfahrtskirche**, die heute als »Kirche Muttergottes von Tarac – Königin des Meeres« bekannt ist. Zu der Kirche werden Anfang Juni feierliche Wallfahrtsprozessionen mit Schiffen unternommen.

Die kleineren Inseln der Kornaten

Kurba mala, Velika Smokvica

Die Insel Kurba mala gilt als eine der schönsten Inseln des Archipels. Vielleicht, weil sie im Gegensatz zu allen anderen Kornaten-Inseln mit **Wald und üppiger Weidefläche** bedeckt ist. Aber auch Velika Smokvica ist aufgrund seines Dolomitgesteins relativ fruchtbar. Am nördlichen Kap der Insel stehen ein Leuchtturm und die Votivkapelle Sveti Nikola. Auf dem südöstlichen Kap findet man eine Weihkapelle.

Mana, Lavsa, Piškera

Auf der Insel Mana ziehen die Ruinen einer **alten Burg** die Aufmerksamkeit auf sich. Dabei handelt es sich nur um Filmkulissen: Hier wurde im Jahr 1961 der deutsche Film »Wütende See« gedreht. Auf der Insel Lavsa sind die Überreste einer venezianischen Festung (1530) zu sehen. Mit ihrer gut geschützten Bucht zählt sie zu den malerischsten Inseln des Archipels. Am tiefsten Punkt der Bucht kann man ungefähr 1 m unter dem Wasser die Überreste einer antiken Saline sehen, die noch bis ins Mittelalter hinein bewirtschaftet wurde. Die Bucht gilt als **schönster Ankerplatz** im Nationalpark. Die Durchfahrt zwischen Lavsa und Piškera ist der beste Schiffsweg für das Einlaufen aus dem Kornaten-Kanal in den Jachthafen. Piškera ist eine der größten Inseln im Nationalpark. Auch hier finden wir Überreste aus antiken und mittelalterlichen Zeiten.

Smokvenjak und weitere Inseln

Auf der Insel Smokvenjak gedeiht ein einziger Feigenbaum, sonst nichts! Anfang des 19. Jh.s soll der bekannte Seeräuber Šime Banić aus Iž dort einen Schatz versteckt haben, den Schafshirten später entdeckten und unter sich verteilten. Auf der Insel Vodnjak gibt es angeblich eine Trinkwasserquelle und außerdem ein Grab, in dem vor 400 bis 500 Jahren Seeräuber bestattet wurden. Die **Tauchgründe** um die Insel Kamenar zählen zu den schönsten der Kornaten. Die unter niederländischer Leitung stehende Tauchschule Bougainville in Biograd na Moru (Kraljice Jelene 11, Tel. 023 / 38 59 00, www.bougainville.nl) bietet Touren dorthin an. Vorsicht ist beim Felseninselchen Taljuri geboten! Es ähnelt einem flachen Teller. Häufig von Wasser überflutet, ist es für die Schifffahrt sehr gefährlich.

★★ Krka (Nationalpark)

K/L 5–7

Fläche: 111 km² **Höhe:** 0 – 358 m ü. d. M.
Gespanschaft: Šibenik-Knin

Eine Fahrt zu den Krka-Wasserfällen bzw. ein Besuch des Nationalparks Krka gehört zweifelsohne zu den Höhepunkten einer Dalmatienreise. Von seiner Quelle östlich der Stadt Knin bis zu seiner Mündung bei ►Šibenik stürzt der Fluss Krka über sieben Wasserfälle talwärts.

Artenreiche Attraktion

Wer sich von Norden kommend auf der Küstenmagistrale Šibenik nähert, erhält auf der großen Brücke über die Krka bereits einen ersten Eindruck von den fantastischen **Karstformationen** des canyonartigen, an manchen Stellen bis zu 200 m tiefen Flusstals. Der 111 km² große Nationalpark erstreckt sich auf dem Gebiet der Gemeinden Šibenik, Drniš und Knin. Da die einstigen Naturwälder in diesem Gebiet drastisch zurückgegangen oder durch menschliche Einwirkung zerstört worden waren, wurde hauptsächlich mit Aleppo- und Schwarzkiefern aufgeforstet. Am Rande der Süßwasserseen hat sich eine vielfältige Sumpfvegetation mit Schilf, Binsen und Seerosen herausgebildet. Zur artenreichen Fauna des Nationalparks zählen u. a. Wildtauben, Nachtigallen, Habichte, Falken, verschiedene Fischarten, darunter zehn endemische, sowie die bereits sehr seltene Otter.

Der Krka-Nationalpark ist eine grüne Oase im ansonsten kargen Binnenland Mitteldalmatiens.

Flusslauf der Krka Die Krka, der **bedeutendste Fluss Mitteldalmatiens**, ist rund 70 km lang und hat einen Einzugsbereich von etwa 2250 km^2. Der Fluss entspringt einer Karstquelle und hat sich canyonartig in die dinarische Gebirgsplatte eingesägt. Unterhalb des letzten Katarakts, kurz vor der Mündung in die Adria, ist das Wasser salzhaltig. Der Grund: Hier ist das einstige Flusstal, bedingt durch den Meeresspiegelanstieg während der letzten Eiszeit, förmlich ertrunken und wurde vom Meerwasser überschwemmt.

Prukljansko jezero ► Entsprechendes gilt für den ca. 6 km langen und etwa 3 km breiten Prukljan-See (Prukljansko jezero), den die Krka kurz vor ihrer Mündung bei Šibenik durchfließt. An seinen Ufern kann man in seichtem, warmem Wasser baden. In der Nähe der Guduča-Mündung in den Prukljansko jezero sind unter der Wasseroberfläche die Mauerreste eines alten Damms zu sehen, der zu dem flachen Inselchen **Stipanac** führt. Es war in der Vergangenheit mit dem Festland verbunden. Auf der Insel stehen die Überreste einer mittelalterlichen Kirche. In dem Moorgebiet an der Mündung der Guduča leben seltene Vogelarten, die sich hier v. a. in den Wintermonaten sammeln.

Besichtigung des Nationalparks

Eingang 1: Lozovac Bei Lozovac stellt man den Pkw oberhalb des Skradinski buk, des größten Wasserfalls der Krka, auf einem Parkplatz ab und steigt in einen Bus um, der die Besucher auf einer schmalen Stichstraße zum eigentlichen Parkeingang hinunterbringt. Der Canyon bricht an dieser Stelle steil ab, weshalb sich die Straße in zahlreichen Kehren hinunterwindet. Begleitet ist die etwa 15-minütige Fahrt von herrlichen, wenngleich manchmal auch Schwindel erregenden Ausblicken auf die Krka, die oberhalb der Wasserfälle mit der Čikola zusammenfließt. Da der breite, ruhige Fluss hier aber überflutet ist, wirkt der Zusammenfluss wie ein großer See mit stark eingezogenen Buchten. Die schmale, 700 m lange Travertininsel **Kalički busen** stellt eine markante Trennung der Krka von der Mündung der Čikola dar. Von der Endstation des Buszubringers am höchsten Punkt der Skradinski-Fälle führen mehrere, unterschiedlich lange Fußgängerrouten an den einzelnen Katarakten vorbei.

Eingang 2: Skradin Westlich der Skradinski-Fälle, kurz vor dem Übergang des Canyons in den Prukljansko jezero, liegt das 700 Einwohner zählende Städtchen Skradin. Wegen seines **Jachthafens** ist Skradin ein Treff- und Ausgangspunkt für Fahrten auf der Krka. Ein Taxiboot (Abfahrt: zwischen 8.00 und 18.00 Uhr jeweils zur vollen Stunde) bringt die Besucher in etwa 20 Minuten zum Eingang des Nationalparks unterhalb des Skradinski buk, der Transfer ist kostenlos. Tickets für den Nationalpark können bereits vor der Abfahrt im Touristenbüro an der Hafenpromenade erstanden werden.

Skradin-Brücke ► Nur wenige Hundert Meter von Skradin entfernt fährt das Taxiboot unter der Skradin-Brücke hindurch, die 1930 als schöne Stahlkon-

Krka Nationalpark Orientierung

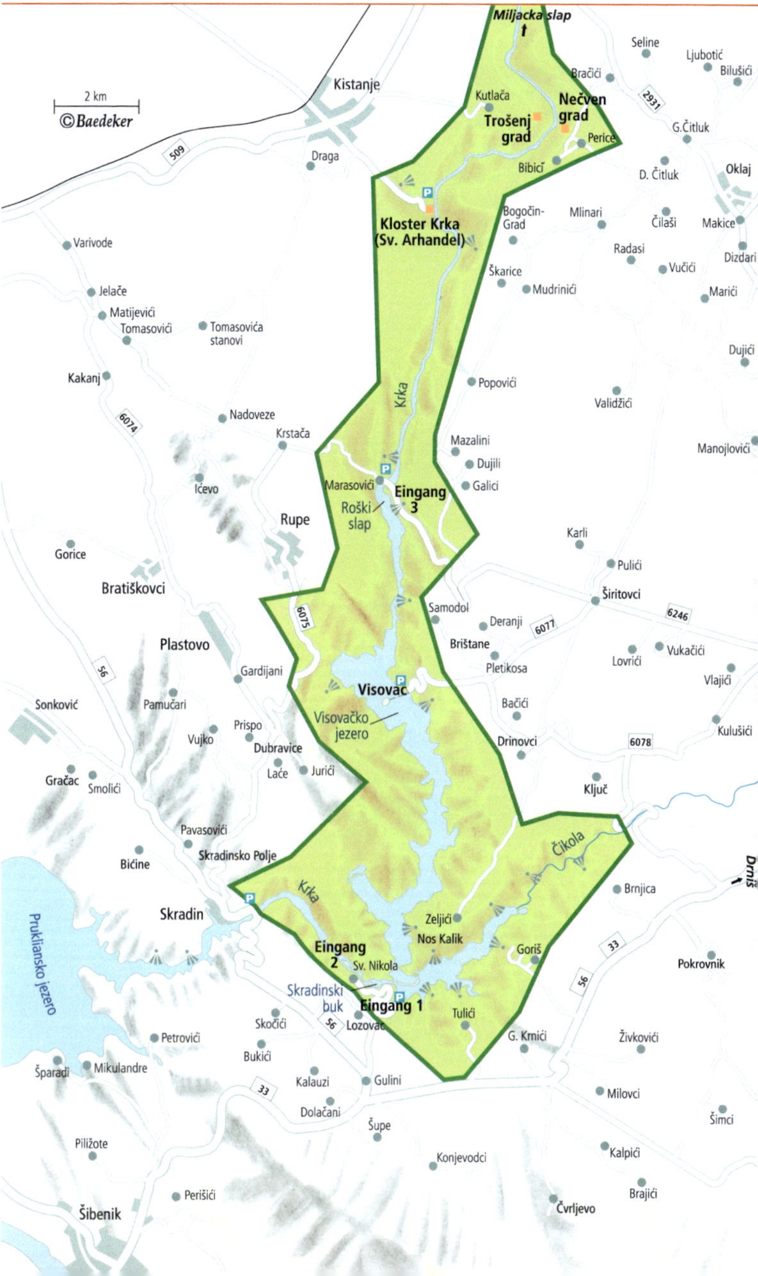

struktion erbaut und im Zweiten Weltkrieg von der deutschen Wehrmacht bei ihrem Rückzug aus Dalmatien zerstört wurde. Die heutige Brücke stammt aus dem Jahre 1953 und bildet die **südwestliche Grenze** des Nationalparks Krka.

Eingang 3: Roški slap

Der von Touristen eher selten benutzte Eingang liegt direkt am Wasserfall Roški slap. Er ist mit dem Auto über **Širitovci** zu erreichen. Interessant ist dieser Eingang vor allem für jene Besucher, die an einer Bootsfahrt oberhalb des Roški slap teilnehmen möchten.

Besichtigung ohne Boot

Die meisten Ausflugsziele sind auch auf Fahrwegen oder zu Fuß zu erreichen. Allerdings erhält man vom Wasser aus einen wesentlich imposanteren Eindruck von den Naturpanoramen. Wem ein Blick aus der Ferne auf die Klosterinsel Visovac genügt, gelangt auf der Straße über Ključ zu einem sehr schönen Aussichtspunkt, dem **Miljevački-Plateau**, von dem aus man das malerische Inselchen betrachten kann. Das Denkmal des letzten kroatischen Königs Petar Svačić auf dem Plateau verrät, dass man sich durch ein Gebiet bewegt, das für die kroatische Geschichte große Bedeutung hat: Der letzte König des 300-jährigen Kroatenreichs wurde hier geboren. Auf einer Tafel ist die Madonna von Visovac abgebildet, die auch als Schutzengel der Soldaten im letzten Krieg galt. Vom Plateau aus kann man den Weg durch eine regelrechte Wildwestlandschaft zu den **Roški-Wasserfällen** und zum dritten Eingang des Nationalparks fortsetzen. Dabei führt die Straße in steilen Höhen direkt am Krka-See entlang. Roški slap und Skradinski buk sind die beiden größten Kaskaden, denen man sich auf dem Landweg nähern kann.

! *Baedeker* TIPP

Ethnodorf Dalmati

Mit Steinmetz, Schmied, Trachten, dalmatinischen Steinhäusern, Eseln und einem Schinkenmuseum stellt der Themenpark das dalmatinische Hinterland vor. Gäste werden von Joško Lokas empfangen, dem im Ruhrgebiet aufgewachsenen Besitzer. Hier werden authentische Speisen zu dalmatinischen Klapa-Männerchören aufgetischt. Das Ethnodorf ist nur zehn Minuten Fahrt vom Nationalpark Krka entfernt (Pakovo Selo, Tel. 060 / 486 486, www.dalmati.com).

Sehenswertes im Nationalpark Krka

★★ Skradinski buk

Der Skradinski buk ist der wasserreichste Katarakt der Krka: Auf einer Länge von 800 m überwindet der Fluss hier insgesamt 17 Stufen unterschiedlicher Höhe. Diese Stufen sind nicht bloß einfache Steinstufen, sondern »lebender« Travertin, dessen Kaskaden sich in geomorphologischen Prozessen ständig verwandeln. Terrassenförmig senkt sich das dicht bewachsene Gelände, das von schmalen, ausgeschilderten **Wanderwegen** durchzogen ist. Zwischen den einzelnen Staustufen liegen kleine Bassins, eingerahmt von üppigem, stellenweise geradezu dschungelartigem Grün. Das unterste Bassin des

KRKA ERLEBEN

AUSKUNFT

Verwaltung Nationalpark Krka
Trg Ivana Pavla II 5
22000 Šibenik
Tel. 022 / 20 17 77, Fax 33 68 36
www.npkrka.hr

22222 Skradin (am Hafen)
Tel. 022 / 77 13 29, Fax 77 13 36
www.skradin.hr

VERANSTALTUNGEN

August: In Skradin treffen sich alljährlich die dalmatinischen Klapa (Männerchöre).

ESSEN

► Erschwinglich

Konoba Bonaca
Rokovačka 5, Skradin
Tel. 022 / 77 14 44
In dem Altstadtrestaurant kocht man die Fischsuppe aus Aalen! Auch die Skradiner Meeräsche und das Schwarze Risotto verraten, dass man sich hier ausgefallene Leckerbissen im Munde zergehen lassen kann.

► Preiswert

Bistro Pizzeria Pini
Ulica dr. Franje Tuđmana 2, Skradin
Tel. mobil 098 / 39 29 36
www.pini.hr
Im Pini sitzt man sehr schön in einem Innenhof und hat die Auswahl zwischen typischen Gerichten aus der Region oder Pizza aus aller Welt.

ÜBERNACHTEN

► Komfortabel

Hotel Skradinski buk
Burinovac bb
22222 Skradin
Tel. 022 / 77 17 71
Fax 022 / 77 17 70
www.skradinskibuk.hr
Von der einen der beiden Hotelterrassen hat man einen herrlichen Blick auf den Krka-Canyon. Das nette Restaurant lockt mit einer großen Auswahl an Fisch und Meeresfrüchten.

► Günstig

Vila Marija
Ulica dr. Franje Tuđmana 2
22222 Skradin
Tel. mobil 099 / 730 16 15
www.pini.hr
Diese Pension mit einem angenehmen Restaurant im reizvollen Innenhof ist die deutlich günstigere Alternative zum benachbarten Hotel Skradinski buk.

Baedeker-Empfehlung

Seljačko Domaćinstvo Kristijan
Roški slap, Mühle bei den Wasserfällen
Rustikales Lokal, in dem die Familie Ante Skelin Schinken, Käse und Wein aus eigener Herstellung servieren, dazu gibt es Zwiebeln, Tomaten und andere Leckereien, Tel. mobil 091 / 514 65 91.

Wasserfalls ist in den Sommermonaten ein herrliches Badebecken mit türkisblauem Wasser. Auf der großen Liegewiese kann man sich sonnen und picknicken. Nicht erlaubt ist allerdings das Herabspringen von den Katarakten. Den Skradinski buk kann man gut zu Fuß umrunden.

✶ **Ethnografische Ausstellung**

Zur ethnografischen Ausstellung am Skradinski buk gehören die alten **Wassermühlen**, in denen früher Getreide gemahlen wurde. Sie sind heute noch als Denkmäler ruraler wirtschaftlicher Vergangenheit zu Demonstrationszwecken in Betrieb. Außerdem findet man Walkmühlen und Spülkörbe, die wie natürliche Waschmaschinen wirkten: Durch die Strömung wurde der Spülkorb mit der schmutzigen Wäsche herumgewirbelt, bis sie sauber war. Auch schon fast in Vergessenheit geratene **Webtechniken** bekommt man vom Museumspersonal vorgeführt.

✶✶ **Klosterinsel Visovac, Visovačko jezero**

Oberhalb der Ethnografischen Ausstellung legen die Ausflugsboote zur Klosterinsel Visovac und zum Roški slap ab. Es war im Jahr 1445, als der Adlige Grgur Utješinović die Herrschaft über die Festung Kamičak übernahm, deren spärliche Überreste nordöstlich der Klosterinsel verzweifelt gegen die zerstörerische Kraft der Zeit ankämpfen. Utješinović schenkte den Franziskanern die inmitten des Visovačko jezero gelegene Insel Visovac, nachdem er sie von seiner Frau als Mitgift erhalten hatte. Diese errichteten das noch heute existierende Franziskanerkloster, in dem eine **kostbare Sammlung sakraler Kunst** zu besichtigen ist. Überaus eindrucksvoll sind eine Notenschrift mit der Guidonischen Hand sowie der erste Druck der Fabeln Äsops. Der Benediktinermönch Guido de Arezzo hatte bereits im 11. Jh. erstmalig die sogenannten Neumen (viereckige Noten) aufgezeichnet. Die nach ihm benannte Guidonische Hand diente als Gedächtnisstütze, um sich den Tonraum und die Melodiebewegung vor Augen zu führen. Außerdem kann man ein Prozessionskreuz aus dem 14. Jh. und eine der größten Sammlungen türkischer Dokumente bewundern. Bereits um das Jahr 1400 hatten die Eremiten des hl. Augustinus auf Visovac eine kleine Kirche errichtet, die der heutigen Kirche als Sakristei dient. Nach Verlassen der Klosterinsel Visovac gleitet das Schiff durch die 500 m lange Schlucht Među gredama. Am rechten Flussufer rückt der **Sveti Nikola** genannte Schrein ins Blickfeld. Darüber liegt die Höhle **Šuplja stina**, die auf dem Rückweg deutlicher zu sehen ist.

! *Baedeker* TIPP

Nix für Schüchterne!

Wer die Klosterinsel Visovac besichtigen will, muss zwar ins Boot, aber nicht unbedingt an einer organisierten Exkursion teilnehmen. Ab Širitovci westlich von Drniš führt eine Straße zum Visovačko jezero. Wenn man sich am Ufer bemerkbar macht, steigt in der Regel ein Mönch auf der Insel Visovac ins Boot und holt einen ab.

✶ **Roški slap**

Der Roški slap mit einem 22,5 m hohen Hauptkatarakt besteht aus zwölf kleineren Kaskaden mit vielen Armen und Inseln, die von der sogenannten Perlenkette bis zur Haupttreppe insgesamt 27 m über-

← *Manchmal wirkt er märchenhaft, gar schon unwirklich – der Skradinski buk.*

Das Franziskanerkloster auf der Insel Visovac

winden. Auf der Ostseite der Wasserfälle sind noch einige der traditionellen Wassermühlen in Betrieb. Sie dienen zum Ausspülen und Walken von Tuch und zum Mahlen von Getreide. In den Mühlengebäuden informiert eine kleine **ethnografische Ausstellung** über traditionelles Handwerk. Auch für das leibliche Wohl der Besucher ist gesorgt.

✶ Krka-Kloster

Herrlich breitet sich ein See oberhalb des Roški slap aus. Er ist von steilen Felsen umgeben, auf denen wilde Ziegen klettern. Wasservögel und Wildtauben leben hier, während Reiher und Adler ihre weiten Flügel spannen und über dem Schiff kreisen, das am serbisch-orthodoxen Krka-Kloster (1402 erstmalig erwähnt) eine Pause einlegt. Hier weitet sich die Schlucht zu einer Ackerbaulandschaft, in der die Mönche Obst und Gemüse anbauen. Das eigentlich den Namen Sveti Arhandel (hl. Erzengel) tragende Kloster stellt mit seinen bunten Malereien an der Ikonenwand aus dem 17. Jh. und dem Oktogon seiner Kirchenkuppel eine **kulturhistorische Abwechslung** in Kroatien dar. In die Katakomben zogen sich die Menschen in frühchristlicher Zeit vor den Römern zurück. Nach nicht bestätigten Quellen geht das Kloster auf eine Stiftung von Jelena Šubić, der Witwe des kroatischen Fürsten Mladen II Šubić, und der Schwester des serbischen Kaisers Duaan zurück. Das Kloster ist im Rahmen einer Bootsexkursion zu erreichen, die ihren Ausgang am Steg oberhalb des Roški slap nimmt, oder aber mit dem Auto über die Ortschaft Kistanje am westlichen Rand des Nationalparks.

Burgruinen

Im Norden des Nationalparks wachen die beiden Burgruinen Trošenj und Nečven über das Flusstal. Beide Burgen stammen aus dem 14. Jahrhundert.

Lastovo (Naturpark)

P/Q 13

Höhe: 0 – 417 m ü. d. M.
Einwohnerzahl: 1300
Gespanschaft: Dubrovnik-Neretva

Bis vor wenigen Jahren war Lastovo ebenso wie ►Vis militärisches Sperrgebiet. Dennoch gilt die eher abgeschiedene, kleine Insel immer noch als Insider-Tipp. Lastovo hat Naturpark-Status, ist aufgrund der vielen Steilküsten nur bedingt für einen Badeurlaub geeignet. Wer Natur und Einsamkeit sucht, wird hier fündig. Zahlreiche Höhlen und Grotten prägen die stark verkarstete Insel. Andererseits gibt es viel Wald, vor allem rund um den 417 m hohen Hauptkamm Hum.

Lastovo-Archipel

Im Nordosten ist Lastovo einem Archipel von annähernd 50 kleinen Inseln und Felsenriffen vorgelagert, die von Skippern gerne angesteuert werden. Bekannt für ihre sandigen Buchten ist die Insel **Saplun** im Osten von Lastovo. Dasselbe gilt für das etwas größere, aber gleichfalls unbewohnte Inselchen **Kopište** im Westen. Die meisten Inseln sind Fischerparadiese.

LASTOVO ERLEBEN

AUSKUNFT

Touristinformation Lastovo
20290 Lastovo
Tel./Fax 020 / 80 10 18
http://lastovo.hr

Naturparkverwaltung Lastovo
Trg Svetog Petra 7
20289 Ubli
Tel. 020 / 80 12 50
www.pp-lastovo.hr

ANREISE

Autofähre und Tragflügelboote steuern Lastovo ab Split an. Weitere Verbindungen gibt es regelmäßig ab Dubrovnik.

VERANSTALTUNG

Bei den Pokladi, einem alten Karnevalsbrauch, wird eine Strohpuppe ins Tal hinabgelassen, für schuldig erklärt und schließlich verbrannt.

ESSEN

► **Erschwinglich**

Konoba Triton
Zaklopatica 15, Lastovo
Tel. 020 / 80 11 61
Das Restaurant liegt in der zauberhaften Bucht Zaklopatica an der Nordseite der Insel. Insbesondere die vielen Vorspeisen aus Meeresfrüchten sollte man kosten.

ÜBERNACHTEN

► **Komfortabel**

Hotel Solitudo
Pasadur bb
20289 Lastovo
Tel. 020 / 80 21 00
Fax 020 / 80 24 44
www.hotelsolitudo.com
Komfortable Zimmer in warmen Tönen, umgeben von Meeresbuchten und Pinienwäldern. In der Nähe befindet sich ein Tauchzentrum.

Geschichte Spuren auf Lastovo deuten auf eine zunächst illyrische, dann griechische und schließlich römische Besiedlung hin. Während andernorts an der kroatischen Adria seit dem hohen Mittelalter Venedig den Ton angab, wurde Lastovos Schicksal mehr von der Republik Ragusa/Dubrovnik bestimmt. Die Bewohner der Insel erkämpften sich allerdings ein erhebliches Maß an **Autonomie**. Mit Napoleon fand diese Unabhängigkeit ein Ende. Auf die französische Herrschaft folgte ein kurzes Zwischenspiel Englands von 1813 bis zum Wiener Kongress. Danach fiel Lastovo an Österreich, nach dem Ende der Habsburgermonarchie 1918 an Italien. Nach dem Zweiten Weltkrieg wurde die Insel jugoslawisch, und der letzte Krieg, von dem die Region betroffen war, machte aus der jugoslawischen eine kroatische Insel.

Sehenswertes auf Lastovo

Lastovo (Ort) **Hauptort der Insel** ist das an der Nordküste gelegene Dorf Lastovo, das sich halbkreisförmig um die Abhänge des Glavica-Bergs windet. Der Hafen von Lastovo liegt in der flachen Bucht Sveti Mihovil. Gleich am Ortseingang steht die spätgotische Votivkirche Sveti Vlaho (St. Blasius), die dem Schutzheiligen von Dubrovnik geweiht ist. In der gotischen Pfarrkirche am Hauptplatz, gegenüber der städtischen Loggia, ist die Pietà eines unbekannten venezianischen Meis-

Wehrmauer auf der Insel Lastovo

ters aus dem 16. Jh. zu bewundern. Das reich verzierte Taufbecken, gleichfalls im Stil der Renaissance, stiftete Boninus de Bonini; der berühmteste Bürger von Lastovo gilt auch als einer der Pioniere des europäischen Druckwesens. Oberhalb von Lastovo sind die Reste einer Festung zu sehen, die von den Venezianern zerstört wurde.

Ubli

Der Hafenort Ubli liegt im Südwesten der Insel an der Bucht Velo jezero. Hier legen die Fähren von Split bzw. Korčula an. Außer den Resten zweier **frühchristlicher Basiliken** hat Ubli keine Sehenswürdigkeiten zu bieten.

✶ Makarska

R 10

Höhe: 5 m ü. d. M.
Gespanschaft: Split-Dalmatien
Einwohnerzahl: 14 000

Bekannt ist Makarska (70 km südöstlich von ► Split) als touristischer Mittelpunkt der gleichnamigen Riviera, die sich zwischen Brela und Gradac erstreckt und zu den beliebtesten Baderevieren an der Küste Dalmatiens gehört. Während man an vielen Stellen der dalmatinischen Küste nur an felsigen Abschnitten oder kleinen Kiesbuchten baden kann, gibt es hier lange, schöne Sandstrände.

Geschichte

4. Jh.	Erste Erwähnung der antiken Siedlung
1499–1699	Die Türken herrschen in Makarska.
1797	Die Stadt fällt an Österreich.
1806–1813	Franzosen besetzen die Region.
1813–1918	Österreichische Herrschaft in Makarska
1962	Die Stadt erleidet durch ein Erdbeben erhebliche Schäden.

Makarska hatte viele Herren und wurde häufig zerstört. Die Siedlungsspuren in der Umgebung reichen zurück bis ins 3. und 2. Jahrtausend. Römer, Ostgoten, Byzantiner, kroatische Könige und bosnische Feudalherren beherrschten einst die Region. Später stritten sich die Venezianer, die Türken sowie Österreicher und Franzosen um die Vorherrschaft in der Region. Einen spürbaren Aufschwung erlebte die Stadt in den nur sieben Jahren französischer Verwaltung: Straßen wurden gebaut, alle Bürger erhielten gleiche Rechte und zum ersten Mal wurde eine Schulverordnung in kroatischer Sprache erlassen. Während der österreichischen Herrschaft erstarkte die prokroatische Volkspartei, und Makarska war eine der ersten Küstengemeinden, die 1865 Kroatisch zur Amtssprache erklärte. Im Zweiten Weltkrieg waren Makarska und vor allem das unzugängliche Hinterland des Biokovo ein Brennpunkt der Kämpfe.

MAKARSKA ERLEBEN

AUSKUNFT

Touristinformation Makarska
Obala Kralja Tomislava 16
21300 Makarska
Tel. 021 / 61 20 02
Fax 021 / 61 62 88
www.makarska-info.hr

VERANSTALTUNGEN

Mai: Kroatisches Festival der Mandolinenorchester in Imotski
August: Sommerkarneval
Juli/August/September: Kultursommer und Fischerabende

ESSEN

► Fein & teuer

Restoran Jež
Petra Krešimira IV 90
Makarska
Tel. 021 / 61 17 41
Das Jež gehört zu den Spitzenrestaurants Kroatiens. Lassen Sie sich von seinem schönen Ambiente überraschen und von den verschiedenen Vorspeisen aus Meeresfrüchten, Hummer und Seebarsch in Salz sowie leckeren Kuchen verwöhnen!

Restoran Kaštel
Tina Ujevića 17
Podgora
Tel. 021 / 62 52 62
Das Restaurant ist bekannt für seine feine internationale Küche sowie Fischspeisen, Krebse und Muscheln.

► Erschwinglich

Restoran Ivo
Ante Starčevića 41
Makarska
Tel. 021 / 61 12 57
Sowohl die Fisch-, als auch die Fleischgerichte in dem rustikalen kroatischen Restaurant sind ausgesprochen schmackhaft.

Restoran Susvid
Kačićev trg 8
Makarska
Tel. 021 / 61 27 32
Auch das Terrassenrestaurant Susvid hat Speisen aus ökologischem Anbau zu bieten, vor allem Gemüse und Salate mit Ziegenkäse. Feurig und deftig schmecken dagegen die Spieße »Marco Polo«.

Baedeker-Empfehlung

Ivanića Dvori
Banje 1, Brela
Tel. 020 / 61 84 07
Im alten Steinhaus kommen köstliche Fischgerichte auf den Tisch, die Terrasse öffnet den Blick aufs Meer.

ÜBERNACHTEN

► Luxus

Hotel Alga
Dračevice 35
21325 Tučepi
Tel. 021 / 60 12 02, Fax 60 12 04
www.hoteli-tucepi.com
Das vollklimatisierte Hotel an der Strandpromenade bietet viele Sportmöglichkeiten: Schwimmbäder, Fitness, Sauna und vieles mehr.

Hotel Soline
21322 Brela
Tel. 021 / 60 32 07, Fax 60 32 08
www.bluesunhotels.com
In Ortsrandlage ist das elegante und vollklimatisierte Hotel eingebettet in einen der dichten Kiefernwälder der Makarska Riviera. Es besteht aus mehreren Hotelflügeln, sodass man fast von jedem Zimmer den Meerblick genießen kann. Der feine Kieselstrand liegt vor der Tür.

▸ Komfortabel

Hotel Laurentum
Kraj 43
21325 Tučepi
Tel. 021 / 60 59 00
Fax 021 / 60 59 02
www.hotellaurentum.com
Das komfortable und vornehme Haus ist geschmackvoll im Biedermeierstil eingerichtet. Es hat eine herrliche Lage vor der Kulisse der felsigen Bergriesen der Makarska Riviera.

Hotel Marco Polo
Obala 15
21330 Gradac
Tel. 021 / 69 75 02
www.hotel-marcopolo.com
Das familiäre Boutique-Hotel bietet komfortable Zimmer. Schönes Wintergarten- und Terrassenrestaurant. Der Strand liegt direkt beim Hotel.

Hotel Marina
Trg Gospe od Karmela 1
21322 Brela
Tel. 021 / 60 86 08
Fax 021 / 60 86 10
www.bluesunhotels.com
Einfache, jedoch bequeme Zimmer, ruhige Lage neben einem Pinienwald.

CAMPING

Camping Dole
Živogošće
Tel. 021 / 62 87 49
Fax 021 / 62 87 50
www.hoteli-zivogosce.hr
Der 10 ha große Campingplatz liegt in einem schattigen Wald mit vielfältiger Vegetation, etwa 3 km hinter dem kleinen Ort Živogošće an der südlichen Makarska Riviera. An dem 700 m langen Badestrand wechseln sich malerische Kieselstein- und Felsenbuchten ab. Der nördliche Teil ist ein Nudistenstrand.

Wassersport wird an der Makarska Riviera groß geschrieben.

Makarska hat viele Strände und Plätze zum Baden. Und Makarska hat viele Gäste, für manch einen zu viele!

Baden/Tauchen

Der etwa 1 km lange **Hauptstrand** von Makarska liegt am Rande eines schattigen Pinienwalds auf der Halbinsel Sveti Petar. Die Westseite der Halbinsel wird von Naturisten bevorzugt. FKK-Freunde treffen sich zudem am Strand Nugal südlich von Makarska. Baden kann man auch an den Felsen auf der Halbinsel Osejava. Tauchausflüge organisiert das Diving Center »More Sub« in der K.P. Krešimira 43 (Tel./Fax 021 / 61 17 27, www.more-sub-makarska.hr).

Sehenswertes in Makarska

Kačićev trg

Dem Namensgeber des **zentralen Platzes**, Andrija Kačić-Miošić (► Berühmte Persönlichkeiten), wurde hier Ende des 19. Jh.s durch den Bildhauer Ivan Rendić ein Denkmal gesetzt.

Sveti Marko ►

Die Pfarrkirche Sveti Marko (St. Markus) an der Nordseite des Platzes wurde 1776 im Stil eines bescheidenen **Provinzbarock** erbaut. Venezianischer Einfluss ist am Campanile spürbar. In der Sakristei werden unter anderem Ikonen und eine kleine Sammlung mit Kirchengerät aufbewahrt. Der Brunnen an der Südseite der Kirche entstand etwa um dieselbe Zeit wie das Gotteshaus.

Ivanišević-Palast

Das **schönste profane Gebäude** der Stadt, der barocke Palast der Familie Ivanišević mit einem prächtigen, wohlproportionierten Innenhof, steht am Platz Jurjevićeva poljana. Über breite Treppen kann man von hier aus zum Ufer hinabsteigen.

Franziskanerkloster

Am Ostrand der Uferstraße Mala Obala (Kleines Ufer) wurde das Franziskanerkloster, erbaut auf einer Reihe von Vorgängerkirchen und -klöstern. Es erhielt sein heutiges Aussehen weitgehend zu Beginn des 17. Jahrhunderts. Der barocke Glockenturm wurde ein Jahrhundert später hinzugefügt. Insgesamt stellt der Komplex eine

bunte Stilmischung dar. Das mit einem schönen Kreuzgang ausgestattete Kloster birgt eine umfangreiche Bibliothek, eine Gemäldesammlung und in den Kellerräumen ein sehenswertes Muschelmuseum (Malakologisches Museum) mit Muscheln und Schnecken aus der ganzen Welt sowie Fossilien aus der Umgebung von Makarska.

✶ ✶ ◄ Muschelmuseum

An der Uferstraße stehen auch die barocke Philipp-Neri-Kirche aus dem 18. Jh., in einem Hof hinter ihr sind mehrere **römische Grabmäler** zu besichtigen, sowie ein **Denkmal für die Touristen**, ein flanierendes Paar mit einem Trolleykoffer, das an die über 100-jährige Tradition des Tourismus in Makarska erinnern soll.

Sveti Filip

Von den Halbinseln Sveti Petar und Osejava, zwischen denen die schmale Hafeneinfahrt liegt, hat man einen schönen Blick auf die Altstadt und das Biokovo-Massiv; hier liegen auch einige Hotels.

Halbinsel Sveti Petar

Zu Ehren des französischen Marschalls Marmont hat man an der Ausfallstraße nach Split ein auffallendes Denkmal in Form einer **Pyramide** errichtet. Eine Inschrift aus österreichischer Zeit erinnert an einen Besuch von Kaiser Franz Joseph I. in Dalmatien.

Denkmal für Marschall Marmont

✶ Biokovo-Gebirge

Hinter Makarska ragt das als Naturschutzgebiet ausgewiesene Biokovo-Massiv auf. Das Küstengebirge erstreckt sich über fast 40 km, ist aber zum Teil nicht breiter als 7 km. Es ist ein typisches Karstgebirge mit zahlreichen Höhlen und einer Hochfläche. Markierte Wege durchziehen das **ideale Terrain für Bergwanderer**. Auf den Sveti Jure, den höchsten Gipfel (1762 m), führt eine asphaltierte, schmale

Naturpark

Auf dem Weg zum Sveti Jure, dem höchsten Berg im Biokovo

und gebührenpflichtige Straße. Ihr Ausgangspunkt liegt etwa auf der Höhe von Podgora (wörtlich: unter dem Berg), 18 km südöstlich von Makarska. Auf dem Biokovo-Massiv wachsen zahlreiche, auch seltene Pflanzen. Einen Überblick über die artenreiche Flora des Naturparks vermittelt der Botanische Garten beim Bergdorf Kotišina, rund 4 km oberhalb von Makarska.

Podgora

Podgora mit malerischer Uferpromenade (4 km südlich von Tučepi) hat den Charme eines Fischerdörfchens teilweise bewahrt. Das Denkmal über dem Ort erinnert an den Beginn des Widerstands gegen die deutsche Besetzung durch die Gründung eines Marinestützpunkts 1942/43.

✶ Imotski

Imotski (66 km nordwestlich von Makarska) an der Grenze zur Herzegowina ist bekannt für seinen Wein – v. a. den weißen Kujundžuša – und zwei kleine, **ungewöhnliche Karstseen**, Blauer und Roter See. Der kleine Rote See (Crveno jezero) ist bis zu 500 m tief und eines der tiefsten Binnengewässer Europas (www.imotski.hr). Der Blaue See (Modro jezero), westlich von Imotski am Ortsrand, schwankt in der Wasserhöhe um bis zu 70 cm; in heißen Sommern versiegen die ihn speisenden Wasserfälle und sein Grund trocknet aus – dann werden hier traditionelle Fußballspiele ausgetragen.

✶ Makarska Riviera

Üppige Vegetation vor gewaltiger Kulisse

Sand- und Kiesstrände, ansonsten eher selten an der kroatischen Küste, eine üppige mediterrane Vegetation und dahinter die gewaltige Kulisse des karstigen Biokovo-Massivs machen die Makarska Ri-

Makarska Riviera abseits der touristischen Zentren

viera zu einem **einzigartigen Küstenabschnitt**. Der etwa 60 km lange Küstenstreifen zwischen Brela im Norden und Gradac im Süden avancierte in den 1950er-Jahren zu einer der wichtigsten Fremdenverkehrsregionen Jugoslawiens mit einem großen Sport- und Unterhaltungsangebot.

Brela

Das von einem Pinienwald umgebene Seebad Brela oder – wie es auch genannt wird – Donja Brela, (17 km nordwestlich von Makarska) liegt unterhalb der Küstenstraße und bleibt dadurch vom Durchgangsverkehr verschont. Gepflegte Sand- und Kiesstrände, zum Teil von dichten Föhrenwäldern eingerahmt, laden hier zum Baden ein. Die vielen, vrulje genannten **Süßwasserquellen** im Meer verleihen dem Wasser hier eine besondere Färbung. Sehenswert in Brela ist die Ruine der Herzog-Festung oberhalb des Orts sowie die 1728 vollendete kleine Kirche »Unsere Liebe Frau vom Karmel«.

Tučepi

Knapp 4 km südöstlich von Makarska erreicht man Tučepi. Der Touristenort liegt besonders reizvoll an den Ausläufern des Biokovo-Massivs, dessen Steilhänge nur wenige Kilometer hinter der Küste fast senkrecht aufsteigen. In Tučepi finden sich etliche Hotels, Bungalows und Appartements sowie ein langer, feiner Kiesstrand. Skippern steht eine Marina zur Verfügung. Im alten Ortszentrum steht die **Georgskirche** (Sveti Juraj) aus dem 15. Jh., bei deren Bau auch römische Kapitelle Verwendung fanden. Neben der Kirche sind zwei Bogumilengrabsteine zu sehen. Am Ufer sind noch einige **barocke Sommervillen** kroatischer Familien erhalten.

Gradac

Rund 40 km südöstlich von Makarska, hinter Gradac, endet die Makarska Riviera und die Küstenmagistrale wendet sich in Richtung Neretva-Delta landeinwärts. Gradac besitzt noch einen alten Ortsteil, der auf einer Landzunge liegt, und einen der **längsten Strände** an diesem Küstenabschnitt.

Mljet

S–V 13

Höhe: 0 – 512 m ü. d. M.
Einwohnerzahl: 1100
Gespanschaft: Dubrovnik-Neretva

Es wird behauptet, Homer habe, als er das verzauberte Eiland Ogygia beschrieb und von Odysseus und Calypso erzählte, Mljet im Auge gehabt. Auch heute noch genießt die fast zu drei Vierteln mit Wald bedeckte Insel den Ruf, ein stilles Naturparadies zu sein – nicht ohne Grund wurde ein Teil von Mljet zum Nationalpark erklärt.

Typisch mediterran

Die vielfältige Pflanzenwelt auf der südlichsten der großen Adriainseln Kroatiens ist typisch mediterran. Neben Föhren-, Kiefern-

und Steineichenwäldern wachsen Mastixsträucher, Myrte, Lorbeer, Johannisbrot- und Ölbäume. Viele seltene Vögel, aber auch zahlreiche Eidechsenarten sind auf Mljet zu Hause. Zum Kampf gegen die giftigen Schlangen wurden von den Inselbewohnern Mungos eingeführt. Offenbar haben die Mungos ganze Arbeit geleistet, denn es gibt inzwischen kaum noch Schlangen. Die Seen hingegen sind seit eh und je reich an Muscheln.

Geschichte Mljet war seit den Illyrern kontinuierlich besiedelt. Davon zeugen Steinanhäufungen von illyrischen Festungen, römische Gräber und die Reste einer römischen Villa rustica in Pomena. Die Römer nannten die Insel »Melita«, ein Name, der auf die griechische Bezeichnung für Honig zurückgeführt wird. Im Unterschied zu den meisten Küstenstädten Dalmatiens waren unter den Besitzern von Mljet nach dem Ende der römischen Herrschaft fast nur regionale Fürsten. Einer dieser Fürsten vermachte das Eiland um die Mitte des 12. Jh.s **Benediktinern** aus Apulien, die sich daraufhin auf Mljet niederließen und bis ins 19. Jh. das gesellschaftliche und wirtschaftliche Leben der Insel nachhaltig prägten. Im 14. Jh. wurde Mljet der Republik von Ragusa (Dubrovnik) angeschlossen, die einen Statthalter auf die Insel entsandte. Nach dem Niedergang der Stadtrepublik fiel Mljet zunächst unter französische Verwaltung (1808 – 1813), danach war es bis 1918 Teil von Österreichisch-Dalmatien.

Sehenswertes auf Mljet

✶ Nationalpark Mljet Im Mittelpunkt des Nationalparks, der den gesamten Westen von Mljet einnimmt, stehen die beiden **natürlichen Salzseen** Veliko jezero (Großer See) und Malo jezero (Kleiner See). Ursprünglich waren diese Seen Karstfelder, die sich nach der letzten Eiszeit durch das Ansteigen des Meeresspiegels mit Wasser füllten. Das Wasser strömte durch einen schmalen Verbindungskanal herein. Dieser Kanal hatte um das Jahr 1960, als der Nationalpark gegründet wurde, eine Breite von 4 m und eine Tiefe von etwa einem halben Meter. Um auch größeren Schiffen die Einfahrt vom Meer in den See zu ermöglichen, wurde der Kanal verbreitert und gleichzeitig auf 2,60 m vertieft. Auch die Seen sind durch einen 30 m langen und 2,5 m breiten Wasserweg miteinander verbunden. Die starke Strömung in beiden Kanälen nutzte man im Mittelalter zum Antrieb von Mühlen. Der Salzgehalt der Seen, in denen man übrigens an den ausgewiesenen Stellen auch baden darf, ist wegen des Zuflusses von Süßwasser etwas niedriger als der des Meeres, die Wassertemperatur im Sommer um etwa 4 °C höher.

Das Benediktinerkloster auf der Marieninsel im Nationalpark Mljet wurde im 12. Jh. errichtet, später erweitert und umgebaut. →

Klosterinsel Sveta Marjia ✶ Auf der kleinen Marieninsel im Großen See errichteten die Benediktiner im 12. Jh. ein Kloster, das später erweitert und umgebaut wurde. Die Abteikirche Sveta Marija, ein einschiffiger Bau, weist Merkmale der apulischen Romanik auf. Den Renaissancevorbau der Kirche aus dem 15./16. Jh. schmückt das Wappen der einheimischen Stifterfamilie Gundulić. Aus der gleichen Zeit stammen der Wehr-

MLJET ERLEBEN

AUSKUNFT

Touristinformation Babino Polje
Zabrežje 2
20225 Babino Polje
Tel./Fax 020 / 74 51 25

Touristinformation Goveđari
Tel./Fax 020 / 74 40 86

Nationalparkverwaltung Mljet
Pristanište 2
20226 Goveđari
Tel. 020 / 74 40 41, Fax 74 40 43
www.np-mljet.hr

Nationalpark Insel Mljet

ANREISE

Die kürzeste Fährverbindung verläuft zwischen Prapratno (Halbinsel Pelješac) und Sobra (Insel Mljet), eine weitere ab Dubrovnik.

ESSEN

▸ Erschwinglich

Konoba Nine
Pomena 6
Goveđari
Tel. 020 / 74 40 37
Unweit von der Anlegestelle und dem Atlas-Hotel Odisej befindet sich eine kleine, familiäre Konoba mit schöner Terrasse. Der Besitzer, Pero Matana, bietet knusprig frisches Brot zu hausgemachten Leckereien wie Käse, Schinken und Orangensaft an. Auch seinen goldgelben Inselwein sollte man unbedingt probieren! Er besticht durch seine feinwürzige und ausbalancierte Edelsüße.

ÜBERNACHTEN

▸ Komfortabel

Hotel Odisej
20226 Pomena, Mljet
Tel. 020 / 6 21 11
Fax 020 / 47 57 93
www.hotelodisej.hr
Vom Odisej aus kann man den wunderschönen Nationalpark der Insel Mljet erkunden. Das moderne Hotel am kleinen Hafen von Pomena bietet viel Ruhe und Abgeschiedenheit.

turm über dem Atrium und die Sakristei. Im Stil des Barock wurden später zwei Kapellen hinzugefügt. Die um einen Kreuzgang angelegten Klostergebäude erweiterten die Mönche im 16. Jh. um einen zweistöckigen Renaissancebau. Das Kloster beherbergt heute ein Restaurant, das ausschließlich im Sommer betrieben wird.

Pomena

An der geschützten Bucht von Pomena liegt das **einzige konventionelle Hotel der Insel,** das Odisej. Außerdem befinden sich hier ein kleiner Hafen, mehrere Lokale und eine Tauchbasis. Das Hotel Odisej unterhält einen Bootsservice zur vorgelagerten FKK-Insel Pomeštak. Zudem kann man im Hotel Kanus, Ruderboote, Surfbretter und Fahrräder mieten.

Polače

Einst hatte hier eine römische Patrizierfamilie ihre Sommerresidenz, heute liegt in der geschützten Bucht an der Nordseite der Insel Mljet der kleine Fährhafen Polače. Der Ortsname weist auf den spätantiken Palast (kroatisch: palača), vom dem tatsächlich Reste gefunden wurden. Westlich des Palasts sind noch zum Teil die Mauern einer frühchristlichen Basilika erhalten, deren Benutzung sich vom 5./6. bis zum 12. Jh. verfolgen lässt. Auch östlich des Palasts entdeckten Archäologen Spuren zweier Basiliken, die ins frühe Mittelalter oder sogar in die Spätantike zu datieren sind.

Babino Polje

Mit 500 Einwohnern ist Babino Polje die größte Siedlung der Insel. Die Ortschaft liegt ziemlich genau in der Mitte Mljets, am Fuß des Veli Grad, der höchsten Erhebung auf dem Eiland (512 m). In der Nähe befinden sich auch einige **Tropfsteinhöhlen**.

Neum

U 12

Höhe: 5 m ü. d. M.
Einwohnerzahl: 1000
Region: Bosnien-Herzegowina

Der Küstenort Neum, 75 km nordwestlich von Dubrovnik, nimmt an der dalmatinischen Küste eine Sonderstellung ein, liegt er doch an einem kaum mehr als 24 km breiten Küstenstreifen, der zu Bosnien-Herzegowina gehört. Er sichert der Teilrepublik somit einen Zugang zum Meer.

Überwiegend kroatisch

Als Tito die Grenzen der jugoslawischen Teilrepublik Bosnien-Herzegowina nach dem Ende des Zweiten Weltkriegs festlegte, verschaffte er ihr an der kroatischen Küste einen schmalen Zugang zum Meer. Bereits die Türken hatten an dieser Stelle einen Korridor zur Küste, während sich im Norden die venezianischen Besitzungen Dalmatiens und im Süden das Hoheitsgebiet der Republik Dubrovnik anschlossen. In der Zeit des sozialistischen Jugoslawiens machte in Neum vor

NEUM ERLEBEN

AUSKUNFT

Hotelinformationen
www.hercegovina.ba

VERANSTALTUNGEN

Mai: Folkloreschau in Metković
2. Samstag im August: Rennen der Trupas, der neretvanischen Boote, im Neretva-Delta

ESSEN

► **Preiswert**
Villa Nova
Primorska 7 88390 Neum
(Bosnien-Herzegowina)
Tel. 00387 / (0)36 / 88 52-20, Fax -25
www.villa-nova.info
Kleines, familiäres Hotel mit Privatstrand, hellen Zimmern und Appartements, das vom heimischen Hotelverband ausgezeichnet wurde.

ÜBERNACHTEN/ESSEN

► **Günstig**
Hotel Villa Neretva
Krvavac 2 pp 84, 20350 Metković
Tel. 020 / 67 22 00, Fax 67 11 99
www.hotel-villa-neretva.com
Die kleine, private Pension bietet hübsche Zimmer in schlichtem, mediterranem Stil. In dem typischen neretvanischen Haus kommen Spezialitäten aus der Region auf den Tisch.

allem die »neue Klasse« der Parteifunktionäre Urlaub. Zahlreiche Wochenendhäuser und Hotelburgen aus Beton entstanden. Schon damals war die Mehrheit der Bevölkerung – wie auch in anderen Orten der westlichen Herzegowina – kroatisch. Heute, seit der internationalen Anerkennung der Republik Bosnien-Herzegowina, gehört Neum zum kroatischen Teil des in zwei Gebiete – die **Bosniakisch-Kroatische Föderation** und die Republika Srpska (Serbische Republik) – aufgesplitteten Staats. Die Währung, mit der man hier zahlt, ist die kroatische Kuna. Und auch telefonisch ist Neum wie die gesamte Westherzegowina längst an Kroatien angeschlossen.

Die Bucht von Neum ist seicht, der sanft abfallende Strand für Kinder zum Baden gut geeignet. Allerdings sind die schmalen, kleinen Strände auch rasch überfüllt und die Hotels, wiewohl zum Teil gut ausgestattet, entsprechen nicht unbedingt den heutigen Vorstellungen von einem sanften Tourismus.

? WUSSTEN SIE SCHON ...?

- ... dass die Religion der Bogumilen auch Elemente des Islam aufweist? Einige Historiker behaupten, die Anhänger der bogumilischen Religionsgemeinschaft seien in Scharen zum Islam übergetreten, nachdem die Türken im 15. Jh. auf den Balkan vorgedrungen waren.

Umgebung von Neum

An eine mittelalterliche Religionsgemeinschaft erinnern die sogenannten Stećci (Singular: stećak), auf die man in der Umgebung von Neum, aber auch im Umland von Makarska und Dubrovnik stößt. Die sarkophagartigen, mit Inschriften, symbolischen Zeichen und geometrischen Mustern verzierten Grabsteine zählen zu den interessantesten Beispielen mittelalterlicher Sepulkralkunst in Europa und sind besonders häufig in der Nähe von Stolac, im Hinterland von Neum, zu finden. Sie wurden vor allem von den **Bogumilen** aufgestellt, einer christlichen Religionsgemeinschaft mit slawischer Liturgie, die katholische und orthodoxe Elemente vereinte. Die Bogumilen waren hauptsächlich auf dem Gebiet des heutigen Bosnien-Herzegowina, zwischen dem Fluss Drina und der Adria bis Zadar, über drei Jahrhunderte lang beheimatet.

Narona

Die griechische Siedlung Narona, die bereits im 4. Jh. erwähnt wird, entwickelte sich unter den Römern zu einem bedeutenden Wirtschaftszentrum – bis sie im 7. Jh. völlig verlassen wurde. Ausgrabungen des Augustustempels und der antiken Stadtmauer können besichtigt werden. Anreise: In Metković der Beschilderung in Richtung Vid folgen.

★ Mostar

Von Neum aus sind es gut 70 km nach Mostar. Die Metropole der Herzegowina, früher ein wichtiger Verkehrsknotenpunkt zwischen Küste und Binnenland, war im früheren Jugoslawien eine der größten touristischen Attraktionen auf dem Balkan – wegen ihrer herrlichen Moscheen, der 1556 unter türkischer Herrschaft erbauten und 1566 vollendeten Alten Brücke (Stari most) über die Neretva und vieler anderer bedeutender Bauwerke. Im Krieg hat vor allem die historische Altstadt gelitten; manche Sehenswürdigkeit ist zerstört worden, so auch die Stari most. Sie wurde am 8. November 1993 von kroatischen Panzergranaten gesprengt. Die Brücke galt als **Symbol des friedlichen Zusammenlebens** von Kroaten und Muslimen. Heute ist die Stadt faktisch in zwei Hälften geteilt, die westliche kroatische und die östliche muslimische. Mithilfe der UNESCO wurde die Alte Brücke bis 2004 originalgetreu wieder aufgebaut. Ob sich dadurch die Menschen näher kommen, wird die Zukunft zeigen. Seit 2005 gehört sie jedenfalls zum UNESCO-Welterbe.

Mostar – eine geschundene Stadt! Es wird noch Jahre dauern, bis die Spuren des letzten Kriegs beseitigt sind.

Međugorje Auf halbem Wege nach Mostar, ebenfalls in Bosnien-Herzegowina, befindet sich die **Marienwallfahrtsstätte** Međugorje – wie alle Pilgerstätten mit vielen Souvenirläden und großen Busparkplätzen. Im Jahr 1981 wollen hier einige Kinder eine himmlische Erscheinung gesehen haben. Seither ist der Ort zu einem Magneten in der katholischen Welt geworden.

Neretva-Delta Neum liegt am südöstlichen Rand des Neretva-Deltas, das wegen seiner Geschichte, aber auch wegen seines eigenartigen landschaftlichen Charakters Erwähnung verdient. Die 218 km lange Neretva ist der größte Fluss im Gebiet der östlichen Adria. Über weite Strecken ist sein Tal ein Canyon. Einen ganz anderen Charakter hat das etwa 100 km^2 große, insgesamt zwölf Flussarme umfassende, überwiegend sumpfige Mündungsgebiet. Es ist die Heimat vieler seltener Tierarten und zugleich Rastplatz für Zugvögel auf ihrem Flug nach Afrika.

Neretvanska krajina ► Die historische Landschaft des Neretvanischen Grenzlands (Neretvanska krajina), das vom Delta bis hinauf nach ►Omiš reichte, ging vor allem wegen ihrer **berüchtigten Seeräuber** in die Geschichte ein. Zeitweise gehörten sogar die Inseln Brač, Hvar, Korčula und Mljet zu ihrem Herrschaftsbereich. Zwischen dem 9. und dem beginnenden 11. Jahrhundert bedrohten die Neretvaner den venezianischen Handel in der Adria und kassierten für die freie Durchfahrt Tributzölle. Im 12. und 13. Jahrhundert waren die Fürsten aus dem Geschlecht der Kačić aus Omiš die unumstrittenen Herren des neretvanischen Grenzlands (►Omiš).

Im Neretva-Delta

★ Omiš

P 9

Höhe: 5 m ü. d. M. **Einwohnerzahl:** 6000
Gespanschaft: Dalmatien-Split

Wer sich die Lage des kleinen Küstenstädtchens Omiš an der Mündung der Cetina ins Meer vergegenwärtigt, ahnt von seiner Uneinnehmbarkeit. Die Häuser drängen sich zwischen hohe, steil abfallende Kalksteinfelsen, die den Ausgang eines Canyons markieren. Dank der Ablagerungen der Cetina kann sich Omiš eines passablen Sandstrands rühmen.

Poljica

Es bietet sich aber auch an als Ausgangspunkt für Erkundungen ins reizvolle Hinterland, die sogenannte Poljica an den Hängen des Mosor-Gebirges. Rund 20 km südöstlich von Omiš, auf halbem Wege nach ► Makarska, führt eine eindrucksvolle, gleichsam in den Stein gehauene Straße in Serpentinen nach Imotski und von dort weiter nach Mostar (► Neum, Umgebung) in Bosnien-Herzegowina.

Piratennest

Omiš war von illyrischen Stämmen ebenso besiedelt wie später von den Römern. Die interessanteste Epoche der Stadt begann im frühen Mittelalter, als Omiš zeitweise zum wichtigsten Stützpunkt der neretvanischen Seeräuber avancierte. Diesen Piraten, die ihren eigentlichen Machtbereich ursprünglich im weiter südlich gelegenen Neretva-Delta hatten, gelang es sogar, das mächtige Venedig herauszufordern: Eine Zeit lang zahlten die Venezianer den Neretvanern Tribut für die freie Schifffahrt in der Region.
Ungefähr ein Jahrhundert lang gehörte die Stadt zum bosnischen Königreich, bis sie im Jahr 1444 schließlich an die große Handelsmacht Venedig fiel, deren Herrschaft bis zum Jahr 1797 währte. Die Stadt war in jener Zeit sehr gut befestigt, und obwohl die Türken lange Zeit das gesamte Hinterland kontrollierten, konnten sie Omiš nicht einnehmen.

> **!** *Baedeker* TIPP
>
> **Cetina-Schlucht**
>
> Eine ausgesprochen schöne Wanderung führt durch die wildromantische Cetina-Schlucht vorbei an den Wasserfällen Velika und Mala Gubavica (6 km). Zur Stärkung lädt das Gasthaus im Ausflugsort Radmanove mlinice (Radmans Mühlen, Tel. 021 / 86 20 73) am östlichen Ende der Schlucht ein.

Sehenswertes in Omiš und Umgebung

Stadtbefestigung

Von der einstigen Stadtbefestigung sind noch Teile der Stadtmauer, ein quadratischer Turm und die Ruinen der über 300 m hoch gelegenen **Festung Starigrad** (Fortica) erhalten. Der Aufstieg zur Festung ist recht anstrengend, lohnt sich aber vor allem wegen der Aussicht auf die Stadt und die mitteldalmatinische Inselwelt.

Altstadt Die Stadt wird von der langen, verwinkelten Hauptstraße durchquert, die das venezianische Seetor mit dem alten Flusshafen, dem mittelalterlichen Zentrum der Stadt, verbindet. Obwohl Omiš klein ist, finden sich hier einige schöne Bürgerhäuser und Palais aus verschiedenen Stilepochen vom Barock bis zum Jugendstil.

Sveti Mihovil An der Hauptstraße steht die 1629 erbaute Pfarrkirche Sveti Mihovil (St. Michael) mit einem bemerkenswerten Portal und – im Inneren – zwei Gemälden des Malers Matteo Ingoli aus Ravenna.

Stadtmuseum Das Stadtmuseum in der Kačićeva ulica 5 zeigt ethnografische und archäologische Exponate. Außerdem ist hier eine Sammlung zeitgenössischer bildender Kunst aus Kroatien untergebracht.

Sveti Duh, Sveti Rok Die kleine Heiliggeistkirche (Sveti Duh), westlich der Pfarrkirche Sveti Mihovil an derselben Straße, bildet zusammen mit dem städtischen Uhrturm und der Rochuskirche (Sveti Rok) ein hübsches Ensemble. Sveti Duh wurde im 16. Jh. im Stil der Renaissance errichtet. Das Altarblatt wird dem venezianischen Maler Palma Giovane zugeschrieben. Gleich neben dem Uhrturm führt ein Weg in den oberen Teil des Städtchens mit der Festung Mirabela.

Zwischen hohe Felsen gezwängt: Omiš

OMIŠ ERLEBEN

AUSKUNFT

Touristinformation Omiš
Trg kneza Miroslava bb
21310 Omiš
Tel./Fax 021 / 86 13 50
www.tz-omis.hr

VERANSTALTUNGEN

Mai: Meisterschaft im Rafting
Juli: Festival der dalmatinischen Klapa (Männerchöre)
Juli/August: Kultursommer mit musikalischen Veranstaltungen

ESSEN

► **Erschwinglich**

Restoran Kaštil Slanica
Kanjon Cetine
Omiš
Tel. 021 / 86 17 83
Im Mittelalter stand hier ein Kastell, das dem Salzhandel diente. In herrlicher Lage am felsengesäumten Fluss Cetina (4 km von der Mündung entfernt) lässt man sich u. a. mit Aalen am Spieß verwöhnen. Das knusprige Brot dazu wird unter einer gusseisernen Haube gebacken.

Restoran Ljetni San
Ruskamen 45
Lokva Rogoznica
Tel. 021 / 87 14 77
Der Name des Restaurants verspricht so einiges: »Sommertraum«. Man sitzt unter dalmatinischen Steinarkaden mit herrlichem Blick auf das Meer, etwa 5 km südöstlich von Omiš oberhalb der Adriamagistrale. Neben ausgefallenen Leckereien stehen etwa 30 Riesenpizzas, 40 verschiedene Desserts und 30 Weinsorten zur Auswahl.

ÜBERNACHTEN

► **Komfortabel**

Sagitta Village
Tel. 021 / 75 52 22 (Rezeption)
Tel. 020 / 628 20, Fax 36 28 30 (Reservierung)
www.adriastar-hotels.hr
Die vollständig renovierte Ferienanlage liegt unterhalb steiler Bergriesen in einem Pinienwäldchen am Meer. Man kann im Hotel oder in einstöckigen Pavillons und Bungalows wohnen. Die Ferienanlage ist auch ein guter Ausgangspunkt für Rafting- und Kanutouren auf der Cetina.

CAMPING

Autokamp Galeb
Vukovarska bb, Omiš
Tel./Fax. 021 / 86 44 30
www.galeb.hr
In schöner Landschaft, an der Mündung der Cetina gelegenes Wiesengelände (zwischen Küstenstraße und Meer). Die Sanitärausstattung ist gut, der 400 m lange Sandstrand ideal für Kinder. Mit Boots- und Kajakverleih.

★★ Prijeko Sveti Petar

Am gegenüberliegenden Ufer der Cetina, auch Prijeko genannt, steht die vorromanische, altkroatische Peterskirche. Das kleine einschiffige Gotteshaus aus dem 10. Jh. zählt zu den **schönsten Bauwerken** dieser Epoche an der dalmatinischen Küste. Die Kirche ist von einer kleinen Kuppel überwölbt und im Gegensatz zu anderen Bauwerken aus dieser Zeit an der Außenseite prägnant gegliedert.

✶ Pag

C–F 1–4

Höhe: 0 – 349 m ü. d. M. **Einwohnerzahl:** 8000
Gespanschaft: Zadar

Wer mit der Fähre von Prizna nach Žigljen auf der Insel Pag übergesetzt hat, glaubt, auf dem Mond gelandet zu sein: Geröllhalden und kahle Felsen, von Sonne und Wind ausgebleicht – das ist der erste Eindruck von Pag. Im Westen und Süden der Insel, wo es auch Strände und Häfen gibt, wird die Landschaft allerdings lieblicher, außerdem eignet sich die bizarre Felslandschaft hervorragend zum Klettern und Radfahren bzw. Wandern.

Karge Insel

Pag ist mit Cres in der Kvarner Bucht und ►Hvar **eine der längsten Adriainseln**: Von Nordwesten nach Südosten erstreckt sie sich auf einer Länge von 63 km. Der Velebit-Kanal trennt das lange, aber schmale Eiland – im Norden ist sie zum Teil nur 1,5, im Süden bis zu 10 km breit – vom Festland. Die enorme Küstenlänge von 250 km verdankt die Insel ihren zahlreichen, zum Teil tief einschneidenden Buchten. Gewiss ist die Insel Pag nicht jedermanns Geschmack, denn sie ist karg und kahl wie kaum eine andere der großen Adriainseln. Wegen der starken Bora ist die dem Festland zugewandte Seite der Insel beinahe ohne jede Vegetation. Auffällig sind die unzähligen, mühsam aufgeschichteten Steinmauern, die den Schafen Schutz vor der Bora gewähren. Im Südwesten zeigt sich die Insel dann doch etwas anders: Hier gedeihen zumindest halbhohe Macchia, Olivenhaine, Gemüsefelder und jede Menge Salbei. Die Tierwelt ist so bizarr wie die Landschaft: Neben Eidechsen gibt es viele Schlangen – die meisten sind ungiftig –, Skorpione und Spinnen, darunter auch die Schwarze Witwe. Die **Schafzucht** spielt eine herausragende Rolle im Wirtschaftsleben der Bewohner.

Flora und Fauna ►

! *Baedeker* TIPP

Würzige Delikatesse

Wussten Sie, dass die Qualität des berühmten Pager Schafskäses und des beliebten Lammfleisches von den Kräutern, mit denen sich die Schafe ernähren, und von der salzigen Meeresluft herrührt? Zehn Monate grasen die Tiere auf den karstigen Kräuterweiden. Wer sich für die Käseherstellung interessiert, sollte eine Molkerei besuchen: Das Touristenbüro in Pag organisiert derartige Visiten, man kann aber auch auf eigene Faust eine »Sirana« anfahren.

Pag ist eine ungewöhnlich karge Insel, aber keinesweg ohne Reiz. Die Vegetation fällt zwar etwas dürftig aus, dafür beleben Schafe die Szenerie.

Pager Käse

Berühmt ist die steinerne Hirteninsel für ihren würzigen Paški sir, eine luftgetrocknete Hartkäsedelikatesse, die man in den Konobas der Adriaküste gern zusammen mit deftigem Räucherschinken (pršut) genießt. Dazu verkostet man kühlen Wein – vielleicht einen Paški Gegić, denn karges Gestein bringt auch guten Rebensaft hervor – und knabbert knuspriges Weißbrot. Von April bis September ist der beliebte Käse Mangelware, da die Milchproduktion saisonalen Schwankungen ausgesetzt ist und sich im Sommer zudem die vielen Touristen über den Käse hermachen.

Baden

Die Bademöglichkeiten auf Pag beschränken sich weitgehend auf die **Westküste**. Einzige Ausnahme ist die von kahlen Höhenzügen umgebene Bucht der Stadt Pag. Nahe Caska gibt es einen großen und schönen Kiesstrand; gleich dahinter liegt eines der wenigen Wäldchen der Insel. In der Nähe des Ortes Kolan, knapp 10 km südöstlich von Novalja, befindet sich ein flacher Sandstrand, der auf einem holprigen Karrenweg zu erreichen ist. Das Wasser ist hier seicht und somit auch für kleine Kinder gut geeignet. Betonierte Liegeflächen oder felsige Küstenabschnitte gibt es in Mandre, Košljun und Miškovići. Skipper finden im ACI-Hafen von Šimuni an der Westküste alle nötigen Einrichtungen.

Sport/Freizeit

Das Touristenamt hat eine **Wander- und Radkarte** mit 14 Touren herausgegeben. Die Gesamtstrecke der einfach zu fahrenden Biking-Touren beträgt rund 150 km. Die karge Mondlandschaft mit dem Fahrrad zu erkunden ist ein besonderes Erlebnis! Die Routen hat man unter verschiedenen inhaltlichen Aspekten geplant, wie zum Beispiel die Salz-, Wein- oder Steinbruchroute. Auch **Klettersport-**

lern bietet die Insel reizvolle Möglichkeiten: Wenige Kilometer von Pag entfernt ragen die Felswände Zamak und Stogaj auf. An den bizarren Felsen schweben die Kletterer über dem Blau des Meeres. Die Felswände sind bis zu 35 m hoch und bieten 13 Kletterpfade mit Schwierigkeitsgraden von 4b bis 7c.

PAG ERLEBEN

AUSKUNFT

Tourismusverband Pag
Od Špitala 2
23250 Pag
Tel./Fax 023 / 61 13 01
www.pag-tourism.hr

ANREISE

Wer von Norden kommt, erreicht die Insel am schnellsten mit der Fähre von der Anlegestelle Prizna aus, etwa 14 km nördlich von Karlobag. Die Überfahrt dauert gut 15 Minuten. In der Hauptsaison ist mit Wartezeiten zu rechnen. Die Südspitze der Insel ist durch eine Brücke (Paški most) mit dem Festland verbunden.

ESSEN

► Fein & teuer

Restoran Biser
A.G. Matoša 8
Pag (Stadt)
Tel. 023 / 61 13 33
Eines der besten Restaurants Kroatiens! Umgeben von duftenden Blüten und etwa 50 Gemälden, sitzt man direkt am Meer – entweder in dem vollklimatisierten Wintergarten oder auf der idyllischen Terrasse. Auf einer 10 m² großen Wand im Restaurant wurde mit Ölfarbe ein Panoramabild der Stadt Pag gemalt.

► Preiswert

Gostionica Izletište
Zadarski put 6
Pag (Stadt)
Tel. 023 / 61 18 76
Das Restaurant hat sich auf Pager Käse und Pager Rohschinken spezialisiert.

ÜBERNACHTEN

► Komfortabel

Hotel Biser
A.G. Matoša 8
23250 Pag
Tel. 023 / 61 13 33
Fax 023 / 61 14 44
www.hotel-biser.com
Von dem privaten Haus an der Bucht von Pag hat man einen schönen Blick zur Stadt. In der Nähe befindet sich ein feiner Sandstrand.

► Günstig

Hotel Luna
Jakišnica bb
53294 Lun
Tel. 052 / 46 50 00
Fax 052 / 42 30 73
www.valamar.com/luna-hotel-pag
Ruhiges, neueres Strandhotel am Felsplateau, nahe des Fischerdorfs Jakišnica, im Nordwesten der Insel.

Hotel Boškinac
Novaljsko polje bb
53291 Novalja
Tel. 053 / 66 35 00
Fax 053 / 66 35 01
www.boskinac.com
Die Zimmer in dem Familienhotel versprühen mediterranes Flair. Im dazugehörenden Restaurant wird Lammstrudel mit Rosmarin serviert. Für Gruppen Weinprobe im Gewölbekeller.

Geschichte

Pag war bereits in vorgeschichtlicher Zeit besiedelt. Illyrer, Römer, Slawen und Awaren siedelten auf der Insel. Da Byzanz offensichtlich kein Interesse an Pag zeigte, blieb die Insel im Mittelalter die meiste Zeit kroatisch. Später versuchten wegen der **Salzgewinnung** auf Pag immer wieder fremde Herren, die Insel unter ihre Herrschaft zu bringen. Unter den Habsburgern, die 1797 die Venezianer (seit 1409) ablösten, erlebte Pag einen wirtschaftlichen und kulturellen Aufschwung, u. a. wurde die Salzgewinnung erheblich ausgeweitet. Im April 1941 besetzte das faschistische Italien die Insel, die seit 1918 zum Königreich der Serben, Slowenen und Kroaten gehört hatte. In der Bucht Slana nahe der Stadt Pag wurde ein Konzentrationslager eingerichtet, in dem Tausende von Juden, Serben, Kroaten und andere ihr Leben verloren. Auf die italienische Besatzung folgte nach der Kapitulation Roms die deutsche. Am 5. April 1945 wurde Pag befreit. Zu Beginn der 60er-Jahre des 20. Jh.s entwickelte sich allmählich der Tourismus.

✶ Pag (Stadt)

Renaissancestadt

Die kleine Inselhauptstadt – mit ihren 2300 Einwohnern eher ein Dorf – liegt in einer der Festlandsküste zugewandten, geschützten Bucht, in der früher auch Salz gewonnen wurde. Die Stadt erhielt im Jahr 1244 den Status einer autonomen Kommune. Nach Plänen von **Juraj Dalmatinac** (► Berühmte Persönlichkeiten), dem berühmtesten dalmatinischen Baumeister der Renaissance, entstand ab dem Jahr 1443 die neue, geometrisch angelegte Stadt Pag, die ihr ursprüngliches Ortsbild bis heute weitgehend bewahren konnte.

Marktplatz

Im Schnittpunkt der beiden sich rechtwinklig kreuzenden Hauptachsen, die die Stadt in vier Quartiere aufteilen, befindet sich der große gepflasterte Marktplatz mit dem Denkmal des Baumeisters und Künstlers Dalmatinac und der von 1443 bis 1488 entstandenen Pfarrkirche **Sveta Marija** (St. Maria). Die dreischiffige Basilika weist sowohl Stilmerkmale der Gotik als auch der Renaissance auf. Ihre Eingangsseite ist ein bekanntes Postkartenmotiv: Über dem Portal schmückt ein schönes Relief der Muttergottes die Fassade. Aufmerksamkeit verdient aber vor allem die reich verzierte, **spätgotische Fensterrose**, die von zwei Figuren, dem Erzengel Gabriel und Maria, flankiert wird.

Der Rektorenpalast (Knežev dvor), ebenfalls am Hauptplatz, wurde

! *Baedeker* TIPP

Pager Spitze

Die Pager Spitze wird nicht geklöppelt oder gehäkelt, sondern genäht. Dabei bleiben beim Herausziehen der Fäden Hilfsfäden im Gewebe erhalten, die zu geometrischen Ornamenten verarbeitet werden. Das Rosettenmotiv der Pager Spitzen ist angelehnt an die filigrane Blumenrosette oberhalb des Kirchenportals von Sveta Marija in dem Ort Pag. In dessen Gassen werden die Spitzen zum Kauf angeboten. Außerdem gibt es am Hauptplatz von Pag (Trg Kralja Petra Krešimira IV) ein ein kleines Spitzenmuseum.

PARADIES FÜR SKIPPER

Unter Bootskapitänen ist es längst kein Geheimnis mehr, eine Binsenweisheit geradezu, vielfach erfahren und immer wieder aufs Neue erprobt: Die Adria, besonders die dalmatinische Küste und die vorgelagerte Inselwelt, sind ein Highlight unter den Segelrevieren im Mittelmeer.

Ein besseres und interessanteres Gebiet könnte man sich kaum vorstellen – so hört man es von weit gereisten Kennern der Sportschifffahrt immer wieder. Was den besonderen Reiz der kroatischen Küste ausmacht, das erklärt der Chef einer deutschen Charter-Agentur für Jachten so: In Europa gibt es landschaftlich kein schöneres Revier. Außerdem sei, so versichert er, die Infrastruktur mit mehr als 25 bestens ausgerüsteten Marinas allein an der dalmatinischen Küste so hervorragend wie in kaum einem anderen Land. Die Inhaberin einer anderen Agentur stellt die – rhetorisch gemeinte – Frage, wo es denn sonst noch so viele malerische Buchten, so viele kleine Häfen und Ankerplätze und eine so abwechslungsreiche Küstenlinie gäbe? Und tatsächlich ist die östliche Adria ein geradezu **ideales Törnrevier**.

Küste satt

Von der slowenischen Riviera im Norden bis zur montenegrinischen Grenze im Süden erstreckt sich die konturenreiche Küstenlandschaft mit bizarren Felsformationen, tief eingeschnittenen Buchten, von der Bora kahl gefegten Eilanden und tiefblauem Meer. Allein die Küstenlänge Kroatiens macht alles in allem **mehr als 1000 km** aus, dazu kommen noch die unzähligen Inseln, die oft richtige Ketten vor der Küste bilden – rund tausend größere und eine unüberschaubare Zahl kleinerer Eilande.

Immer etwas Neues!

Das Faszinierende an einer Tour durch dieses abwechslungsreiche Gewirr aus Land und Wasser: Selbst wer das Revier schon wie seine eigene Westentasche zu kennen glaubt, wird immer wieder neue Entdeckungen

Einsame Bucht auf Hvar

machen – schöne Buchten oder menschenleere Strände. Doch damit nicht genug – neben den zahllosen Naturschönheiten gibt es auch noch die vielen hübschen Hafenstädtchen an der kroatischen Küste, die man für einen Landgang ansteuern kann. Auch hier sind Skipper gegenüber »Landratten« im Vorteil, denn vom Meer aus präsentieren sich diese Städte von ihrer schönsten Seite. Die meisten liegen auf Halbinseln oder weit ins Meer hineinragenden Landzungen, so z. B. Zadar, Trogir, Korčula oder Dubrovnik. Lohnend ist es auch, die **fjordartigen Buchten**, bei denen es sich meist um überflutete Karsttäler handelt, zu befahren, so etwa das »Meer« von Novigrad, nördlich von Zadar oder auch die Krka bei Šibenik, wo das Meer die Mündung des Flusses überspült hat.

Ein weiterer Vorteil des Segelreviers an der östlichen Adriaküste: Es ist von Deutschland, Österreich oder der Schweiz aus verhältnismäßig gut und schnell zu erreichen – für den Schiffstransport nötige, gut ausgebaute Autobahnen reichen beinahe bis an die unmittelbare Nähe des Meeres. Nicht zuletzt lockt viele Skipper und unter ihnen gerade auch die Anfänger der Umstand, dass die kroatischen Gewässer, bedingt duch die vielen vorgelagerten Inseln, **kein allzu stürmisches Segelrevier** sind. Daher kann man das gesamte Gebiet auch mit kleineren Jachten erkunden. Zwischen den Inseln und in den unzähligen Buchten findet man zumeist rasch Deckung, wenn nicht gar ein Ankerplätzchen. Hoher Seegang kann sowieso nur an einigen wenigen Stellen aufkommen.

Boote mit mehr als 3 m Länge müssen bei einem Hafenamt an- und abgemeldet werden.

Gefahr Nr. 1: die Bora

Völlig unbesorgt sollten vor allem Anfänger oder Unerfahrene dennoch nicht sein: Die Bora, ein mitunter **sehr heftiger Fallwind**, kann ganz plötzlich und ohne Vorwarnung auftreten. Sie

Ankern und an Land gehen! Die kroatische Adria ist ein Seglerparadies.

entsteht am häufigsten bei hohem Luftdruck über dem Balkan. Besonders gefährdete Zonen sind solche Gebiete, die – wie etwa Täler – ein leichtes Abfließen des Winds aus dem Binnenland ermöglichen, oder Stellen, an denen der Wind durch den Stau einer Bergkette große Temperaturunterschiede durchläuft. Auch Motorboote, sofern sie nur schwach motorisiert sind, können bei einer heftigen Bora Probleme bekommen. Übers Jahr gesehen herrschen im Frühjahr und im Frühsommer leichte bis mäßige Winde vor, die Monate Juli und August sind von ruhigen Wetterlagen gekennzeichnet, doch steigt die Gewitterhäufigkeit. Im Herbst ist dann häufiger mit kräftigeren Winden zu rechnen.

Gute Infrastruktur

Die Marinas in Kroatien sind verhältnismäßig gut ausgestattet. Wasser und Strom, Duschen und Toiletten, die wichtigsten Service-Einrichtungen und Werkstätten, ja selbst Einkaufsmöglichkeiten – meistens ist all das vorhanden. Der Grund für die gute Infrastruktur liegt nicht zuletzt darin, dass der Adriatic Club Yugoslavia (ACY) nach seiner Gründung im Jahr 1983 ein **enormes Aufbauprogramm** geleistet hat. Neben vielen anderen herrlichen Sport- und Jachthäfen wurde zum Beispiel bei Sukošan südlich von Zadar eine Supermarina mit 1200 Liegeplätzen und einer eigenen Badeinsel samt Sandstrand fertiggestellt. Die Nachfolge des ACY trat nach dem Zerfall Jugoslawiens der professionell geführte Adriatic Croatic International Club (ACI) an, dem heute etwas mehr als die Hälfte aller kroatischen Marinas angehört. Das gesamte Angebot, von den Liegestühlen bis hin zum Service, hat aber seinen Preis: Er unterscheidet sich von dem in Deutschland kaum mehr.

Wer über ein Boot verfügt, kann dem Massentourismus entfliehen: Einsame Buchten sind oft nur vom Wasser aus erreichbar.

auch in der zweiten Hälfte des 15. Jh.s erbaut. Sein Portal an der Großen Straße (Vela ulica) ist wahrscheinlich auch ein Werk von Juraj Dalmatinac. Zu diesem Gebäude gehörte der benachbarte Wehrturm, der früher als Gefängnis genutzt wurde. Unvollendet blieb das Bischofspalais neben dem Rektorenpalast (Baumeister: Dalmatinac).

◄ Rektorenpalast

Sveta Margarita, Benediktinerkloster

Einen Besuch verdient auch die Margaretenkirche (Sveta Margarita) aus dem 15. Jh. im Westen des kleinen Städtchens. Die dreischiffige Basilika hat den Grundriss eines lateinischen Kreuzes, das Hauptschiff schließt mit einer viereckigen Apsis. Neben der Kirche befindet sich ein Benediktinerkloster. Das **Klostermuseum** beherbergt einige sehenswerte Stücke, darunter Gemälde des Venezianers Baldassare d'Anno (1560 – 1639).

Salinen

Die Salzgärten südöstlich der Stadt sind in einer Lagune angelegt, die kilometerweit ins Land hineinragt. Hier erkennt man bei niederem Wasser die Ruinen der versunkenen Römersiedlung Pagus.

Velo blato

Ein Naturidyll ist der fischreiche, von einem Schilfgürtel umgebene Süßwassersee Velo blato, etwa 15 km südöstlich von Pag. Im Winter ist er 5 km lang, im Sommer schrumpft er auf 1 km.

Weitere Orte auf Pag

Novalja

Novalja, etwa 25 km nördlich von Pag gelegen, ist mit 2000 Einwohnern der zweitgrößte Ort der Insel. Nahebei finden sich noch **Grabhügel aus der Eisenzeit**. Bei Familien mit Kindern ist der flach abfallende Kiesstrand des malerischen Hafenorts sehr beliebt. Im Stadtzentrum erhebt sich die Muttergotteskirche (Majka Božja, 17. Jh.). Im Untergeschoss des **Städtischen Museums** ist der Eingang zu einem antiken Äquadukt aus dem 1. Jh. v. Chr. freigelegt worden.

Eine ruhige Hand ist unabdingbar beim Nähen der Pager Spitze.

Partystrand ► Der 2 km von Novalja entfernte Partystrand Zrče gilt als »Ibiza Kroatiens«. Im Juli und August treffen sich hier Nachtschwärmer in den populären Klubs Papaya, Kalypso und Aquarius, um bis zum Morgengrauen zu tanzen. Tipp: Die After-Beach-Party beginnt hier schon mittags um 16 Uhr mit DJ und Schaumparty am Pool.

Caska Das 2 km östlich von Novalja gelegene, früher bedeutende Caska hat nur noch wenig Einwohner. Hier befand sich vermutlich die **römische Festung** Kissa oder Cissa, nach der später der byzantinische Kaiser Konstantin Porphyrogenetus die ganze Insel benannte. Die meisten Ruinen aus römischer Zeit liegen heute allerdings unter dem Meeresspiegel. Auf einem kleinen Hügel stehen noch die Reste der romanischen Georgskirche (Sveti Juraj) aus dem 11. Jahrundert.

Lun In Lun, einem kleinen Ort an der äußersten Spitze von Pag (20 km nordwestlich von Novalja), haben die **jahrhundertealten Olivenbäume**, die auf nackten Steinen gedeihen, Berühmtheit erlangt. Von hier aus kann man die Nachbarinsel Rab gut sehen.

★★ Paklenica (Nationalpark)

G/H 3/4

Fläche: 36,5 km²
Gespanschaft: Zadar
Höhe: 0 – 1758 m ü. d. M.

Zwei tiefe Schluchten, Velika (Große) Paklenica und Mala (Kleine) Paklenica genannt, die sich nahe dem Meer in das Gebirgsmassiv des Velebit eingeschnitten haben, bilden das Herzstück des Nationalparks. Wegen seiner Größe wollte man nicht das ganze Gebirge als geschützt auszuweisen, deshalb wurde nur ein kleiner, landschaftlich besonders reizvoller Teil zum Nationalpark erklärt.

Velebit-Gebirge Der Paklenica ist Teil des Velebit-Gebirges, das nördlich von Starigrad-Paklenica am Vaganski vrh eine Höhe von 1758 m erreicht. Der 145 km lange und zwischen 10 und 30 km breite Gebirgszug, in vielen kroatischen Volksliedern als Hort der nationalen Freiheit besungen, beginnt etwa auf der Höhe von Senj im Norden und reicht bis hinab nach Knin im Südosten. 1978 wurde der Velebit von der UNESCO im Rahmen des Wissenschaftsprogramms »Der Mensch und seine Biosphären« in das internationale Netz von Biosphärereservaten aufgenommen und zum Naturpark erklärt.

Geologie ► Geologisch gesehen ist der Velebit ein Kalksteingebirge mit markanten Karsterscheinungen. Herkömmliche Bachtäler gibt es nicht; nur am Rand, im Küstenbereich, finden sich Schluchten, die von Sturzbächen gebildet wurden. Dementsprechend sind auch die Reliefformen: Es dominieren steile, felsige Gipfel. Durch die Versickerung haben sich zahlreiche Höhlen gebildet.

PAKLENICA ERLEBEN

AUSKUNFT

Touristinformation
Trg Tome Marasovića 1
23244 Starigrad-Paklenica
Tel. 023 / 36 92 45, Fax 36 92 55
www.rivijera-paklenica.hr

Nationalparkverwaltung
Dr. Franje Tuđmana 14a
23244 Starigrad-Paklenica
Tel. 023 / 36 91 55, Fax 35 91 33
www.paklenica.hr

Eingang ins Wanderparadies

ESSEN

► Erschwinglich

Restoran Rajna
Jadranska cesta 105
Starigrad-Paklenica
Tel. 023 / 35 91 21
Unweit des Nationalparks an der Adriamagistrale gelegen, ist die kleine Pension Rajna ein Treffpunkt der Klettersportler. Auf der schönen Terrasse der kleinen, renommierten Herberge kann man u. a. frischen Fisch und Meeresfrüchte schlemmen.

► Preiswert

Restoran Kiko
Ul. Ante Starčevića
Seline
Tel. 023 / 36 97 84
Auf der Terrasse der hübschen Pension in herrlicher Lage am Meer werden internationale und einheimische Spezialitäten angeboten.

ÜBERNACHTEN

► Komfortabel

Bluesun Hotel Alan
Dr. Franje Tuđmana 14
23244 Starigrad-Paklenica
Tel. 023 / 20 90 50
Fax 023 / 20 90 73
www.bluesunhotels.com
Das schlichte Hotelhochhaus ist Teil des Campingplatzes, der 2 km vom Nationalpark entfernt ist. In der Nähe befinden sich einige Restaurants, Cafés und Sportplätze.

Hotel Vicko
Jose Dokoze 20
23244 Starigrad-Paklenica
Tel./Fax 023 / 36 93 04
www.hotel-vicko.com
In diesem angenehmen Hotel oberhalb der Adriamagistrale erwartet den Gast eine familiäre Atmosphäre. Von den sonnigen Restaurantterrassen hat man einen schönen Ausblick auf das Velebit-Gebirge und das Meer.

CAMPING

Bluesun camp Paklenica
Dr. Franje Tuđmana 14
Tel. 023 / 20 90 50, Fax 20 90 73
www.bluesunhotels.com
Das Camp am Ausgang der Paklenica-Schlucht liegt direkt am Meer, jedoch teilweise in Hörweite zur viel befahrenen Adriamagistrale. Es wird vom Hotel Alan verwaltet.

Klima Der Velebit ist bekannt für seine **jähen Wetterumschwünge** und seine **heftigen Niederschläge**. Ausflügler und Wanderer sollten dies bedenken und auch im Sommer für schlechtes Wetter gerüstet sein. So werden im Juli fast doppelt so viel Niederschläge und annähernd halb so hohe Temperaturen wie in Zadar gemessen. Vor allem die Gipfel im nördlichen Teil des Gebirgsmassivs sind häufig in Nebel gehüllt. Mit 1840 Sonnenstunden pro Jahr ist das Gebirge dennoch in den heißen Sommermonaten ein ideales Wanderziel. Dabei ist die Nähe zum Meer noch bis in Höhen von 700 m zu spüren; hier gedeihen denn auch **mediterrane Pflanzen** wie Feigen, Pistazien und Ölbäume.

Fauna Durch die Schluchten haben sich einige mediterrane Vogelarten bis tief ins Festland ausgebreitet – zum Beispiel der Küstenbaumpieper und die Küstentauben, die Zaunammer und die Schwarzkopfammer. Umgekehrt kommen einige typische kontinentale Tiere ungewöhnlich nah an die Küste heran, wie zum Beispiel die Gelbhalsmaus. In den Felsspalten und Höhlen der Schluchten lebt der Siebenschläfer. Eine große Anzahl von Nistvögeln, die ansonsten in Europa vom Aussterben bedroht sind, trällern in dem Felsgestein ihre Lieder. Der Kleiber klebt seine tellerförmigen Nester mit Lehm und Schlamm an den Hängen fest. Der Schlangenadler jagt in den Steinhängen Schlangen und Eidechsen. Hoch oben am Firmament zieht der Steinadler seine Kreise. Eine besondere Attraktion sind die Hochzeitsflüge der weißköpfigen Gänsegeier mit ihrer Spannweite von fast drei Metern. In den Talniederungen schwirrt es nur so von farbenprächtigen Schmetterlingen. Dort lebt auch die Landschildkröte. Im Velebit sind noch weitere Tierarten zu Hause, die sich anderswo in Europa bereits rar gemacht haben: z. B. Wildkatzen, Wölfe und Braunbären. Von Slowenien kommend, hat sich auch der Luchs wieder im Velebit verbreitet. In den 1970er-Jahren wurden in dem Gebirgsmassiv Gemsen ausgesetzt, die ursprünglich einmal hier beheimatet waren.

? WUSSTEN SIE SCHON ...?

- Die Geier im Velebit sind eine Art Gesundheitspolizei der Natur, die von der Höhe aus jedes verendete Schaf bemerken und rasch beseitigen.

Flora Die Vegetation im Velebit ist an der Meeresseite mediterran, an der Kontinentalseite dagegen mitteleuropäisch oder sogar alpin. An den Küstenhängen – und damit auch im Gebiet des Paklenica-Nationalparks – überwiegen orientalische Hainbuchen, Eichen, Eschen und Rotbuchen. Auf der Seite zur Hochebene Lika hin wachsen vorwiegend Buchen, Tannen und Fichten. Im Süden ist die Vegetation dagegen eher karg: In dem Felsgestein der Schluchten wächst die schö-

Kletterrouten unterschiedlichster Schwierigkeitsgrade: →
Die Paklenica-Schluchten bieten für jeden etwas.

ne Fensterglockenblume. Oft ragen zwischen den Steinen kleine Sträucher mit hübschen weißen Blüten hervor – der Alpenseidelbast.

Zugang zum Nationalpark

Der Zugang zum Nationalpark erfolgt von dem Küstenort Starigrad-Paklenica. Die Nationalparkverwaltung hat dort auch, im Hotel Alan, ihren Sitz. Eine asphaltierte, ausgeschilderte Straße führt zum Haupteingang des Nationalparks, wo sich auch der Zugang zur Velika Paklenica, zur Großen Paklenica-Schlucht, befindet.

Sehenswertes im Nationalpark Paklenica

★★ Velika Paklenica

Velika Paklenica, die größere der beiden Schluchten, ist 2,5 km lang und verläuft quer zum Velebit-Gebirge. Sie ist über eine befahrbare Straße und einen Wanderweg zugänglich. Am tiefsten Punkt der engen, von schroffen Felswänden gerahmten Schlucht ragt an der Ostseite der **Steilhang Anića kuk** auf. Der 400 m hohe Felsen ist die bekannteste Kletterwand in Kroatien und für alle Alpinisten eine Herausforderung. Im Jahr 1938 hatte der Bergsteiger Dragutin Brahm als Erster versucht, den Anića kuk zu besteigen, war dabei jedoch ums Leben gekommen. Heute werden hier in den Sommermonaten Kletterkurse abgehalten. Wer alleine klettern möchte, muss beim Eingang zum Nationalpark eine Klettererlaubnis einholen. An der gegenüberliegenden Schluchtseite befindet sich der Cuk. Dank seines außerordentlich guten Gesteins ist er für Anfänger und Kletterer, die mittlere Schwierigkeitsgrade bevorzugen, geeigneter als der Anića kuk.

Wandern im Nationalpark Paklenica: immer am Wasser entlang

Beim Anića-Fels führt die Schlucht etwa 5 km ins Herz des Velebit hinein. Beim **Waldhüterhaus Lugarnica** in 440 m Höhe kann man die erste Rast einlegen und auch bei Unwetter einen Unterschlupf finden. Die meisten Wanderer machen hier kehrt. Wer mehr möchte, wandert durch herrliche Rotbuchenwälder zum Alpinistenheim in 550 m Höhe. Unter der Brücke murmelt ein Bach, der in der unteren Paklenica-Schlucht zu einem Rinnsal versiegt. Hier oben wird das Landschaftsbild von den Gipfeln Crljeni kuk (1661 m) und Babin kuk (1431 m) beherrscht. Die Bewohner der hiesigen kleinen Siedlungen **Parići**, **Ramići** und

Kneževići hatten ihre ersten Wohnstätten in Sklop, einer riesigen Halbhöhle, in der jetzt Tiere gehalten werden. Die einzigen geländegängigen »Verkehrsmittel« in dieser Gegend sind Maulesel, Esel und Pferde, die den Proviant herbeischaffen. Die rund achtstündige Wanderung durch die Große Paklenica-Schlucht bis hinauf zum **Vaganski vrh** (1758 m), dem höchsten Gipfel des Velebit-Gebirges, ist nur für gut trainierte Wanderer zu empfehlen. Wer sich diese Anstrengung nicht zumuten möchte, dem stehen im Nationalpark weitere insgesamt ca. 150 km Wanderwege zur Verfügung. Kartenmaterial und Informationen zu den Wanderrouten erhält man bei der Nationalparkverwaltung.

Höhlen/ Manita peć

Von den zahlreichen Karsthöhlen im Nationalpark ist die Manita peć die schönste. Die Höhle wurde auf eine Länge von 175 m erforscht und besitzt eindrucksvolle, bis zu 20 m hohe Stalagmiten, zahlreiche Stalaktiten sowie unterirdische Hallen, deren größte 65 m lang, 40 m breit und 32 m hoch ist. Die Höhle kann nur mit einem Führer besichtigt werden (Führungen sind zwischen April und Oktober möglich, Anmeldung im Büro der Nationalparkverwaltung in Starigrad-Paklenica).

Mala Paklenica

Nicht ganz so gut erschlossen wie Velika Paklenica ist die kleinere Mala Paklenica. Die Wanderwege sind oft nicht ausgeschildert und in einem Zustand, der eine angemessene Wanderausrüstung und Trekkingerfahrung notwendig macht. Im Sommer fällt es leichter, dieses Gebiet zu erkunden, weil man das ausgetrocknete Bachbett als Weg benutzen kann. In der feuchten Jahreszeit sind die Felsen rutschig; führt das Bachbett der Kleinen Paklenica Wasser, ist der Weg durch die Schlucht unpassierbar. Da die Kleine Paklenica-Schlucht weniger besucht wird, hat sich der weißköpfige Gänsegeier in den unzugänglichen, bis zu 650 m hohen Felsen eingenistet. Besonders schön sind die Steinbrechgewächse in den Felsspalten der Schlucht.

Cerovačke pećine

Die **Grotten von Cerovac**, 4 km von Gračac entfernt an der Straße nach Knin, gehören zu den bedeutendsten Höhlen Kroatiens. Für Besucher wurden etwa 700 m zugänglich gemacht. In den drei Grotten – Obere, Mittlere, Untere – wurden Knochen von Höhlenbären (Ursus spelaeus) gefunden, einer ausgestorbenen Bärenart der letzten Eiszeit. Die Temperatur im Höhlenreich bewegt sich konstant zwischen bescheidenen fünf und elf Grad Celsius, daher nicht vergessen, einen warmen Pullover einzupacken! Die Grotten sind von April bis Oktober geöffnet.

Tesla-Museum

In Smiljan, 6 km westlich von Gospić, wurde im Geburtshaus von Nikola Tesla ein Museum mit Themenpark eingerichtet. Der Physiker gilt als Vater der »Nutzbarmachung des Wechselstroms« (März bis Okt. Di. – So. 9.00 – 20.00, Nov. – März Di. – So. 9.00 – 15.00 Uhr, www.mcnikolatesla.hr).

Pelješac

R–V 11–13

Höhe: 0 – 961 m ü. d. M. **Einwohnerzahl:** 8000
Gespanschaft: Dubrovnik-Neretva

Wen wundert's, dass Pelješac auch Halbinsel des Weins genannt wird? Gehört sie doch zu den besten Weinanbaugebieten Kroatiens. In den fruchtbaren Tälern, die von hohen, mit Macchia bedeckten Gebirgszügen eingerahmt werden, gedeihen neben Weinreben auch Oliven, Feigen und Zitrusfrüchte.

Schmal und bergig

Rund 50 km nördlich von ►Dubrovnik ragt die knapp 70 km lange, schmale Halbinsel Pelješac ins Meer. Die Verbindung zum Festland bildet eine schmale Landzunge, die seit dem 14. Jh. von der Festung Ston bewacht wird. Mit einer Fläche von rund 350 km² ist Pelješac nach Istrien die **zweitgrößte Halbinsel** Kroatiens. Fischfang und Muschelzucht sind auch heute noch wichtige Erwerbsquellen für die Bewohner. Eine Fahrt über die Insel, zum Beispiel um nach Korčula überzusetzen, ist aufgrund der schmalen, kurvenreichen Straßen zwar zeitraubend und anstrengend, lohnt aber wegen der herrlichen Ausblicke über die eindrucksvolle, bergige Insellandschaft.

Baden/ Wassersport

Auf Pelješac kann man zwar an verschiedenen Stellen baden und Wassersport treiben, doch die Möglichkeiten sind vergleichsweise bescheiden. Der schönste, zu Hochsaisonzeiten auch viel besuchte Badeplatz der Halbinsel ist der **Stadtstrand von Orebić** (Trstenica), ein 1,5 km langer Sandstreifen unterhalb eines Pinienwalds. Die Orebić vorgelagerten Inselchen Mala und Velika Stupa sind FKK-Revier. Bei Trpanj ist das Baden durch den Fährverkehr beeinträchtigt. Sand- und Kiesbuchten gibt es bei Trstenik und Žuljana. Die Küste um Viganj ist bei Windsurfern sehr geschätzt. Hier treffen sich alljährlich Windsurfer aus ganz Kroatien und den Nachbarländern zu Wettbewerben, auch Welt- und Europameisterschaften in dieser Disziplin fanden hier bereits statt.

! *Baedeker* TIPP

Tauchen

Höhepunkt bei den Tauchaktivitäten auf Pelješac ist ein Wracktauchgang zum 1944 gesunkenen deutschen Torpedoboot S 57. Tauchbasen gibt es in Trstenik, z. B. das Freaky Diving (Tel. mobil 098 / 42 86 75, www.freaky-diving.com).

Die Halbinsel war bereits von Illyrern bewohnt. Ihnen folgten griechische Kolonisten und römische Siedler. Der römische Schriftsteller Plinius der Ältere erwähnt Pelješac unter dem Namen Rhatanae Chersoneus. Nach dem Untergang des Weströmischen Reiches wurde Pelješac byzantinisches Territorium. Im 9. Jh. besetzten die slawischen Neretvaner die Gegend. Nachdem die Halbinsel 1333 zu Dubrovnik gekommen war, wurde ihr die Rolle eines stark befestigten

PELJEŠAC ERLEBEN

AUSKUNFT

Trg Mimbelli bb, 20250 Orebić
Tel. 020 / 71 37 18, Fax 71 40 01
http://tz-orebic.com

Pelješki put 1, 20230 Ston
Tel./Fax 020 / 75 44 52
www.ston.hr

Žalo 7, 20240 Trpanj
Tel./Fax 020 / 74 34 33
www.tzo-trpanj.hr

ANREISE

Über Ston ist Pelješac auf dem Landweg zu erreichen. Zwischen Trpanj im Norden der Halbinsel und Ploče verkehren regelmäßig Autofähren. Eine weitere Autofähre zirkuliert ebenfalls mehrmals täglich zwischen Orebić und ▶Korčula.

ESSEN

▶ Fein & teuer

Restoran Kapetanova kuća
Mali Ston
Tel. 020 / 75 42 64
Das Kapitänshaus ist eine der ersten gastronomischen Adressen Kroatiens. Es gehört zu dem kleinen Nobelhotel Ostrea und wurde mit dem kroatischen Tourismuspreis geehrt. Die Speisekarte verspricht einen Schlemmersegen aus Meeresspezialitäten, die man in der Bucht von Mali Ston findet. Das Ganze hat seinen Preis.

▶ Erschwinglich

Pelješki dvori
Obala Pomorca bb, Orebić
Tel. 020 / 71 33 29
Das Restaurant an der Strandpromenade bietet sich für eine kleine Zwischenmahlzeit an. Spezialitäten des Hauses: Aal, Tintenfischsalat, Risotto und hausgemachte Kuchen.

ÜBERNACHTEN

▶ Luxus

Hotel Ostrea
Mali Ston
20230 Ston
Tel. 020 / 75 45 55
Fax 020 / 75 45 75
www.ostrea.hr
Das elegante Hotel in einem alten Stadthaus ist ein Geheimtipp für Genießer. Es offeriert eine hervorragende Auswahl kroatischer Weine und ist für seine lokalen Spezialitäten – zum Beispiel Austern – bekannt.

Hotel Indijan
Škvar 2
20250 Orebić
Tel. 020 / 71 45 55, Fax 71 45 67
www.hotelindijan.hr
Das moderne familiäre Strandhotel erstreckt sich in einem duftenden Pinienwald. Der Wein im noblen Hotelrestaurant stammt aus eigenem Anbau.

Auf Pelješac ist das Thema Wein allgegenwärtig.

▸ **Komfortabel**

Grand Hotel Orebić
Petra Krešimira IV 107
20250 Orebić
Tel. 020 / 79 80 00
www.grandhotelorebic.com
Die Zimmer in dem modernen Großhotel sind hell und freundlich. Ruhige Lage in einem Pinienwald am Ortsende mit schönem Blick auf das Meer. Nur wenige Meter sind es bis zum Strand. Zum Hotel gehören verschiedene Sportplätze und ein Pool.

Vila Koruna
Mali Ston
20234 Ston
Tel. 020 / 75 49 99
Fax 020 / 75 46 42
www.vila-koruna.hr
Kleine Pension in der Fischerbucht von Mali Ston.

CAMPING

Camping Palme
Kučište
Tel./Fax 020 / 71 91 64
www.kamp-palme.com
Der ganzjährig geöffnete, kleine Campingplatz hat eine gehobene sanitäre Ausstattung. Die Nebensaisonpreise liegen etwas niedriger. Bis zu dem langen, flachen Kieselstrand sind es nur wenige Schritte.

Autokamp Adriatic
Mokalo
Tel. 020 / 71 43 28
Fax 020 / 71 34 20
www.adriatic-mikulic.hr
Das Campingterrain zeichnet sich durch eine ganz besonders schöne Lage in einem terrassierten Gelände aus, das mit Pinien- und Olivenhainen sowie Ziersträuchern bewachsen ist. Die Zufahrt ist für große Wohnmobile wegen der engen Straße problematisch. Gehobene Sanitärausstattung.

Autokamp Prapratno
Ston
Tel. 020 / 75 40 00, Fax 75 43 44
www.duprimorje.hr/akprapratno_de.html
Unter schattigen Olivenbäumen und Kiefern öffnet sich ein Talkessel zum Meer hin, wo man an einem langen Sand- und Kiesstrand baden kann.

Camping Antony-Boy
Viganj
Tel. 020 / 71 90 77, Fax 71 94 44
www.antony-boy.com
Camp der gehobenen Klasse verfügt über einen schönen Blick auf das Meer, einen langen Kiesstrand und somit ideale Voraussetzungen nicht nur für Surfer.

Vorpostens zuteil. In Mali Ston bauten die Dubrovniker 1490 sogar einen Hafen für ihre Kriegsflotte. Von großer wirtschaftlicher Bedeutung für die Stadtrepublik waren die **Salzvorkommen** in der Umgebung von Ston. Nach dem Ende der unabhängigen Republik von Dubrovnik im Jahr 1808 teilten die Bewohner von Pelješac das Schicksal der einstigen Herrin. Während Ston in den Status eines Provinzstädtchens zurücksank, wuchs mit dem Aufschwung der Seefahrt auch das Ansehen des an der Einfahrt zum Kanal von Korčula gelegenen Orebić, heute das Zentrum des Fremdenverkehrs auf Pelješac.

Sehenswertes auf Pelješac

Ston

Auf der Landenge, die Pelješac mit dem Festland verbindet, liegt Ston, das aus dem kleineren Mali Ston und dem Hauptort Veliki Ston besteht. Traurige Berühmtheit erlangte Ston im Herbst 1996 wegen eines schweren **Erdbebens**, das bis nach Dubrovnik zu spüren war. In Ston wurden dabei viele Gebäude schwer beschädigt, manche sogar völlig zerstört.

★ ◄ Befestigungssystem

Beide Orte wurden im 14. Jh. nach Plänen von italienischen und einheimischen Baumeistern aus Dubrovnik planmäßig angelegt, mit Wehrmauern verstärkt und durch ein gewaltiges Befestigungssystem miteinander verbunden. Eine über 5 km lange Mauer mit runden und eckigen Türmen, einem Kastell und zwei großen Bastionen zieht sich über den Berg vom einen Ort zum anderen. Das ruhige Mali Ston ist heute vor allem bekannt für seine **Muschelzucht**.

Veliki Ston

Veliki Ston wurde über dem Grundriss eines unregelmäßigen Fünfecks mit rechtwinkligem Straßensystem errichtet. Am zentralen Platz sind der Rektorenpalast, der gotische Palast Sorkočević und der Bischofspalast (1573; mit einem Lapidarium) die vornehmsten Gebäude. Unter den Kirchen der Stadt verdienen vor allem das Gotteshaus

Mali Ston auf Pelješac

des Franziskanerklosters sowie die spätromanische Kirche Sveti Nikola Beachtung. Im Besitz der Nikolauskirche befindet sich eine beachtliche Sammlung sakraler Kunst, darunter auch ein bemaltes Kruzifix von Blaž Trogiranin. Die Kirche Sveti Vlaho (St. Blasius) wurde nach ihrer Zerstörung durch ein Erdbeben 1850 im neogotischen Stil wieder aufgebaut. Außerhalb der Stadt, auf dem Berg Gradac, liegt die vorromanische Michaelskirche (Sveti Mihovil) mit bedeutenden Überresten einer romanischen Wandbemalung.

Orebić Der Kapitänsfamilie Orebić, die im 16. Jh. hier ansässig war, verdankt die Stadt ihren Namen. Der lang gestreckte Ort (1500 Einw.) zu Füßen des 961 m hohen Sveti Ilija hat sich zu einem **lebendigen Touristen- und Hafenstädtchen** mit Cafés, Restaurants und vielen kleinen Kunsthandwerksläden gemausert. Nicht nur die besagte Kapitänsfamilie, auch zahlreiche andere ausgediente Seebären ließen sich, von dem milden Klima in der geschützten Bucht angezogen, in Orebić nieder, bauten sich hübsche Villen und umgaben sie mit Gärten, die bis heute das mediterrane Flair des Städtchens unterstreichen. Gleich am Ortseingang liegt der lange Sandstrand Trstenica; die Anlegestelle der Fähren nach Korčula befindet sich dagegen am anderen Ende der Stadt.

Einblicke in die Seemannsvergangenheit von Orebić gewährt das Schifffahrtsmuseum am Trg Mimbelli. Sehenswert ist aber auch das etwa 2 km westlich außerhalb des Orts, aussichtsreich über dem Meer und zwischen alten Zypressen gelegene Franziskanerkloster mit einer schönen Sammlung sakraler Kunst – italienischen Barockgemälden, Skulpturen u. v. m. – sowie einigen volkskundlichen Exponaten.

Schifffahrtsmuseum, Franziskanerkloster ►

! *Baedeker* TIPP

Aufstieg zum Sveti Ilija

Wer eine grandiose Aussicht über Pelješac und auf die Nachbarinsel Korčula genießen möchte, dem sei eine Wanderung auf den höchsten Gipfel der Halbinsel, den 961 m hohen Sveti Ilija, empfohlen (gute Kondition und Ausrüstung erforderlich). Die Italiener tauften den Berg »Monte Vipera«, da es dort früher Sandvipern gab. Der Weg beginnt beim Franziskanerkloster und dauert etwa 4 Stunden.

Kučište Auch in Kučište, 6 km westlich von Orebić gelegen, haben sich viele Kapitäne niedergelassen. Dank des milden Klimas gedeihen hier Zypressen, Oleanderbüsche, Palmen sowie Orangen- und Zitronenbäume. Die stattlichen Kapitänshäuser stammen vorwiegend aus dem 17. bis 19. Jh. Ein schönes Beispiel für diesen Haustyp ist die um 1700 entstandene Villa der Familie Lazarović. Wegen der herrlichen Aussicht lohnt sich der Spaziergang hinauf zur gotischen Kapelle Sveti Luka.

Viganj 2,5 km hinter Kučište liegt inmitten einer üppigen Vegetation Viganj, der letzte Küstenort am Kanal von Pelješac mit **guten Badeplätzen** (Kies- und Felsbuchten). Beliebter Surfertreffpunkt!.

✶✶ Plitvička jezera (Plitwitzer Seen)

außerhalb

Fläche: 266 km² **Höhe:** 503 – 639 m ü. d. M.
Gespanschaft: Lika-Senj

Jeder, der schon einmal Karl-May-Filme gesehen hat, kennt die Plitwitzer Seen (Plitvička jezera) zumindest als grandiose Hintergrundkulisse für Winnetou und seine Begleiter: Die Plitvička jezera sind eines der schönsten Naturschauspiele im Südosten Europas. Schon 1949 wurde das Gebiet zum Nationalpark erklärt, 1979 wurden die Seen in die UNESCO-Liste des Weltnaturerbes aufgenommen.

16 Seen

Auf einer Länge von knapp 8 km reihen sich nicht weniger als 16 verschieden große Seen wie Perlen aneinander. Sie bilden den Oberlauf des Flüsschens Korana, das bei einem Gesamtgefälle von rund 120 m an über drei Dutzend Stellen durch natürliche Barrieren und Terrassen aufgestaut ist. Das Wasser stürzt an diesen Wehren in bis zu 72 m hohen Kaskaden zu Tal. Die Seen leuchten in kräftigem Grün und sind stellenweise glasklar.

Eingänge

Wer von der Adriaküste (Zadar, Split) zu den Plitwitzer Seen kommt, erreicht zunächst den südlichen Eingang (Ulaz 2, Eingang 2) zum Nationalpark im Bereich der oberen Seen. Hier, am großen Kozjak jezero, gibt es Unterkünfte, Restaurants und ein Postamt. Von hier aus kann man mit dem Boot über den See fahren oder zu Wanderungen, Wildnistouren und Angelausflügen aufbrechen. Etwa 5 km weiter nördlich gelangt man zum Eingang 1 (Ulaz 1). Von hier aus hat man Zugang zur Koranaschlucht mit dem spektakulären Plitvica-Wasserfall.

Geschichte

Nahe einer Grenze – der nächste Grenzübergang zu Bosnien ist nur knapp 20 km, die westbosnische Stadt Bihać nur wenig mehr als 30 km entfernt – liegen die Plitwitzer Seen nicht erst heute. Über mehrere 100 Jahre hinweg befand sich hier auch die unruhige Militärgrenze (Vojna Krajina) zwischen dem Habsburgischen und dem Osmanischen Reich. Im 16. und 17. Jh. siedelten die Habsburger hier zur Verteidigung der südlichen Reichsgrenze vor allem serbische Wehrbauern an. In den 1860er-Jahren entdeckten österreichische Offiziere die Naturschönheiten in dem Gebiet und ließen erste Unterkünfte für Besucher einrichten. 1893 konstituierte sich in Zagreb, damals noch Agram, eine »Gesellschaft für die Gestaltung und Verschönerung der Plitwitzer Seen«.

? WUSSTEN SIE SCHON ...?

- Das Besondere an den Plitwitzer Seen sind die zwischen den einzelnen Seen bestehenden Barrieren, bei denen es sich nicht um Felsgestein handelt, sondern um Kalksinterablagerungen und Kalktuffbildungen, die in den vergangenen 4000 Jahren gewachsen sind.

Grandioses Naturschauspiel: Die Plitwitzer Seen mit ihren Wasserfällen gelten als schönster Nationalpark Kroatiens.

Drei Jahre später wurde das erste Hotel eröffnet. Zwar kamen im Laufe der Zeit weitere touristische Einrichtungen hinzu, doch blieb die Natur von massiven Eingriffen verschont. Zu Beginn der 1990er-Jahre kam der Tourismus zwischenzeitlich zum Stillstand, als die Region um die Plitwitzer Seen an Ostern 1991 zum Schauplatz blutiger Gefechte zwischen Kroaten und Serben wurde. Die Krajina-Serben, unterstützt von der damaligen Jugoslawischen Volksarmee, obsiegten und besetzten das Gebiet, der Park wurde geschlossen. Im Sommer 1995 eroberten kroatische Truppen die Region zurück.

✶ ✶ Seen und Wasserfälle

Einzigartiges Seengebiet

Die oberen zwölf Seen breiten sich in Höhen zwischen 639 m und 534 m aus. Am größten ist der 2 km lange und 46 m tiefe **Kozjak-See** (Kozjak jezero), dessen Ufer von dichten Buchenwäldern umgeben ist. Die vier kleinen unteren Seen, an deren Gestaden ebenfalls Bäume und Sträucher wachsen, liegen in einem 70 – 80 m tiefen, felsigen Canyon, den das Flusswasser in den stark verkarsteten Kalkstein eingeschnitten hat. Die Verbindung zwischen den Seen bilden nicht nur herrliche Wasserfälle, sondern auch unterirdische Wasserläufe und Hohlräume, von denen etwa ein Dutzend begehbar sind. Am eindrucksvollsten ist der **Plitvica-Fall** nahe dem Eingang 1, wo das Wasser des kleinen Nebenflüsschens aus einem Seitental 72 m tief in die wilde Korana-Schlucht stürzt. Hier, am Sastavci genannten Punkt, treffen nahezu alle über- und unterirdischen Wasserläufe des gesamten Seengebiets zusammen.

Wälder

Von großer Bedeutung für den Erhalt dieser einzigartigen Natursehenswürdigkeit sind die Wälder, die etwa drei Viertel der Fläche des

Nationalparks einnehmen. Sie sind wichtige Wasserspeicher und sorgen für eine ausgeglichene Wasserzufuhr. Ohne Wald wären die vorhandenen Kalksinterbarrieren durch Hochwässer und Sturzfluten längst abgetragen worden.

Tierwelt

Der Nationalpark Plitwitzer Seen bietet mit seinen fischreichen Gewässern bedrohten Tierarten Lebensraum, u. a. Fischottern, Braunbären, Wölfen, Luchsen und Wildkatzen. Außerdem gibt es in den Wäldern um die Seen noch zahlreiche Hirsche, Rehe, Wildschweine, Füchse, Dachse und Marder.

PLITVIČKA JEZERA ERLEBEN

AUSKUNFT

Nationalpark Plitwitzer Seen
53231 Plitvička jezera
Tel. 053 / 75 10 14, Fax 75 10 13
www.np-plitvicka-jezera.hr

ANREISE

Der Ort Plitvice und die Seen liegen an der gut ausgebauten E 71, der Hauptverbindung zwischen der dalmatinischen Küste und dem kroatischen Landesinneren bzw. der Hauptstadt Zagreb. Von den Hafenstädten ►Zadar und ►Šibenik aus ist Plitvice gut zu erreichen. Kleinere Straßen führen zudem von Senj (90 km) und von Karlobag (110 km) zu dem Nationalpark.
Wichtig! Wegen möglicherweise noch bestehender Minengefahr rät das Auswärtige Amt, auf diesen Strecken die Hauptstraße nicht zu verlassen.

VERANSTALTUNGEN

Nur für Durchtrainierte: Beim traditionellen Plitvice-Marathon Ende Mai/Anfang Juni müssen 42,195 km Wegstrecke in höchstens 5,5 Std. zurückgelegt werden.
www.np-plitvicka- jezera.hr).

ESSEN

Im rustikalen Restaurant Lička kuća kommen Spezialitäten aus der Region auf den Tisch (gegenüber Eingang 1). Ein Pfad führt von Eingang 2 zum Restaurant Jezero, mit Terrasse und SB-Bereich.

ÜBERNACHTEN

Beim Besucherzentrum Velika Poljana gibt es drei modernisierte Hotels. Das Jezero gilt als das bequemste unter ihnen.

► Luxus
Hotel Jezero
53231 Plitvička jezera
Tel. 053 / 75 14 00, Fax 75 16 00
www.np-plitvicka-jezera.hr

► Komfortabel
Hotel Bellevue
53231 Plitvička jezera
Tel. 053 / 75 17 00, Fax 75 10 13
www.np-plitvicka-jezera.hr

Hotel Plitvice
53231 Plitvička jezera
Tel. 053 / 75 11 00, Fax 75 11 65
www.np-plitvicka-jezera.hr

Hotel Grabovac
53231 Plitvička jezera
Tel. 053 / 75 19 39, Fax 75 18 92
Das Hotel ist rund 12 km vom Nordeingang des Nationalparks entfernt.

★★ Šibenik

K 7

Höhe: 5 m ü. d. M. **Einwohnerzahl:** 51 500
Gespanschaft: Šibenik-Knin

Šibenik ist zweifelsohne eine der schönsten Städte im gesamten östlichen Adriaraum. Schon ihre Lage an der Mündung des Krka-Flusses, in der fjordartigen, bestens geschützten Šibeniker Bucht, ist überaus reizvoll. Die Altstadt wird beherrscht von der Kathedrale Sveti Jakov, die in der Kunstgeschichte Dalmatiens eine einzigartige Stellung einnimmt.

Baden Da Šibenik nicht am offenen Meer liegt, sind im Stadtgebiet keine nennenswerten Bademöglichkeiten vorhanden. Das Naherholungsgebiet der Stadt ist die südwestlich vorgelagerte **Halbinsel Zablaće** mit der Feriensiedlung Solaris. Hotels verschiedener Kategorien, ein Campingplatz sowie verschiedene Sport- und Freizeiteinrichtungen stehen hier zur Verfügung.
In der näheren Umgebung bieten vor allem Primoštan, Vodice und Pirovac gute Bademöglichkeiten, ebenso die Inseln im Archipel von Šibenik (►S. 239).

Wirtschaft Der Hafen von Šibenik ist einer der größten in Kroatien. Verschiedene Industriezweige dominieren das wirtschaftliche Bild der Stadt: In der Nähe von Šibenik wird Bauxit abgebaut, und es gibt mehrere Metall verarbeitende Unternehmen, Textil- und Nahrungsmittelbetriebe sowie große Kraftwerke. Ein weiteres Standbein der städtischen Wirtschaft ist der Fremdenverkehr. In der Umgebung von Šibenik werden Obst, Gemüse und Wein angebaut.

Geschichte

1066	Erstmals urkundlich erwähnt
1412	Šibenik kommt zur Republik Venedig.
1805–1813	Von Frankreich besetzt
1813–1918	Šibenik wird österreichisch.
1922	Im Vertrag von Rapallo wird die Stadt dem Königreich der Serben, Kroaten und Slowenen zugesprochen.
1991	Zerstörungen im Krieg

Im Unterschied zu vielen anderen Städten an der dalmatinischen Küste, die auf eine griechische, römische oder byzantinische Gründung zurückgehen, ist Šibenik eine vergleichsweise **junge Stadt**. Vom Beginn des 12. Jh.s an gehörte Šibenik mit einigen Unterbrechungen zum ungarisch-kroatischen Königreich. In diese Zeit fallen die Erhebung zur Stadt und die Gründung eines eigenen Bistums. Während der venezianischen Herrschaft am Beginn der Neuzeit war

Highlights Šibenik

Kathedrale Sveti Jakov
Auch die UNESCO hat die schlichte Schönheit der Kathedrale aus der Zeit zwischen Gotik und Renaissance gewürdigt. Seit 2000 zählt sie zum Weltkulturerbe.
▸ Seite 227

Baptisterium
Wer die Kathedrale Sveti Jakov besichtigt, sollte auf keinen Fall das Baptisterium mit vier gewölbten Apsiden und einem Taufbecken verpassen.
▸ Seite 228

Trg Republike Hrvatske
Auf dem Domplatz, einem Meisterstück der Stadtbaukunst, kann man herrlich vom Besichtigungsprogramm ausruhen.
▸ Seite 230

Festung Knin
Ein Ausflug nach Knin lohnt sich insbesondere wegen der gleichnamigen Festung, auf der einst die kroatischen Könige residierten.
▸ Seite 237

Šibenik mit mehr als 8000 Einwohnern einige Zeit die größte Stadt Dalmatiens. Die Venezianer befestigten die Stadt – besonders wegen der bis in die Nähe vordringenden Türken – und ließen viele bedeutende Bauwerke errichten.
Nach dem Zerfall des sozialistischen Jugoslawiens im Jahr 1991 wurde Šibenik von der Jugoslawischen Volksarmee beschossen; einige Gebäude, darunter die Kathedrale, wurden dabei beschädigt. Mittlerweile sind die Kriegszerstörungen beseitigt. Dabei hat man die Gebäude nach ihren historischen Vorbildern wieder aufgebaut. Als Urlauber merkt man in Šibenik so gut wie nichts mehr vom jüngsten Krieg. Man kann die Romantik der alten Stadtgassen wieder uneingeschränkt genießen.

Sehenswertes in Šibenik

Stadtrundgang

Der Stadtrundgang beginnt an der Uferpromenade und führt von dort durch das Seetor hinauf zu Šibeniks bedeutendstem Kunstwerk, der Kathedrale. Auch die meisten anderen Sehenswürdigkeiten liegen in ihrer unmittelbaren Nachbarschaft. Vom Domplatz setzt man den Rundgang fort, der zunächst auf die Festung Sv. Mihovil, dann durch die höher gelegenen Gassen der Altstadt und schließlich wieder hinab zur Uferstraße führt, in deren Nähe die Franziskaner- und die Nikolauskirche liegen.

✶✶ Kathedrale Sveti Jakov

Die Kathedrale Sveti Jakov (St. Jakob), im Zentrum der Altstadt und zugleich in Ufernähe gelegen, ist nicht nur Šibeniks **überragendes Baudenkmal**, sondern in der gesamten dalmatinischen Küstenregion einer der bedeutendsten Sakralbauten am Übergang von der Spätgotik zur Renaissance. Entsprechend zählt Sveti Jakov seit dem Jahr 2000 zum Weltkulturerbe der UNESCO.

KATHEDRALE SVETI JAKOV

★★ Mehr als 100 Jahre liegen zwischen dem Baubeginn der Kirche 1433 und ihrer Vollendung 1536 bzw. Weihe 1556. Der schlichte Bau besticht nicht nur durch die Schönheit der Steinmetzarbeiten, seine harmonische Form und seine Ausgewogenheit, sondern auch durch seine Konstruktionsart. Einzigartig ist die Bauweise der Kuppel und des Gewölbes. Marmorplatten tragen sich selbst. Dabei kamen die Baumeister völlig ohne Mörtel aus. Die Steinblöcke sind wie Legosteine zusammengesetzt und miteinander verzapft.

Als Baumaterial wurden hauptsächlich Kalkstein und Marmor von der Insel Brač verwendet. Im ersten Bauabschnitt wirkten vor allem italienische Architekten; Anfang der 1440er-Jahre übernahm der einheimische Baumeister und Bildhauer Juraj Dalmatinac die Leitung der Bauhütte. Auf ihn gehen der kreuzförmige Grundriss, die südlichen Bauteile – Chor, Taufkapelle und Sakristei – sowie das Konzept für die Vierungskuppel zurück.

In Ufernähe gelegen, dominiert die Kathedrale das Stadtbild. Als einer der bedeutendsten Sakralbauten in Dalmatien gehört sie seit 2000 zum Weltkulturerbe

① Seitenportal
Von der ersten Kathedrale an dieser Stelle übernahmen die Baumeister das von Löwen flankierte Portal, das an der östlichen Längsseite seinen Platz fand.

② Dach
Dalmatinac' Nachfolger Niccolò Fiorentino vollendete den Bau im Sinne seines großen Lehrers. Mit dem tonnengewölbten Dach, das aus ineinander greifenden Steinplatten ohne Verbindungsmaterialien konstruiert ist, gelang auch Fiorentino ein technisches Novum, das in Dalmatien seinesgleichen suchte.

③ Grabmal von Bischof Juraj Šižgorić
Gleich rechts neben dem Eingang, im ersten Joch, befindet sich das sehenswerte Grabmal des Bischofs und Humanisten Juraj Šižgorić, das 1454 nach Entwürfen von Juraj Dalmatinac entstand.

④ Dreikönigsaltar
Im zweiten Joch links neben dem Eingang verdient der Dreikönigsaltar mit Marmorreliefs von Niccolò Fiorentino und einem Gemälde von Bernardo Rizzardi Aufmerksamkeit.

⑤ Heiligkreuzaltar
Den berühmten Heiligkreuzaltar rechts vor der Vierung schuf ein Künstler aus Split um die Mitte des 15. Jh.s.

⑥ Hauptaltar
Hauptaltar und Holzkanzel sind barock.

⑦ Baptisterium
Eine schmale Treppe auf der rechten Seite der Vierung führt in das Baptisterium, einen wohlproportionierten Zentralraum mit vier gewölbten Apsiden und einem Taufbecken in der Mitte. Andrija Aleši vollendete das von Dalmatinac begonnene Renaissancejuwel.

⑧ Schatzkammer
In der Schatzkammer werden Arbeiten des Šibeniker Künstlers und Goldschmieds Horacije Fortezza aus dem 16. Jh. gezeigt.

Porträtköpfe: Zeugnisse der Meisterschaft von Juraj Dalmatinac als Bildhauer sind die über 70 Porträtköpfe, die in einem Fries um die Apsiden des Chors herumgeführt werden. Bei den individuellen Gesichtern mit zum Teil fratzenhaft überzogener Mimik handelt es sich um Zeitgenossen von Dalmatinac und Bürger der Stadt.

Mit den Rosetten der Kathedrale, die Licht ins Innere leiten, haben sich die Steinmetze ein besonderes Denkmal geschaffen.

Die Kathedrale ist nicht die einzige Sehenswürdigkeit am Domplatz, einem Meisterwerk der Stadtbaukunst. Die dem Hauptportal schräg gegenüberliegende Renaissanceloggia diente den einstigen Stadtvätern als Rathaus.

Bischofspalast An die Südseite der Kathedrale schließt sich der Bischofspalast aus dem 15. Jh. an. Beachtenswert an diesem Bau sind die **schön gestalteten Portale**: Das eine, spätgotische, führt in den Innenhof, das andere, im Stil der Renaissance, ins Innere des Palasts. In der Palastkapelle finden sich zwei außergewöhnliche Altarbilder aus der ersten Hälfte des 15. Jh.s: Das von Nikola Vladanow gemalte zeigt eine Schutzmantelmadonna, das zweite Gemälde, eine »Muttergottes mit vier Heiligen«, stammt aus dem Umkreis des Trogirer Künstlers Blaž Trogiranin.

Rektorenpalast, Städtisches Museum Direkt gegenüber dem Bischofspalast und von diesem nur durch eine schmale Gasse und das Seetor getrennt, liegt der ehemalige Rektorenpalast aus venezianischer Zeit. Er wurde zwischen dem 14. und 16. Jh. erbaut. Seine Hauptfassade mit spätgotischen Fenstern und Balkonen ist der Uferseite zugewandt. Heute beherbergt der Palast das **Städtische Museum**. Zu sehen sind hier Ausgrabungsfunde, Skulpturen, Münzen und Waffen aus der Geschichte der Stadt sowie folkloristische Kunst und Volkstrachten.

Sveta Barbara Hinter dem Museum versteckt sich die kleine gotische Kirche Sveta Barbara mit barockem Glockenturm. Mit ihrer Ausstellung sakraler Kunst ist sie heute Teil des Stadtmuseums. Die Lünette ihres Eingangsportals schmückt eine Statue des hl. Nikolaus, eine Arbeit, die um 1430 in der Werkstatt des Bildhauers und Baumeisters Bonino aus Mailand entstand. Die Seitenwand ziert ein spätgotisches Fenster desselben Meisters. Auch das Innere der kleinen Kirche, darunter die sehr gut erhaltenen Altäre, sind Werke der Spätgotik.

✶✶ Trg Republike Hrvatske (Domplatz) Der Trg Republike Hrvatske (Platz der Republik Kroatien) an der nordöstlichen Seite der Kathedrale, auch einfach Domplatz genannt, ist ein **Meisterstück der Stadtbaukunst** und sicher eine der gelungensten Platzanlagen im gesamten Reisegebiet. Der mächtigen Flanke des Doms, die den Platz nach Westen abschließt, antwortet die elegante Fassade der Stadtloggia, die von hohen, an den steilen Hang gebauten Wohnhäusern aus Haustein hinterfangen wird. Der Bodenbelag aus glänzenden, glatt geschliffenen Steinplatten unterstreicht den repräsentativen Charakter des Platzes.

Dalmatinac-Denkmal ► Am nördlichen Platzende wurde 1961 Juraj Dalmatinac ein Denkmal gesetzt. Juraj Dalmatinac wurde in Zadar geboren und starb 1473 in Šibenik. Die Statue des Baumeisters ist ein Werk von Ivan Meštrović (► Berühmte Persönlichkeiten), der aus dem Hinterland von Šibenik stammte.

✶ Stadtloggia Mit der Kathedrale im Rücken blickt man auf die zweigeschossige Stadtloggia, das ehemalige Rathaus von Šibenik. Sie wurde zwischen 1533 und 1542 errichtet und nach ihrer Zerstörung im Zweiten Weltkrieg wieder vollständig aufgebaut. Ihre Ausmaße geben eine Vorstellung von der einstigen Bedeutung Šibeniks. Auf dem

Erdgeschoss mit seinen weit gespannten Arkadenbögen ruht das durch neun rechteckige Fensterfelder gegliederte Obergeschoss, das mit einem fein profilierten Architrav abschließt. Der Balkon diente den einstigen Stadtvätern für Ansprachen an die Bürgerschaft.

Foscolo-Palast/ Franziskanerkloster

Steigt man die steile Treppe neben der Stadtloggia bergauf, dann kommt man zum ehemaligen Foscolo-Palast, später ein Franziskanerkloster. Er wurde um die Mitte des 15. Jh.s errichtet. Spätgotische Fenster und Renaissancereliefs schmücken seine Fassade. Der Palast ist ein schönes Beispiel für die repräsentative Wohnbaukunst jener Zeit. Gegenüber steht die Kirche Sveti Lovro, an deren Frontseite man in einer Felsenvertiefung die Grotte der Mutter Gottes von Lourdes eingerichtet hat. Nicht weit davon entfernt, in der Juraj-Dalmatinac-Straße, findet man die Kirche Sveti Grgur. In ihr zeigt das Stadtmuseum die **Dauerausstellung** »Juraj Dalmatinac und sein Werk außerhalb von Šibenik«. Gegenüber stand das Haus des Meisters; von ihm ist nur noch das Renaissanceportal erhalten.

Festung Sv. Mihovil (Sv. Ana)

Über Treppengassen erreicht man die eindrucksvolle Festung Sv. Mihovil (Sv. Ana genannt), die über den Dächern der Altstadt thront. Der Hang, an den Šibenik gebaut ist, fällt hier steil zum Meer hin ab.

Šibenik Orientierung

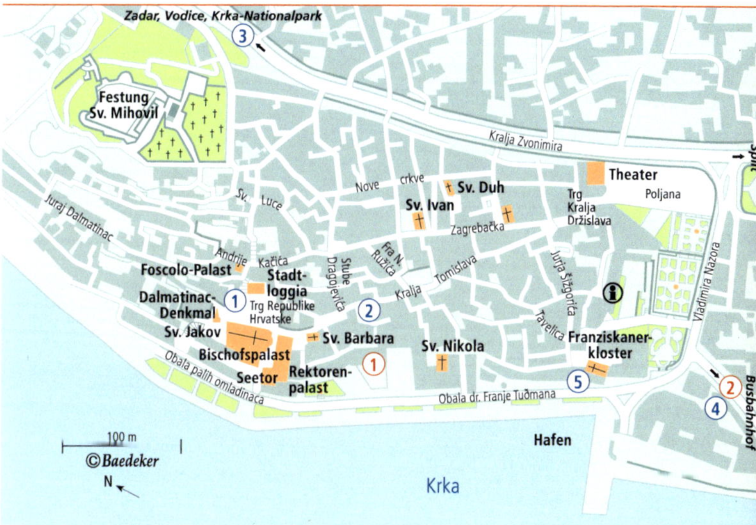

Übernachten
① Hotel Jadran
② Solaris Holiday Resort

Essen
① Restoran Gradska Vijećnica
② Restoran Alpa
③ Restoran Tic Tac
④ Zlatna ribica
⑤ Konoba Kanela

Der im Sommer schweißtreibende Aufstieg zur Festung lohnt sich: Von hier aus bietet sich ein **herrlicher Rundblick** über die Stadt, die Bucht und die vorgelagerten Inseln und Halbinseln. Sv. Mihovil ist die älteste Festung der Stadt; bereits um das Jahr 1000 stand hier eine Burg, die später mehrfach verändert wurde. Ihr heutiges Erscheinungsbild erhielt die Anlage zwischen dem 15. und 17. Jh. unter venezianischer Herrschaft. Weitere Burg- bzw. Verteidigungsanlagen sind die im 16. Jh. erbaute Nikolausfestung auf einer Insel in der Kanaleinfahrt, die im 17. Jh. sternförmig angelegte Johannesfestung und die Festung Šubićevac.

Altstadt

Zagrebačka ulica ►

Um ein abgerundetes Bild von Šibenik zu bekommen, sollte man nach dem Aufstieg zur Festung auch noch einen Bummel durch die hübsche Altstadt unternehmen, die von Bürgerhäusern und Adelspalais im Stil venezianischer Paläste gesäumt ist. Vor allem in der Zagrebačka ulica und ihren Seitengassen gibt es hübsche Kirchen, unter anderem Maria Himmelfahrt (Vaznesenija Bogorodice), die im 16. Jh. in ein orthodoxes Gotteshaus umgewandelt wurde und eine sehenswerte Inneneinrichtung sowie einen barocken Glockengiebel besitzt. Mit seinen Zwillingsglocken und den beiden Austritten für den Glöckner zählt er zu den **schönsten Glockentürmen Dalmatiens**.

Sveti Duh, Sveti Ivan

Aus einer Seitengasse lugt die filigrane Kirchenrosette von Sveti Duh (Heilig-Geist-Kirche) hervor. Sie ist mit dem benachbarten Bruderschaftshaus durch einen mit gotischen Säulen verzierten Durchgang verbunden. Die im 15./16. Jh. im Renaissancestil erbaute St. Johanniskirche (Sveti Ivan) besitzt schöne Reliefs an ihren Mauern, wie den hl. Johannes zwischen knienden Gläubigen. Solche Details an den Gemäuern machen Šibenik so liebenswert; ein Spaziergang durch das Gassenlabyrinth gleicht einer Entdeckungsreise.
Am südöstlichen Ende der Altstadt laufen die Zagrebačka und die Tomislava ulica zusammen und münden in den Theaterplatz mit dem Schauspielhaus von Šibenik. Durch die nach Rosmarin und Salbei duftenden Grünanlagen an der Vladimira Nazora oder durch Altstadtgassen erreicht man die Uferpromenade.

Franziskanerkloster

Hinter der belebten Uferstraße stehen zwei weitere interessante Kirchen, mit denen man den Stadtrundgang beschließen kann. Beachtenswert in der gotischen Franziskanerkirche sind die bemalte barocke Kassettendecke aus Lärchenholz, die Orgel aus dem 18. Jh. und die mit alten Schriften ausgestattete Klosterbibliothek.

Sveti Nikola

Die barocke Nikolauskirche gehörte der Bruderschaft der Seefahrer. In ihrem Inneren finden sich daher ungewöhnliche Weihegeschenke: Modelle von Segelschiffen.

Šibeniks Domplatz mit der Renaissanceloggia →

ŠIBENIK ERLEBEN

AUSKUNFT

Fremdenverkehrsverein Šibenik
Fausta Vraničića 18
22000 Šibenik
Tel. 022 / 21 20 75
Fax 022 / 21 90 73
www.sibenik-tourism.hr

VERANSTALTUNGEN

Juni/Juli: Internationales Kinderfestival mit Musik, Theater, Akrobatik und Spielen
August: Sardellenfest auf der Insel Zlarin, Eselrennen in Tribunj

EINKAUFEN

Die wichtigsten Einkaufs- und Flanierstraßen sind – abgesehen von der Uferpromenade – die Zagrebačka und die Kralja Tomislava ulica, die die Altstadt von Osten nach Westen durchqueren.

ESSEN

► Fein & teuer

① *Restoran Gradska Vijećnica*
Trg Republike Hrvatske 1
Tel. 022 / 21 36 05
In dem altehrwürdigen Stadthaus am Domplatz werden in erster Linie traditionelle Gerichte serviert. Umgeben von barockem Flair, sitzt man mittendrin in der Altstadt von Šibenik, ja sogar in der Stadtloggia selbst. Vielleicht findet dort gerade eine der beliebten Degustationen oder ein Jazzkonzert statt.

► Erschwinglich

② *Restoran Alpa*
Kralja Tomislava 17
Tel. 022 / 21 79 77
Inmitten der Altstadt von Šibenik lädt dieses Lokal zu exzellenten Fleisch- und Fischspeisen ein.

③ *Restaurant Tic Tac*
Hrokešina 5, Murter (Stadt)
Tel. mobil 098 / 27 84 94
Segelfreunde treffen sich hier traditionell gerne zu guten Fischgerichten, Steaks und Pasta in Schiffsatmosphäre.

④ *Zlatna ribica*
K. Spužvara 46
Šibenik-Brodarica
Preisgekröntes Restaurant mit einladender Veranda, das vor allem für sein Brodet und die schmackhaften Fischgerichte bekannt ist. Vermietung von teils komfortablen Zimmern. Zwischen Šibenik und dem Solaris-Resort gelegen.

► Preiswert

⑤ *Konoba Kanela*
Obala dr. Franje Tuđmana 5
Tel. 022 / 21 49 86
An der Uferpromenade gelegen mit wunderschöner Aussicht, lässt sich in dieser gemütlichen Konoba bei delikaten, regionalen Speisen das kulinarische Leben in Šibenik genießen.

ÜBERNACHTEN

► Luxus

② *Solaris Holiday Resort*
Hotelsko naselje Solaris bb
22000 Šibenik
Tel. 022 / 36 10 01
Fax 022 / 36 18 01
Tel. 022 / 36 40 40 (Camping)
www.solaris.hr
Die moderne Touristenanlage besteht aus fünf verschiedenen Hotels mit insgesamt 1500 Zimmern sowie einer Villensiedlung mit Appartements. Ein riesiger Campingplatz in einem Pinienwald am Meer gehört ebenfalls zur Ferienanlage, jede Parzelle ist 100 m² groß. Der kleinere Campingplatz Zablače schließt daran an.

Hotel Tisno
Zapadna Gomilica 8
22240 Tisno (Insel Murter)
Tel. 022 / 43 81 82
www.hoteltisno.com
Charmantes neues Familienhotel direkt am Wasser, es ist in einem alten Herrenhaus aus dem 19. Jh. untergebracht.

► **Komfortabel**

① *Hotel Jadran*
Obala dr. Franje Tuđmana 52
22000 Šibenik
Tel. 022 / 24 20 00
Fax 022 / 21 24 80
www.rivijera.hr
Das Jadran ist das einzige Stadthotel von Šibenik; es liegt direkt unterhalb der Altstadt an der Uferstraße, unweit der Kathedrale Sv. Jakov. Mit einer schönen Restaurantterrasse.

CAMPING

Autokamp Imperial
Vodice
Tel. 022 / 45 44 12
Fax 022 / 44 04 68
www.rivijera.hr
Der 2 ha große Campingplatz in Vodice bei Šibenik gehört zum Hotelkomplex Imperial und liegt direkt am Meer. Der 150 m lange Kiesstrand ist teilweise betoniert.

Camping Jezera Lovišća
Jezera
Tel. 022 / 43 96 00
Fax 022 / 43 92 15
www.jezera-kornati.hr
600 Plätze und 70 Bungalows im dalmatinischen Stil liegen in einer lang gestreckten Bucht. Der Campingplatz verfügt über eine Tennisplatzanlage.

Autokamp Slanica
Murter
Tel. 022 / 43 45 80
Fax 022 / 43 59 11
www.murter-slanica.hr
Das Camp liegt in der schönsten Bucht der Insel Murter (Sandstrand). In der Nähe sind zwei Restaurants, Supermarkt und Tennisplatz. Das Ortszentrum ist lediglich etwa 2 km entfernt.

Blick über die Altstadtdächer von Šibenik

Umgebungsziele im Landesinneren

Viel zu sehen Die Liste der Ausflugsmöglichkeiten von Šibenik ist lang. Ganz oben steht natürlich eine Bootsfahrt zu den ► Kornaten sowie ein Besuch des ► Krka-Nationalparks, aber auch die Insel Murter oder das pittoresk gelegene Städtchen Primošten lassen sich in Tagesausflügen von Šibenik aus besichtigen. Interessant ist aber auch eine Fahrt ins dalmatinische Hinterland von Šibenik, und damit verbunden ein Besuch der Städte Drniš und Knin. Beide Orte gehörten bis zum Sommer 1995 zur Republika Srpska Krajina (Republik Serbische Krajina), die die aufständischen Serben in Kroatien vier Jahre zuvor ausgerufen hatten.

Drniš In Drniš (2000 Einw.), 32 km östlich von Šibenik, errichteten die Türken im Jahr 1520 eine Festung, deren Ruinen oberhalb des kleinen Krka-Nebenflusses Čikola der Zeit trotzen; der Burghügel gewährt einen schönen Einblick in den Canyon der Čikola. Im Ort selbst steht eine Kirche, die durch den Umbau einer Moschee aus dem 16. Jh. entstanden ist. Gut erhalten ist das **Minarett**, das einzige in Dalmatien. Im Bezirksmuseum zu Drniš sind Werke des Bildhauers Ivan Meštrović zu sehen.
Während des Serbisch-Kroatischen Kriegs wurde die Stadt vor allem von serbischen Granaten in Mitleidenschaft gezogen, da sie am Schnittpunkt zur Krajina liegt. Das Stadtbild hat darunter sehr gelitten. Heute leben in diesem Grenzgebiet viele bosnische Kroaten.

? WUSSTEN SIE SCHON ...?

- ... dass selbst Queen Elisabeth II. bei besonderen Anlässen offenbar gerne auf Spezialitäten aus Drniš setzt? An ihrem 50. Kronjubiläum im Jahr 2002 stand neben anderem der berühmte Schinken des kroatischen Orts auf dem Speiseplan.

✶ Otavice Der kleine Ort Otavice, 9 km östlich von Drniš, wird hauptsächlich wegen des dortigen **Meštrović-Mausoleums** besucht, in dem der in Otavice geborene und aufgewachsene Bildhauer selbst (1883 – 1962, ► Berühmte Persönlichkeiten) und seine nächsten Angehörigen beigesetzt sind. Zu der Kapelle auf einem Hügel über dem Petrovo polje führt eine lange Treppe hinauf. Der Künstler selbst lieferte den architektonischen und künstlerischen Entwurf für seine Grabstätte, ausgeführt wurde das Projekt allerdings von seinen Schülern. Während des Sommers 1991 erlitt das Mausoleum schwere Beschädigungen durch serbische Truppen; mittlerweile ist es wieder saniert. Die ursprüngliche Eingangstür der Grabstätte, auf der alle Familienmitglieder (mit Ausnahme des letzten Sohns von Meštrovićs) abgebildet waren, und die Glocke über der Tür wurden allerdings gestohlen und sind nicht mehr aufzufinden. In Otavice befinden sich zudem das Haus der Familie des Künstlers sowie das von ihm entworfene Schulgebäude (Besichtigung des Meštrović-Mausoleums, Tel. mobil 091 / 555 28 63).

Knin

★ **Festung von Knin**

Beherrscht wird Knin von einer gewaltigen Festung auf dem Berg Spas, die im frühen Mittelalter erbaut und im 15. und 18. Jh. erweitert wurde. Ihre heutige Gestalt erhielt sie Ende des 19. Jh.s durch die kaiserlichen Truppen Napoleons und die Österreicher. Entsprechend ihrer Bauetappen besteht die Festung aus drei Teilen: die obere, untere und mittlere Burg. Auf der oberen Burg befand sich das administrative und militärische **Zentrum des altkroatischen Staats**. Hier residierten im Mittelalter die kroatischen Könige. An ihrem Eingang überspannt eine hölzerne Zugbrücke einen tiefen Graben. Die steinerne Tafel mit dem Markuslöwen über dem Festungstor verrät, dass sich die Venezianer, die sich bis 1797 für etwas mehr als 100 Jahre der Stadt bemächtigt hatten, mit Kriegslist zu helfen wussten: Die Steintafel ist beweglich und konnte in Kriegszeiten herumgeklappt werden, sodass der Feind nicht sehen konnte, welchem Machtsymbol die Festungsherren dienten; vielleicht ist die Festung auch deshalb noch so gut erhalten. Die Ruine des Gebäudes, in dem der Burgwart seine Wohnung hatte, ist noch zu sehen; auch Reste einer Zisterne und von Latrinen sind erhalten.
Auf dem Weg zur mittleren und unteren Burg findet man alles, was eine Festung zu bieten hat: Kerker, Kasernengebäude, Pulverlager, Bastionen, Festungsplatz, Lazarett, Schmiede, Aussichtspunkte, Bollwerke und Verteidigungsmauern. In einigen Gebäuden der Burganlage hat sich das Museum der Stadt Knin einquartiert. Im unteren Teil der Festung sind römische Gedenksteine zu sehen, die aus dem einstigen Römerlager Burnum stammen. Eine Büste zeigt den »Vater der kroatischen Archäologie«, Luju Marun (1857 – 1939). Auf ihn gehen die archäologischen Sammlungen in ► Split zurück. Die Kirche der hl. Barbara ist der Beschützerin der Artillerie geweiht. Das einstige Wachhaus – schräg gegenüber der Kirche – dient heute als Restaurant.

Kapitul

Die archäologische Fundstätte Kapitul befindet sich 1 km südöstlich von Knin. Hier stand einst das königliche Benediktinerkloster mit der Kirche Sv. Bartolomeja. Die Kathedrale wurde 1224 vollendet und 1522, als Knin von den Türken erobert wurde, zerstört.

Biskupija

Biskupija, 4 km südöstlich von Knin, war – wie der Name schon zu erkennen gibt – bis ins 13. Jh. Sitz eines Bischofs. Die Ortschaft liegt im Zentrum einer weiten Ebene namens Kosovo polje, in der noch Reste von fünf altkroatischen Kirchen aus dem 9. bis 11. Jh. erhalten sind. Der archäologische Bezirk in Biskupija wird demzufolge auch »Fünf Kirchen«; genannt. In der Siedlung Crkvina wurde die dreischiffige Basilika der hl. Maria (9. Jh.) ausgegraben; sie war die einst größte und prachtvollste altkroatische Kirche und Bischofssitz. In ihr fanden Archäologen im Bereich der steinernen Chorschranke **die älteste bekannte Muttergottesstatue** Kroatiens. Im Jahr 1938 wurde

Von der Küstenstraße bietet sich ein herrlicher Blick auf Primošten.

neben den Ruinenfragmenten der Kirche die Gedenkstätte »Unsere Madonna«; (Naša gospa) nach den Entwürfen des Bildhauers Ivan Meštrović errichtet. Anlass war der 850. Todestag des kroatischen Königs Zvonimir.

Burnum Zwei riesengroße steinerne Bögen, Reste des römischen Lagers Burnum, schmücken die Hochebene an der Straße von Knin nach Kistanje (25 km südwestlich von Knin). Das Heereslager entstand auf den Fundamenten eines früheren illyrischen Bauwerks und wurde im Jahr 639 während der awarisch-slawischen Kriege zerstört. Vorher hatte es sich zu einem **blühenden Handelszentrum** mit Heiligtum, Amphitheater, einem 15 km langen Aquädukt und gepflasterten Straßen entwickelt. Burnum kontrollierte das Gebiet des Brljan-Wasserfalls, bei dem die römischen Krieger den Fluss überquerten. Auch heute führt eine Straßenbrücke an dem lang gezogenen Brljan-See über den Wasserfall. Am imposantesten erscheint er im Frühjahr, wenn die Krka viel Wasser führt.

Umgebungsziele an der Küste

✶ Primošten Die malerische, von einem spitzen Kirchturm überragte Altstadt von Primošten (26 km südlich von Šibenik) breitet sich auf einem Inselchen aus, das durch einen Damm mit dem modernen Teil des Orts auf dem Festland verbunden ist – ein Postkartenmotiv, vor allem, wenn man von der Küstenmagistrale auf die Stadt blickt. Früher gab es hier nur eine Brücke (most), an die der Name des Städtchens erinnert. Im alten Inselort blieben noch Teile der dicken Stadtmauern aus dem 17. Jh. und viele schlichte Bürgerhäuser erhalten, wie sie für dalmatinische Fischerorte typisch sind. Gemütlich sitzen lässt es sich in den Cafés und Restaurants an der kleinen Uferpromenade. Die Hotelkomplexe und Campingplätze von Primošten liegen am Festland gegenüber der Altstadt. An den dortigen Fels- und Kiesstränden kann man herrlich baden.

Rogoznica

Mit seiner herrlichen Palmenpromenade ist das Fischerdorf Rogoznica (8 km südlich von Primošten) auf einer Halbinsel unterhalb der Küstenmagistrale ein kleiner Geheimtipp. Denn vom großen Touristenstrom ist Rogoznica bislang verschont geblieben. Von der Promenade steigen steile Gassen zur Kirche hinauf.

Vodice

Vodice (4000 Einw.), 11 km nordwestlich von Šibenik an einer breiten Bucht gelegen, ist ein bekannter Badeort mit vielen Hotels, Privatunterkünften, einem Campingplatz und einer Marina. In der Altstadt erwarten den Feriengast zahlreiche Restaurants und Cafés. Die Sehenswürdigkeiten der Stadt beschränken sich auf eine barocke Pfarrkirche und einen mittelalterlichen Wehrturm. Am südlichen Ende des Orts findet man schöne **Naturbadestrände**.

Im nördlichen Hinterland von Vodice steht auf einem Hügel die neu erbaute Wallfahrtskirche Muttergottes von Karmel, die weithin von der Adriastraße aus zu sehen ist. Dort oben genießt man einen herrlichen Ausblick über die ganze Umgebung. Die alte Kirche wurde im letzten Krieg von serbischen Freischärlern zerstört.

! *Baedeker* TIPP

Restaurant oder Trödelmarkt?

Man öffnet die alte Holztür der Gaststätte Santa Maria und glaubt, in einer exotischen Vogelvoliere gelandet zu sein: Im Foyer wird man von zwei Aras empfangen, im Restaurant stolziert ein Hahn herum. Ansonsten gleichen die Räumlichkeiten eher einem Trödelmarkt. Hier werden vorzügliche mexikanische und italienische Spezialitäten serviert (Restoran Santa Maria, Kamila Pamukovića 9, Vodice, Tel. 022 / 44 33 19).

Inseln im Archipel von Šibenik

Beliebte Ausflugsziele

Die kleinen vorgelagerten Inseln Krapanj, Prvić, Zlarin, Kaprije und Žirje sind durch regelmäßige Schiffsverbindungen mit dem Festland verbunden. Einen Fahrplan erhält man in den Büros der Fährlinie Jadrolinija in Vodice oder Šibenik, die sich am Hafen befinden. Die Inseln sind **autofrei**. Touristisch sind die Eilande bisher kaum erschlossen und gerade darin liegt der Reiz eines Ausflugs in den Archipel von Šibenik. Für nur wenige Kuna kann man im Rahmen eines Tagesausflugs ein oder zwei Inseln erreichen, an einsamen Stränden baden oder eine Wanderung unternehmen. Auf fast allen Inseln findet man eine romantische Fischkonoba mit gutem Essen.

Krapanj

Am Restaurant Zlatna Ribka in Brodarica, wenige Kilometer südlich von Šibenik, legt stündlich ein Boot zur nahe gelegenen Insel Krapanj ab. Der einzige Ort der Insel mit seinen bunt getünchten Häusern zieht sich an der dem Festland zugewandten Seite des flachen Eilandes entlang, sodass man ihn schon am Fischerkai von Brodarica gut überblicken kann. Mit 1,5 m Höhe über dem Meeresspiegel weist Krapanj die **niedrigste Seehöhe aller Adriainseln** auf. Auf das kleine Motorschiff wird samt Kind und Kegel alles geladen, was das Inselvolk zum täglichen Dasein benötigt. Die Schwammzucht bringt schon lange nicht mehr viel Geld, auch wenn die gelben Meeresschwämme als Souvenir in einem kleinen Kramladen am Hafen verkauft werden. Der Inselort scheint menschenleer, nur ein paar alte Fischer bieten eine Bootsrundfahrt um das Eiland an. Hinter den Häusern sprießen üppige Gemüsegärten zur Selbstversorgung, der übrige Teil des Inselzwergs ist von einem schattigen Pinienwald bewachsen.

Kloster ► Im Jahr 1435 kaufte die Fürstenfamilie Juri aus Šibenik das damals unbewohnte Krapanj der Kirche ab und schenkte es den bosnischen Franziskanern, die hier ein Kloster errichteten. Das Kloster mit einem schönen Kreuzgang zeigt heute eine **Ausstellung über die Schwamm- und Korallenfischerei**. Die Inselbewohner erlernten das Handwerk des Schwammfischens von griechischen Mönchen. Damals holte man die Schwämme mit dem Dreizack aus dem Meer; seit 1893 ging man dazu über, Tauchapparate einzusetzen. In der Klosterbibliothek befinden sich 23 Inkunabeln. Das Wandgemälde »Das letzte Abendmahl« im Refektorium stammt vom italienischen Maler Francesco da Santacroce. Er malte es im 16. Jh. eigens für das mit schweren Deckenbalken geschmückte Esszimmer des Klosters, als er auf dem Weg von Dubrovnik nach Venedig krank wurde und hier verweilte. Das Marienbildnis in der Klosterkirche ist mit Votivplättchen eingerahmt.

✶ **Prvić**

Die malerische Insel Prvić hat zwei Anlegestellen: eine in Šepurine, eine zweite in Luka. Die Kirche von Šepurine mit ihren Zwiebeltürmen überragt die grauen, mit kleinen Natursteinen gepflasterten Gassen. Die azurblaue Bucht mit ihren alten Booten verleiht dem kleinen Ort romantisches Flair. Verschlungen und verwunschen führen alle Wege auf den Inselhügel hinauf; oben genießt man einen reizenden Blick auf die roten Dächer des Fischerorts. Besonders schön sind in Šepurine die **»Witwenbalkone«** – eine Art Zwillingsdachgauben, von denen aus die Frauen einst nach den Schiffen ihrer Männer Ausschau hielten – und dies bisweilen heute noch tun. Bis zum anderen Inselhafen von Prvić, Luka, ist es ein Katzensprung. Auf dem Weg dorthin duftet es nach den blauen und lila Blüten der Rosmarin- und Lavendelhecken und dem Efeu, das sich üppig über die hohen Mauern schlingt. Überall summt und zirpt es im Gebüsch. Alte Villen reihen sich am Meer, das von flachen Sandstränden gesäumt ist: Wohlhabende Patrizier aus Šibenik kauften sich hier in der Vergangenheit Landsitze. Einer von ihnen war **Faust Vrančić** – Wissenschaftler, Historiker, Schriftsteller, Philosoph, Philo-

Luka ►

! *Baedeker* TIPP

Nur für ganz Mutige

Das Bungeejumping von der 40 m hohen Šibenik-Brücke, 4 km westlich der Stadt, wird auf Wunsch auch auf DVD festgehalten. Die Saison dauert von Juli bis Mitte September (Infos: www.bungee.com.hr).

loge, Mathematiker und Physiker. Unter anderem verfasste er ein Wörterbuch der »fünf edelsten Sprachen«, in die er selbstverständlich seine Muttersprache einbezog. Ein anderes Werk, »Machinae novae«, beinhaltet seine technischen Fortschrittsgedanken. Er starb 1617 in Venedig und wurde in der Pfarrkirche in Luka begraben. In der Bucht Draga an der nordwestlichen Seite der Insel leben noch heute die Nachkommen seiner Familie.

Mittagshitze in Zlarin

Die Insel **Zlarin** rühmt sich seiner **Korallen und seines Schmucks**, den die Einheimischen aus ihnen fertigen. Teilweise werden die Schmuckstücke mit Gold und Silber eingefasst, weshalb Zlarin nicht nur als »Koralleninsel«, sondern auch als »Goldene Insel« bezeichnet wird. Doch der Schmuckherstellung aus Korallen droht das unwiederbringliche Ende: Die Bestände sind erschöpft, gefährliche Tieftauchgänge wären vonnöten, um die letzten Ressourcen auszubeuten. Doch dazu fehlt die nötige Ausrüstung. Dennoch existieren in der Ortschaft Zlarin noch Schauwerkstätten, die nachmittags ihre Türen für Besucher geöffnet halten und in denen einige Schmuckstücke zum Kauf angeboten werden (knappe Ressourcen führen zu stattlichen Preisen!). Von Zlarin aus lohnt sich eine 2 bis 3 km lange Wanderung auf den **Gipfel des Klepac**, mit 170 m ü. d. M. die höchste Erhebung der Insel. Vom Aussichtsturm auf dem Klepac ist der Panoramablick auf den Šibeniker Archipel überwältigend.

Murter

Vier Ortschaften und eine Brücke

Mit knapp 19 km^2 ist Murter die größte Insel im Archipel von Šibenik. Durch eine 30 m lange Zugbrücke im Inselort Tisno ist sie mit dem Festland verbunden, das hier in einer breiten Landzunge ins Meer ragt. In den vier Ortschaften auf Murter – Tisno, Betina, Jezera und Murter – leben etwa 5000 Menschen. Die Insel ist wegen ihrer Strände und Freizeitmöglichkeiten bei Bade- und Campingurlaubern beliebt. In allen Touristenbüros der Insel werden Ausflugsfahrten zu den ►Kornaten angeboten.

Tisno

Seit dem Jahr 1832 führt die Zugbrücke vom Festland nach Tisno, wo eine lange Stadtriva mit ein paar Hotels und Restaurants die Meerenge (tisno = eng) säumt. Schön ist der etwa 1 km lange Spazierweg vom Autokamp Jazina zu den kleinen Siedlungen Kapovi und Girin. Tisno ist ein bedeutender Mittelpunkt im katholischen Bistum Šibenik. Während der großen **Wallfahrt** der Madonna von Caravaggio pilgern die Gläubigen aus den Bistümern Šibenik und Zadar zu der 1792 errichteten Kirche oberhalb Tisnos. Das Bild der Mutter Gottes an der Seitenwand der Kirche zeigt die wundertätige Madonna, die der Überlieferung nach 1342 in der Nähe von Caravaggio bei Mailand erschienen sein soll.

Jezera Seit dem Bau eines ACI-Jachthafens und der Einrichtung einer Segelschule ist es in Jezera im Sommer lebhaft geworden. Am Ende der Marina locken sehr schöne, flache Kieselstrände zum Badevergnügen im glasklaren Wasser. Auf der anderen Seite der Bucht findet man dagegen zerklüftete Felsenstrände unter schattigen Pinien. Dabei blickt man auf grüne, kreisrunde Inselzwerge, die malerisch vor der Küste im Meer schwimmen. Diesen Ausblick genießt man auch von den Terrassen und Balkonen der Ferienwohnungen, die in den Einfamilienhäusern am Ufer angeboten werden. In Jezera feiert man alljährlich von Mitte Juli bis Ende September die **»Tage des Meeres«** mit Fischern aus aller Welt. Dann treten Folkloregruppen mit Liedern und Tänzen auf, Regatten und Kunstausstellungen werden abgehalten, außerdem das Wettschwimmen der Frauen. Zwischen Tisno und Jezera liegt in der Bucht Lovišca das gleichnamige Autokamp. Weiß strahlen die hübschen Bungalows in der tintenblauen Bucht. Die riesige Tennisanlage ist ein Mekka für Sportfreunde.

! *Baedeker* TIPP

»Anheuern« auf der »Tomiša«

In der Hafenbucht von Jezera ankert der Fischkutter »Tomiša« der Fischerfamilie Tomislav Klarin, die auf eine 100-jährige Tradition des Fischfangs zurückblickt. Herr Klarin bietet Fischfangtouren für Touristen an. Dabei kann man beobachten, wie die Fischer ihre Netze auswerfen, wieder einziehen und die Fische sortieren (Tomislav Klarin, Obala Sv. Ivana 2, 22242 Jezera, Tel. 022 / 43 92 28, www.tomisa-jezera.com). Auch das Schiff Andrija in Murter bietet Fischerausflüge an.

Murter (Ort) Der Hauptort der Insel, Murter, teilt sich in eine Oberstadt und in die in einer weiten Bucht liegende Unterstadt Hramina mit einem großen Jachthafen. Dort befinden sich das Touristenbüro, die meisten Geschäfte, Cafés und Restaurants. Das einzige Hotel am Ort – das Colentum, ein Mittelklassehotel mit 80 Zimmern – liegt westlich außerhalb, zu erreichen über eine Abzweigung am Ortseingang. Unterhalb dieses Hotels, in der bewaldeten Bucht Slanica, ist einer der **hübschesten Badeplätze** auf der Insel mit einem kleinen, flachen Sandstrand zwischen Felsen – beliebt vor allem bei Familien mit Kindern.

Historische Siedlung Colentum Der römische Schriftsteller Plinius und der griechische Philosoph Ptolomäus erwähnten im 1. und 2. Jh. die Siedlung Colentum in ihren Schriften. Sie erlebte ihre Blütezeit während der Herrschaft der

Kaiser Nero (54–68) und Vespasian (69–79). Die Ausgrabungen am Fuß des Bergs Gradina auf der tiegelförmigen Landzunge zwischen Murter und Betina zeugen von ausgesprochen luxuriösen Sommervillen römischer Patrizier aus den damaligen Metropolen Skardona (Skradin) und Zadar. Die gepflasterten Straßen verfügten über ein ausgeklügeltes Abwassersystem und ähnelten den heutigen Gassen in den dalmatinischen Altstädten. Die größte Villa erstreckte sich 50 m am Meer entlang. Die Überreste der gemauerten Riva sind noch heute im Meer sichtbar. Natürlich verfügte die Villa über eine Zisterne und eine Bodenheizung sowie über rosafarbene Marmorfliesen und Freskogemälde an den Wänden, auf denen illustre Fischerszenen dargestellt sind. Im Archäologischen Museum von ► Zadar sind die Funde ausgestellt. Wahrscheinlich wurde Colentum durch ein Erdbeben zerstört.

Betina

In östlicher Richtung geht Murter fast nahtlos in den Nachbarort Betina über, der noch weitgehend seinen dörflichen Charakter bewahrt hat. Außer der Kirche Sveti Frane Asiskog auf dem Hügel über dem Meer und den verwunschenen Natursteingassen besitzt Betina einen Jachthafen. In den etwa 100 kleinen Familienwerften wird die Gajeta gebaut – das typische kroatische Fischerboot. Es ist gewöhnlich 9 bis 12 m lang, 4 m breit und fasst zwischen 5 und 12 Tonnen.

★★ Split

N 8

Höhe: 5 m ü. d. M.
Einwohnerzahl: 189 000
Gespanschaft: Dalmatien-Split

Split ist nach Zagreb die zweitgrößte Stadt Kroatiens und zugleich die wirtschaftliche und kulturelle Metropole Dalmatiens. Vor allem der monumentale Diokletianpalast, in dessen Mauern die Altstadt von Split entstanden ist, aber auch mehrere bedeutende Museen, ein erholsamer Stadtpark und die elegante Uferpromenade verleihen der Stadt ihren unvergesslichen Charme.

Wirtschaft und Kultur

Die kulturelle Bedeutung von Split lässt sich an unterschiedlichen Faktoren ablesen. Split ist Sitz einer Universität, zahlreicher Fachschulen und verschiedener wissenschaftlicher Einrichtungen sowie auch wichtiger Verlage und bekannter Zeitungen. Außerdem gibt es in der Stadt eine Vielzahl von Museen oder Sammlungen, Bibliotheken, Galerien und Theater.

Die ökonomische Bedeutung der Stadt für Kroatien ist groß: Die an der Peripherie angesiedelten Zementfabriken, die Betriebe der Chemie-, Elektro- und Nahrungsmittelindustrie sowie die großen Werften leisten einen wesentlichen Beitrag zur Versorgung des Landes. Neben dem Fährhafen besitzt Split auch einen Überseehafen.

Stadt mit vielen Gesichtern

Wie fast alle Großstädte, so hat auch Split viele Gesichter. Der erste Eindruck der Stadt wird bestimmt von dem breiten Gürtel der Trabantensiedlungen, durch die sich das Stadtgebiet in den vergangenen Jahrzehnten vergrößert hat. Umso mehr erstaunt, dass sich der mittelalterliche Kern um den Diokletianpalast so unversehrt erhalten hat und von größeren Bausünden verschont blieb. Großstädtisch zeigt sich Split vor allem an der Hafenpromenade und in den Stadtvierteln, die seit dem 19. Jh. um das alte Zentrum herangewachsen sind. Die grüne Lunge der Stadt ist der als Halbinsel in die Bucht von Split ragende, dicht bewaldete Marjan-Berg.

Geschichte

78 v. Chr.	Römer erscheinen im Gebiet von Split.
um 300 n. Chr.	Für den römischen Kaiser Diokletian wird der Diokletianpalast gebaut.
6. Jh.	Split wird Erzbischofssitz.
4.–18. Jh.	Wechselnde Herrscher in Split (Byzanz, kroatisch-ungarisches Königreich, Venedig)
1815	Split wird österreichisch.
1918	Split kommt zum späteren Jugoslawien.
2. Weltkrieg	Als Partisanenhochburg wird Split von den Italienern bombardiert und 1944 von Titos Partisanen befreit.
seit 1991	Autonomistische Bestrebungen für Dalmatien werden besonders in Split laut.
2004	Die Stadt feiert ihr 1700-jähriges Bestehen.

Die Region von Split war bereits im Neolithikum besiedelt. Später ließen sich illyrische Stämme, dann die Griechen und ab dem 1. Jh. n. Chr. die Römer in dem Gebiet nieder. Erst im 3. Jh. n. Chr., mit dem Bau des Diokletianpalasts, nahm das römische Split als Stadt Kontur an.

Nordwestlich von Split entstand im 9. Jh. der kroatische Staat, mit dessen Herrschern das inzwischen byzantinische Split vielfältige Kontakte unterhielt. Im 10. und 11. Jh. bildete sich eine **autonome Stadtverwaltung** heraus, die auch während der rund 300 jährigen Zugehörigkeit zum kroatisch-ungarischen Königreich Bestand hatte. Der wirtschaftliche Aufschwung der Stadt wurde während der venezianischen Herrschaft (1420 – 1797) gebremst, da Venedig den politischen Spielraum Splits einschränkte und zudem immer wieder Angriffe der Türken drohten, vor denen man sich mit dem Bau von Befestigungsanlagen zu schützen suchte. Während des napoleonischen Zwischenspiels, das die Regierungszeit der Habsburger (1797 – 1918) zwischen 1805 und 1813 kurz unterbrach, wurde ein großer Teil der Stadtmauern entfernt, die Uferanlagen befestigt und Straßen angelegt – kurzum: Der Boden für eine **großstädtische Stadtentwicklung** war bereitet. Nach dem Zusammenbruch der Donaumonarchie kam Split

1918 zum Königreich der Serben, Kroaten und Slowenen. Die Tatsache, dass Zadar während der Zwischenkriegszeit italienisch war, erhöhte die Bedeutung der Stadt für den jungen Staat. Im Zweiten Weltkrieg war Split eine Hochburg der Partisanenbewegung.

Nach dem Zerfall Jugoslawiens und der Ausrufung der unabhängigen Republik Kroatien im Sommer 1991 machten sich in Dalmatien und besonders in Split wieder autonomistische Tendenzen bemerkbar. Der übertriebene Nationalismus gewisser Regierungskreise und der von oben verordnete Zentralismus weckten den sprichwörtlichen **Widerspruchsgeist der Dalmatiner**. Es ist deshalb kein Zufall, dass das kritische Satireblatt »Feral Tribune« ausgerechnet in Split herausgegeben wird.

! *Baedeker* TIPP

Split your costs ...

... with Splitcard! Ein guter Slogan für eine gute Sache: Für 5 Euro – bei einem Aufenthalt von mehr als drei Tagen in der Stadt ist sie gar kostenlos – erhält man in der Touristeninfo, in Reisebüros und Hotels die Splitcard. Sie ist 72 Stunden gültig und gewährt zum Teil kostenlosen, zumindest aber reduzierten Eintritt in zahlreiche Museen und Galerien. Rabatt erhält man beim Kauf von Theaterkarten, in einigen Restaurants und Hotels sowie bei Mietwagenfirmen.

Sonnenplatz an der Uferpromenade in Split

Highlights Split

Diokletianpalast
Für den riesigen antiken Komplex mit seinen vielen einzelnen Sehenswürdigkeiten sollten Sie sich ruhig einen ganzen Tag Zeit nehmen.
► Seite 246

Der Diokletianpalast prägt die Altstadt von Split.

Kathedrale Sveti Duje
Besonders im Inneren des einstigen Mausoleums kann man zwischen spätromanischer Architektur und nachantiker Ausstattung schwelgen.
► Seite 247

Peristyl
Suchen Sie sich ein schattiges Plätzchen unter den Arkaden des schönsten Platzes im Diokletianpalast. Die Säulen mit ihren korinthischen Kapitellen verbreiten römisches Ambiente.
► Seite 250

Narodni trg
Die Gebäude des Platzes aus allen Stilepochen vermitteln einen repräsentativen Überblick über die architektonische Entwicklung der Stadt.
► Seite 252

Uferpromenade
Auf der Uferpromenade bummeln gehört zu den angenehmsten Betätigungen in der Metropole Dalmatiens.
► Seite 253

✶✶ Altstadt · Diokletianpalast

Diokletianpalast

(detaillierte 3-D-Darstellung S. 250) ►

Der zwischen 295 und 305 für Kaiser Diokletian (► Berühmte Persönlichkeiten) erbaute Palast ist trotz der vielen späteren Veränderungen das am besten erhaltene und **eindrucksvollste Denkmal der römischen Architektur** in Dalmatien. Bautypologisch vermischt sich bei diesem gewaltigen Gebäudekomplex das römische Castrum (Heerlager) mit Elementen einer antiken Villa. Der Palast hat einen annähernd quadratischen Grundriss (180 m x 215 m) und nimmt damit eine Fläche von mehr als 30 000 m² ein. Die Außenmauern des Palastbezirks sind bis zu 18 m hoch und 2 m dick; am besten erhalten ist die Nordmauer. Verstärkt wurden die Umfassungsmauern von vier Ecktürmen (von denen nur der im Südwesten nicht mehr erhalten ist) und sechs viereckigen Türmen an den Landseiten. Durch drei große, mit achteckigen Türmen besetzte Tore gelangt man heute wie damals in den Palast. Im Süden der Anlage befanden sich Repräsentationsräume und Thermen sowie die kaiserlichen

Gemächer, durch das Vestibül mit dem zentralen Peristyl verbunden. Der Südflügel, dessen elegante Fassade man heute von der Uferpromenade aus gut betrachten kann, grenzte in der Antike direkt ans Meer, sodass die großen kaiserlichen Galeeren an der Palastmauer anlegen konnten, was auch strategisch durchaus von Vorteil sein konnte.

★★ **Kathedrale Sveti Duje**

Stufen führen vom Peristyl des Palasts hinauf zur Domniuskathedrale (Sveti Duje), dem ehemaligen Mausoleum von Kaiser Diokletian. Das antike Bauwerk, ein Oktogon, das von einem offenen Säulengang umgeben ist, wurde im 7. Jh. vom päpstlichen Gesandten Johannes von Ravenna zur christlichen Kirche geweiht und um die Mitte des 10. Jh.s zur Kathedrale des neu gegründeten Bistums Split erhoben.

◄ Innenraum

Das Innere der Kirche ist überwältigend – eine faszinierende Mischung aus der überfeinerten spätrömischen Architektur und einer

Split • Altstadt *Orientierung*

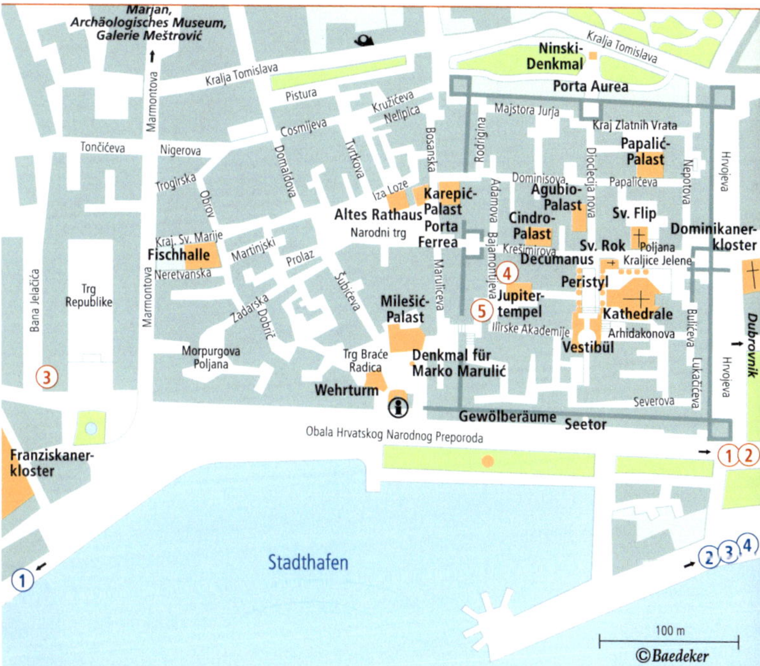

Übernachten

① Hotel Park
② Le Méridien Lav
③ Hotel Bellevue
④ Hotel Jupiter
⑤ Hotel Slavija

Essen

① Stellon
② Adriatic Grašo
③ Šumica
④ Boban

SPLIT ERLEBEN

AUSKUNFT

Turistički informativni centar (TIC)
Peristyl im Diokletianpalast
21000 Split
Tel. 021 / 34 56 06
Fax 021 / 33 98 98

Touristinformation
Trg Republike 2
21000 Split
Tel. 021 / 34 86 00
www.visitsplit.com

VERANSTALTUNGEN

Mai: Fest des Schutzpatrons der Stadt Split
Juli/August: Spliter Sommer (Splitsko ljeto) mit Oper, Theater, Ballett und Konzerten
August: Sinjska alka – Reiterwettstreit in historischen Kostümen in Sinj

EINKAUFEN

Die Uferpromenade ist die Einkaufsmeile in Split. Am ihrem östlichen Ende stößt die Uferpromenade auf die Hrvojeva ulica, werktags ein einziger überquellender Marktplatz. Zu kaufen gibt es hier neben diversen Lebensmitteln auch Haushaltsartikel, Spielzeug, Textilien, Lederwaren und natürlich jede Menge Souvenirs. Nördlich der Kathedrale erstreckt sich der Kraljice-Platz mit Cafés, Souvenirgeschäften und -ständen.

ESSEN

► Erschwinglich

① *Stellon*
Stadtstrand Bačvice
Tel. 021 / 49 82 00
Beliebtes Lokal mit schmackhafter internationaler Küche, das direkt neben dem quirligen Stadtstrand liegt; daher oft gut besucht.

② *Adriatic Grašo*
Uvala Baluni
Tel. 021 / 39 85 60
Raffiniertes Slow Food wird mit Blick auf den Yachthafen serviert.

③ *Šumica*
Put Firula 6
Tel. 021 / 38 98 97
Das traditionsreiche Fischlokal liegt östlich des Stadtstrands Bačvica. Auf der großen Terrasse schmeckt die Pasta mit Scampi gleich noch viel besser.

④ *Boban*
Hektorovićeva 9
Tel. 021 / 54 33 00
Boban ist eine Institution in Split: Im 1973 eröffneten Restaurant werden Fisch und Meeresfrüchte mit feinen Saucen serviert, aber auch Frösche und Fleischgerichte kommen im Viertel Firule, östlich des Zentrums auf den Tisch.

ÜBERNACHTEN

► Luxus

① *Hotel Park*
Hatzeov perivoj 3, 21000 Split
Tel. 021 / 40 64 06, Fax 40 64 03
www.hotelpark-split.hr

Das traditionelle Haus besteht seit 1921. Neben seinem mediterranen Ambiente bietet es luxuriöse Zimmer, erstklassige Restaurants und Bars sowie einen Health Club mit Sauna, Fitness und Massage.

② *Le Méridien Lav*
Grljevačka 2a
21312 Podstrana
Tel. 021 / 50 05 00
Fax 021 / 50 07 05
www.starwoodhotels.com
Das komplett umgebaute Luxushotel erreicht man 8 km südlich von Split. Designgarten, eigener Jachthafen, riesige Zimmer mit Blick auf die Inselwelt und ein modernes Wellnesszentrum machen das Haus zu einem echten Urlaubsvergnügen der gehobenen Klasse.

► Komfortabel

③ *Hotel Bellevue*
Bana Josipa Jelačića 2
21000 Split
Tel. 021 / 34 56 44
Fax 021 / 36 23 83
www.hotel-bellevue-split.hr
Schönes Hotel am Fuße des Marjan-Parks, bei der Kirche Sv. Frane, mit Blick auf das Meer und den Hafen von Split. Bis zur Altstadt von Split sind es wenige Gehminuten.

► Günstig

⑤ *Villa Varoš*
21000 Split
Tel. 021 / 48 34 69
www.villavaros.hr
Einfache, helle Zimmer und behagliche Appartements im zentral gelegenen Viertel Varoš.

Appartements Ivanka

Petrica 10
21000 Split
Tel. 021 / 31 45 38
Fax 021 / 31 45 39
www.tomnik.net
Das urige Steinhaus, lediglich drei Minuten Fußweg vom Diokletianpalast entfernt, beherbergt zwei einfache Appartements. Mit Sat-TV und Klimaanlage. Das Vermieterehepaar Tomašević kommt aus Essen und versorgt die Gäste mit saisonalen Spezialitäten, Hauswein und

kostbaren nachantiken Ausstattung. Auffällig ist zunächst die Wandgliederung des 25 m hohen, überkuppelten Zentralraums durch zwei Reihen korinthischer Marmorsäulen, die ein reich verziertes, plastisch vortretendes Gebälk tragen. Der Relieffries unter dem Gebälk der oberen Säulenreihe zeigt Darstellungen von Eros auf der Jagd sowie die Porträts von Kaiser Diokletian und seiner Frau Prisca. Die Kuppel war ursprünglich auch noch mit Mosaiken ausgekleidet. Unter den Ausstattungsstücken ist vor allem die monumentale Domtür aus Nussholz sehenswert, die 1214 Andrija Buvina schuf. Die 28 von Pflanzenornamenten umrahmten Türfelder mit Szenen aus dem Leben Christi zählen zu den wertvollsten Werken romanischer Kunst in Dalmatien. Das gilt auch für die spätromanische Kanzel aus dem späten 13. oder frühen 14. Jh., die auf sechs grazilen Marmorsäulen mit herrlichen, fein gearbeiteten Kapitellen ruht. Über den spätantiken Sarkophagen der beiden Stadtpatrone von Split, Domnius und

DIOKLETIANPALAST (REKONSTRUKTION)

★★ Im Diokletianpalast begann Splits Geschichte. Um das Jahr 300 ließ der römische Kaiser Diokletian, der für seine Reform des Römischen Reichs und für die Christenverfolgung bekannt ist, hier, ganz in der Nähe seines Geburtsorts in Dalmatien, seinen Alterssitz erbauen. Der riesige Palast (über 30 000 m²) ist heute in die Altstadt von Split integriert. Wer durch seine Gassen schlendert, ahnt, warum die UNESCO den Komplex in die Liste der Weltkulturerbe aufgenommen hat. Große Teile des Palasts sind gut erhalten und demonstrieren eindrucksvoll das hohe Niveau römischer Baukunst.

Der in nachantiker Zeit verlassene Diokletianpalast wurde seit der Völkerwanderungszeit von den Einwohnern des zerstörten Salona (Solin) genutzt, die auf der Flucht vor den Awaren waren. Über und in den römischen Bauten entstand nach und nach eine Stadt, deren Häuser bis heute fast unverändert erhalten sind.

① Seetor
Von der Uferpromenade betritt man den Palast durch das kleine Seetor. Hinter dem Tor liegt ein Labyrinth von Räumen, ehemaligen Festsälen, von deren Ausstattung mit Marmor, Wandmalereien und Mosaiken leider nichts erhalten blieb.

② Gewölberäume
Die einstigen Festsäle werden heute für Ausstellungen genutzt. Ihre Gewölbe zeugen von dem hohen Niveau der römischen Baukunst und -technik.

③ Kathedrale Sveti Duje
Das antike Bauwerk, ein Oktogon, das von einem offenen Säulengang umgeben ist, wurde im 7. Jh. vom päpstlichen Gesandten Johannes von Ravenna zur christlichen Kirche geweiht und um die Mitte des 10. Jh.s zur Kathedrale des neu gegründeten Bistums Split erhoben.

④ Sveti Rok
An der Ostseite des Peristyls steht die Rochuskirche aus dem 16. Jh. mit schöner Renaissancefassade (heute Touristenbüro und Souvenirladen).

⑤ Sveti Filip
Am Kraljice-Platz befindet sich die von dem venezianischen Architekten Francesco Melchiori 1735 erbaute Philippus-Neri-Kirche.

⑥ Peristyl
Der längliche Platz wird an beiden Längsseiten von Arkaden über hohen Säulen mit korinthischen Kapitellen gefasst. Die vier Säulen an der südlichen Schmalseite, hinter der die kaiserlichen Wohnräume lagen, überfängt ein breiter Dreiecksgiebel mit eingeschnittenem Rundbogen. In der Renaissance und im Barock wurden hier zwei Kapellen eingefügt.

⑦ Papalić-Palast
Der Stadtwohnsitz der Patrizierfamilie Papalić beherbergt heute das Städtische Museum. Ausgestellt sind neben Urkunden und anderen Exponaten zur Stadtgeschichte eine bedeutende Münzsammlung. Das romanische Wohnhaus wurde im 15. Jh. durch Juraj Dalmatinac im Stil der venezianischen Gotik erneuert.

⑧ Agubio- und Cindro-Palast
Stilmerkmale der Gotik und der Renaissance finden sich an den beiden Patrizierpalästen in der Krešimirova und in der Dioklecijanova ulica.

⑨ Porta aurea
Auch der nördliche Stadteingang, das Goldene Tor (Porta aurea), zeigt eine ungewöhnliche Schmuckfreude. In den äußeren Gang über der Porta aurea wurde im frühen Mittelalter die altkroatische Martinskapelle eingefügt.

⑩ Porta ferrea
Durch die Porta ferrea, Eisernes Tor, gelangt man in die Altstadt westlich des Diokletianpalasts. In einem äußeren Gang über dem Eisernen Tor befindet sich die frühmittelalterliche Kirche »Unsere Liebe Frau vom Glockenturm«. Der Campanile aus dem 11. Jh. ist der älteste in Split.

⑪ Ninski-Denkmal
Jenseits der Palastmauer, in der Achse der Porta aurea, steht das von Ivan Meštrović gefertigte Standbild des Bischofs Grgur von Nin. In der Nähe finden sich Überreste eines Benediktinerinnenklosters und der Euphemiakirche.

Das Peristyl bietet heute eine grandiose Kulisse für die dortigen Cafés. Zu Lebzeiten des Kaisers diente der Platz der Repräsentation, denn hier zeigte sich der Herrscher seinen Untertanen und empfing Boten.

Der vom 13. bis zum 16. Jh. entstandene Glockenturm der Kathedrale Sveti Duje weist Stilmerkmale von der Romanik bis zur Renaissance auf. Im ersten Stockwerk sind drei romanische Reliefs eingemauert.

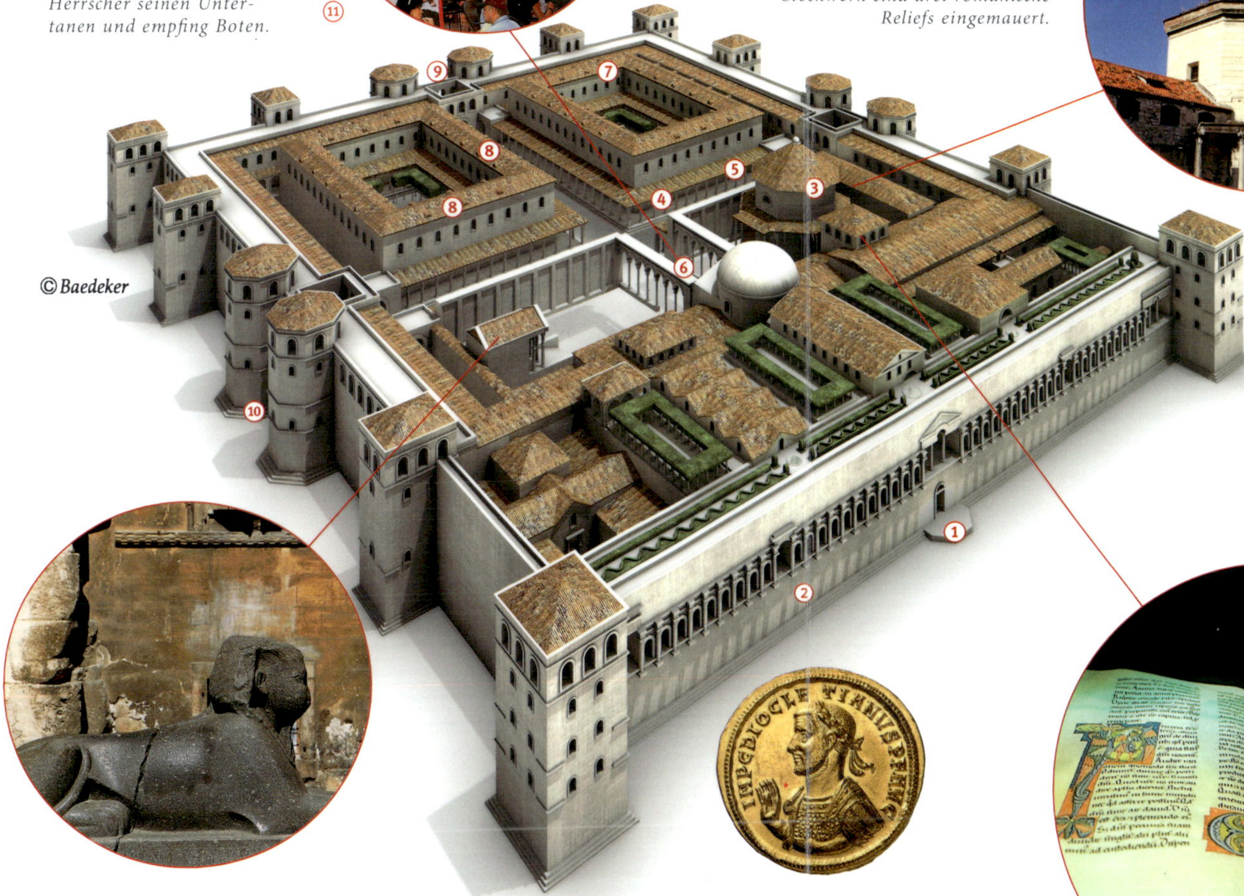

Die Schatzkammer im ersten Stock der Sakristei birgt sakrale Kostbarkeiten vom frühen Mittelalter bis zum 19. Jh., u. a. Gold- und Silberschmiedearbeiten, ein Ziborium und viele bedeutende Handschriften.

Sphinx vor dem Jupitertempel. Der spätantike Tempel, später zum Baptisterium St. Johannes umfunktioniert, besitzt ein reich geschmücktes Portal. Sehenswert sind auch das mit Flechtwerkornamentik geschmückte Taufbecken, mehrere Sarkophage und eine moderne Bronzestatue Johannes des Täufers von Ivan Meštrović.

Der einstige römische Kaiser Diokletian verbrachte die letzten 10 Jahre seines Lebens in diesem gigantischen Komplex. Bekannt ist der ehrgeizige Emporkömmling aus einfachen Verhältnissen vor allem für seine grausame Verfolgung der Christen Anfang des 4. Jahrhunderts.

Anastasius, wurden im 15. Jh. links und rechts des Hochaltars Baldachinaltäre errichtet, die ebenfalls Beachtung verdienen. Der rechte Seitenaltar mit der Liegefigur des hl. Domnius ist ein Werk von Bonino da Milano. Ihm entspricht auf der linken Seite der Altar des hl. Anastasius (1448). Juraj Dalmatinac (► Berühmte Persönlichkeiten), der Baumeister der Kathedrale von ► Šibenik, schuf für diesen Altar das herrliche, bereits die Auffassung der Renaissance widerspiegelnde Relief mit der »Geißelung Christi«. Hinter dem barocken Hochaltar befindet sich das sehenswerte romanische Chorgestühl aus dem 13. Jh., das wohl älteste in Dalmatien.

Altstadt außerhalb des Diokletianpalasts

✶ Narodni trg

An der Westseite des Diokletianpalasts schließen zwei der schönsten Plätze der Stadt an: Der Narodni trg (Volksplatz), auch Laurentius-, Wirtschafts-, Waffenplatz oder einfach Piazza genannt, entstand im frühen Mittelalter, als sich die Stadt allmählich auch außerhalb der antiken Gemäuer auszudehnen begann. Mit den umstehenden Gebäuden aus allen Stilepochen vermittelt der Platz einen repräsentativen Überblick über die architektonische Entwicklung der Stadt. An der Nordseite des Platzes steht das im 15. Jh. erbaute, im 19. Jh. restaurierte Rathaus, in dem heute das **Ethnografische Museum** untergebracht ist. Es besitzt eine reichhaltige Sammlung von Volkstrachten, textiler Kunst und Schmuckgegenständen aus ganz Dalmatien. An das Museum schließt der Karapić-Palast mit Stilmerkmalen der Renaissance und des Manierismus an. An der Ostseite des Platzes, also zum Diokletianpalast hin, steht das romanisch-gotische Haus von Cipriano de Ciprianis aus dem 14. Jh. mit romanischen Rundbogenfenstern und einer großen Antoniusfigur in einer Nische. Wenige Meter entfernt, befindet sich ein weiteres romanisches Gebäude, das wie ein Wehrturm wirkt und an dem im 15. Jh. die städtische Uhr angebracht wurde. Ebenfalls auf der Ostseite sind Reste der mittelalterlichen Loggia (14./15. Jh.) zu erkennen. Die Südseite des Platzes wird von dem Palais Pavlović aus dem 17. Jh. beherrscht, während sich an der Westseite eine secessionistisches Gebäude befindet: das Palais Nakić.

Trg Braće Radica

Der zweite Platz in unmittelbarer Nähe des Diokletianpalasts ist der Trg Braće Radica, auch Vocni trg, Obstplatz, genannt. In der Mitte des Platzes steht das Denkmal für Marko Marulić, den in Split geborenen Humanisten und »Vater« der kroatischen Literatur. Wieder einmal ist der Schöpfer des Denkmals der in Kroatien sehr bekannte Bildhauer Ivan Meštrović (► Berühmte Persönlichkeiten). An der Südseite des Platzes, der dem Meer zugewandten Seite, steht der Wehrturm des städtischen Kastells, das Anfang des 15. Jh.s erbaut wurde. An der Nordseite schließt das barocke Palais Milesi aus dem 17. Jh. den Platz ab.

Den Trg Braće Radica trennen nur ein paar Schritte von der breiten Uferpromenade mit Grünanlagen, Palmen, Straßencafés und Geschäften. Der in Sichtweite liegende Hafen mit den großen Fährdampfern und der Südfassade des Diokletianpalastes geben eine prächtige Kulisse ab für diese großstädtische Bummelmeile.

★ **Uferpromenade**

Eleganz, distinguiertes Auftreten, ein Hauch von Noblesse – die vom Wohlstand geprägte Seite Splits

Der dritte größere Platz in der Innenstadt, **Trg Republike**, erstreckt sich am westlichen Ende der Uferpromenade. Der Platz ist an drei Seiten von einem Gebäudekomplex im Stil der Neorenaissance eingerahmt, der in der zweiten Hälfte des 19. Jahrhunderts nach dem Vorbild der Prokuratorenpaläste in Venedig errichtet wurde. Auf dem lang gestreckten, rechteckigen Platz finden zahlreiche Veranstaltungen statt.

Wer einen Blick auf die letzte Ruhestätte bedeutender Bürger der Stadt werfen will, der sollte die Franziskanerkirche im gleichnamigen Kloster besuchen. Der im 13. Jh. erbaute Klosterkomplex wurde im 20. Jh. grundlegend restauriert und umgebaut. Neben der Kirche blieb ein schöner romanisch-gotischer Kreuzgang erhalten.

Franziskanerkloster

In der Hrvojeva ulica, auf der Höhe des Silbernen Tors an der Ostseite des Diokletianpalasts, liegen Kirche und Kloster St. Dominikus. Im Inneren des Gotteshauses sind die Barockaltäre und mehrere Gemälde sehenswert.

Dominikanerkloster

Sehenswertes außerhalb der Altstadt

Westlich der Altstadt ragt der knapp 180 m hohe, mit Aleppokiefern bewachsene Marjan-Hügel als Halbinsel in die Bucht von Split. Breite, geteerte Spazierwege durchziehen den schattigen Park, der sich am frühen Abend mit Joggern und flanierenden Pärchen füllt. Etwa auf halber Höhe liegt ein Terrassencafé (über die Nazora Prilaz ulica auch mit dem Wagen zu erreichen). Der Panoramablick von hier oben auf Split ist fantastisch. Auf dem Marjan befindet sich auch das sehenswerte **Naturwissenschaftliche Museum**.

★ **Marjan**

Das Museum Kroatischer Archäologischer Denkmäler (Gunjačina ulica) beherbergt eine umfassende Sammlung von Gegenständen aus der frühen kroatischen Geschichte vom 8. bis 12. Jh.: Münzen, Waf-

Museum Kroatischer Archäologischer Denkmäler

fen, Schmuck, Keramik, Skulpturen und Gebrauchsgegenstände. Im Museum untergebracht sind auch das Višeslav-Taufbecken aus Nin (9. Jh.) und der Sarkophag von Königin Jelena von Solin (10. Jh.) (Mi. – Fr. 9.00 – 13.00, 17.00 – 20.00, Sa. 9.00 – 14.00 Uhr).

★ Galerie Meštrović Hier, wo einst der kroatische Bildhauer Ivan Meštrović (Šetalište Ivana Meštrovića 46) seine Sommer verbrachte, ist heute eine Galerie mit seinen Werken aus nahezu allen Schaffensperioden untergebracht (Juni – Sept. Di. – So. 9.00 – 19.00, sonst 9.00 – 16.00 Uhr). Das griechische Tempelarchitektur zitierende Gebäude, in den 1930er-Jahren nach Plänen Meštrovićs entstanden, umgibt ein parkartiger Garten mit Skulpturen des Meisters.

Meštrović-Kaštelet Ungefähr 500 m nordwestlich der Galerie liegt das Meštrović-Kaštelet, eigentlich eine Sommervilla der Spliter Familie Capogrosso-Cavagnin, die von Meštrović umgebaut wurde. In der Kapelle, die der Künstler dem Gebäudekomplex hinzufügen ließ, sind Holzreliefs von Meštrović mit Darstellungen aus dem Leben Christi zu sehen. Das Kaštelet ist auf Anfrage in der Galerie Meštrović zu besichtigen.

Archäologisches Museum Im Archäologischen Museum an der Straße Zrinsko-Frankopanska sind Inschriftentafeln, Grabdenkmäler, Porträtplastiken und andere beachtliche Steinfragmente vor allem aus antiker Zeit untergebracht. Besonders sehenswert sind der Sarkophag mit einer Darstellung der »Jagd auf den Kalydonischen Eber« (2./3. Jh.) und ein Sarkophag mit einer Darstellung des guten Hirten aus frühchristlicher Zeit (4. Jh.) (Mo. – Sa. 9.00 – 14.00, 16.00 – 20.00 Uhr).

Kunstgalerie Nur wenige Meter vom Archäologischen Museum entfernt, in der Lovretska ulica, hat die Kunstgalerie ihren Sitz, die Gemälde und Skulpturen vom 14. Jh. bis in heutige Zeit zeigt. Vertreten sind dalmatinische und venezianische Meister wie Paolo Veneziano, Jacobello del Fiore, Andrija Medulić, Juraj Pavlović, Emanuel Vidović und Marino Tartaglia. Beachtung verdient auch die **Ikonensammlung** mit Exponaten von Kreta, Korfu und dem montenegrinischen Kotor (Di – Sa. 11.00 – 19.00, So. 10.00 – 13.00 Uhr).

Franziskanerkloster Im nordwestlich der Altstadt gelegenen Stadtteil Poljud, in der Topuska ulica, befindet sich ein weiteres Franziskanerkloster. Der malerische Gebäudekomplex umschließt einen Kreuzgang aus der Renaissance mit einem Brunnen und Grabplatten bedeutender Spliter Familien. Das Kloster ist mit einem Renaissancewehrturm und Zinnen befestigt. Die Kirche stammt aus der Übergangszeit von der Gotik zur Renaissance. Sie beherbergt einige wertvolle Kunstwerke, u. a. das mehrteilige Hauptaltarbild von Girolamo da Santacroce (16. Jh.). In der Klostersammlung wird ein Porträt des Bischofs Toma Nigris aufbewahrt, das der berühmte venezianische Renaissancemaler Lorenzo Lotto im Jahr 1527 schuf.

Stadion

Gleich neben dem Kloster liegt das Stadion des in Kroatien hochverehrten Fußballclubs Hajduk Split. Hier fanden 1990, also kurz vor Ausbruch des Kriegs im früheren Jugoslawien, auch die **Leichtathletik-Europameisterschaften** statt.

Umgebung von Split

Solin

Die kleine Stadt Solin, 5 km nördlich von Split gelegen, ist heute ein Industrievorort der benachbarten Großstadt. Solin blickt auf eine große Vergangenheit zurück. Die illyrisch-griechische Siedlung Salona stieg in römischer Zeit zur bedeutendsten Stadt im weiten Umkreis auf. Im 4. Jh., unter Diokletian, der in Salona geboren wurde, zählte sie rund 50 000 Einwohner. Doch die Stadt, in der Zvonimir zum kroatischen König gekrönt wurde, verlor nach dem Mittelalter ihre überragende Bedeutung.

Das Gelände in und um Solin gleicht einer großen **archäologischen Fundstätte**. Vor allem im Norden der Stadt finden sich noch Reste von Mauern, Wehrtürmen, Basiliken und Thermen aus antiker Zeit. An der Straße nach Trogir sind Überreste eines Forums, eines Tempels und Theaters aus dem 1. Jh. zu sehen. Ebenso gibt es noch vereinzelt bauliche Überreste aus frühchristlicher und altkroatischer Zeit zu entdecken. Vieles von dem, was die Archäologen in Solin und Umgebung zutage gefördert haben, kann in den Museen von Split besichtigt werden, vor allem im Archäologischen Museum sowie im Museum Kroatischer Archäologischer Denkmäler. Bemerkenswert ist auch das römische Aquädukt (in Richtung Split).

Klis (10 km nördlich von Split) wurde schon 852 als Fürstensitz erwähnt und gilt mit Salona als eines der Zentren Altkroatiens. Die den Ort überragende **mächtige Burg** ist eine der imposantesten Wehrburgen des Landes. Seit Ende des 11. Jh.s war sie in ungarischem Besitz. Erst 1537 wurde sie nach monatelanger Belagerung von den Türken erobert. Anschließend wurde Klis für 111 Jahre Zentrum eines türkischen Sandschak (Verwaltungsbezirk). Nachdem die Venezianer die Festung 1648 einnahmen und die Osmanen vertrieben, erhielt die Burg ihr heutiges Aussehen. Drei Mauerringe und mehrere Wehrtürme schützen den inneren Burgbereich, zu dem ein monumentales Tor den Zugang bildet. Die Kirche innerhalb der Festung war einst eine Moschee.

! *Baedeker* TIPP

Ritterspiele Sinjska alka

Als Erinnerung an den Sieg über die Türken 1715 werden in Sinj an jedem ersten Sonntag im August die Ritterspiele Sinjska alka veranstaltet. Bei dem Wettkampf müssen die Reiter von ihren galoppierenden Pferden die 3,22 m hoch hängende Alka – ursprünglich der verlorene Steigbügel des flüchtenden Paschas – mit einer Lanze in der Mitte treffen. Marderpelzmützen, geschmückt mit weißen Reiher- oder Kranichfedern, krönen die Häupter der Reiter. Das ganze Städtchen feiert diesen Tag als großes Volksfest, auf dem man alle möglichen Spezialitäten dieses Landstrichs verkosten kann.

Sinj

Dinara und Svilaja, zwei Bergmassive, begrenzen die Stadt Sinj (rund 37 km nordöstlich von Split). Über ihr thront die **venezianische Festung Kamičać** auf einem steilen Felsen. Sie wurde von dem Architekten Ignacije Macanovi Anfang des 18. Jh.s erbaut. Bei einem Besuch des Museums der Cetina (Muzej cetinske krajine, ul. Andrije Kačića Miošića) wird anhand zahlreicher archäologischer Funde deutlich, dass Sinj über eine reiche Vergangenheit verfügt. Von vorgeschichtlichem Leben zeugen auch zahlreiche Grabhügel, Grotten und Fluchtburgen in seiner Umgebung. Aus der älteren Eisenzeit sind Pfahlbauten an der Cetina erhalten.

Franziskanerkloster

Aus der osmanischen Zeit (1516 – 1698) stammen die Franziskanerkirche und das Kloster, die gegründet wurden, als Mönche aus Rama (Bosnien) Zuflucht in Sinj suchten. Sie brachten das goldumrahmte venezianische Bildnis der wundertätigen Madonna von Sinj (16. Jh.) mit, das hier aufbewahrt und alljährlich am 5. August in einer Prozession geehrt wird. 1714 brannten die Türken bei einem Versuch, Sinj zurückzuerobern, die Kirche nieder. 1769 wurde sie bei einem Erdbeben erneut beschädigt und 1862 gründlich umgebaut. 1715 brachten sich in der Festung etwa 700 Menschen aus dem Cetina-Gebiet mit den Franziskanern und dem Bildnis der Madonna vor der erneut anrückenden osmanischen Armee in Sicherheit. Nach stundenlangen Angriffen flüchteten die Eroberer. Laut Augenzeugenberichten soll auf dem Rückzugsweg des osmanischen Heers eine von hellem Licht umgebene, weiße Figur erschienen sein.

Klostermuseum

In der ethnografischen und archäologischen Sammlung des Klostermuseums sind u. a. ein Herakleskopf (1. Jh.) und eine Dianastatue (3. Jh.) zu sehen. Außerdem ist hier eine Abteilung dem Volksbrauch der berühmten Ritterspiele Sinjska alka gewidmet.

Hat sein ursprüngliches Erscheingsbild bewahrt: der Ort Grohote

Šolta

Wer neben dem kulturellen Programm auch Baden und Sport treiben will, hat dazu auf der Insel Šolta, etwa 15 km südwestlich von Split, Gelegenheit. Eine Autofähre verkehrt zwischen Split und dem Hafen Rogač an der Nordküste von Šolta. Knapp 1500 Einwohner leben auf dem hügeligen Eiland, auf dem Oliven, Wein, Feigen und Gemüse angebaut werden. Touristischer Mittelpunkt mit einer großen, neuen Bungalowsiedlung, diversen Sporteinrichtungen, einem Kiesstrand und Anlegeplätzen ist **Nečujam**, in einer tiefen Bucht an der Nordküste gelegen. In Nečujam wurde dem kroatischen Dichter Marko Marulić ein kleines Museum mit Manuskripten und Erinnerungsstücken eingerichtet.

Ausflugsziel ab Split

5 km westlich von Nečujam, etwa in der Mitte der Insel, liegt der größte Ort auf Šolta, Grohote (1200 Einw.). Das alte Dorf hat sein ursprüngliches Erscheinungsbild bewahrt. Bei einigen befestigten Bauernhäusern wurden antike Steinfragmente in die dicken Außenwände eingemauert. Der Wehrturm in der Mitte des Dorfs stammt aus dem 17. Jahrhundert. Das Barockschloss (18. Jh.) wurde in ein Hotel mit Restaurant umgewandelt. Auf Feriengäste trifft man auch in **Maslinica**, dem Fischerort im Nordwesten der Insel (400 Einw.). Gebadet wird hier an den Felsstränden am Ort oder auf den vorgelagerten FKK-Inseln. Skipper schätzen die Bucht von Maslinica als Ankerplatz, da sie vor der Bora geschützt ist.

Grohote

★★ Trogir

M 8

Höhe: 5 m ü. d. M. **Einwohnerzahl:** 8500
Gespanschaft: Dalmatien-Split

Mit einem vollständig erhaltenen, mittelalterlichen Altstadtkern können verschiedene Städte in Dalmatien aufwarten, doch kaum einer ist so beeindruckend wie der von Trogir. Die kleine Stadt, 25 km westlich von Split, ist reich an kulturhistorischen Schätzen und Sehenswürdigkeiten, unter denen die Kathedrale mit dem Hauptportal von Meister Radovan unbestritten den ersten Platz einnimmt.

Das alte Zentrum von Trogir ist – ebenso wie die Stadt Korčula auf der gleichnamigen Insel – ein einziges großes Museum: Von Stadtmauern umschlossen, befinden sich hier auf engem Raum Kirchen, Paläste und schlichte Bürgerhäuser, die fast ausnahmslos zwischen dem 13. und dem 17. Jh. erbaut wurden. Wer die schmalen Gassen durchschreitet, begibt sich auf eine Entdeckungsreise in die Vergangenheit. Trotz der einheitlichen Gesamtwirkung hat jedes Haus seine

Weltkulturerbe der UNESCO

Highlights Trogir

Mittelalterlicher Stadtkern
Schlendern Sie durch die schmalen Gässchen der Altstadt und begeben Sie sich dabei auf eine Zeitreise in die Vergangenheit!
► Seite 259

Kathedrale Sveti Lovro
Anhand der zahlreichen Reliefs am Hauptportal der mächtigen Kathedrale lernt man vieles über den Alltag der Stadtbewohner des 13. Jahrhunderts.
► Seite 260

Kapelle Sveti Ivan Ursini
Ein einzigartiges Gesamtkunstwerk der Renaissance
► Seite 262

Trg Ivana Pavla II
Auf dem Hauptplatz von Trogir kann man sich in eins der vielen Cafés setzen.
► Seite 263

Mittelalterliches Domportal

eigene Geschichte und an beinahe jeder Fassade finden sich Spuren, die etwas über die Besitzer oder Erbauer des Gebäudes erzählen – hier eine Inschrift, da eine interessante Steinmetzarbeit, dort ein Wappen. Nicht verwunderlich, dass Trogir im Jahr 1997 zum Weltkulturerbe der UNESCO erklärt wurde.

Baden Trogir verfügt über eine ACI-Marina. Im Kanal von Trogir zu baden ist wegen des Schiffsverkehrs nicht empfehlenswert. Strände findet man bei Donji Seget, mehrere Kilometer westlich der Stadt, sowie auf Čiovo, dort vor allem in der Bucht Saldun, die von der Altstadt aus in wenigen Fahrminuten zu erreichen ist.

Geschichte Trogir ist eine griechische Gründung aus dem 3. oder 2. Jh. v. Chr. Der Name Trogir rührt von dem griechischen Wort Tragurion her, das etwa so viel bedeutet wie »Ort am Ziegenberg«. Bereits in der römischen Kaiserzeit, aber erst recht unter byzantinischer Herrschaft verlor Trogir an Bedeutung. Dies änderte sich erst, als die Stadt im 9./10. Jh. slawisiert wurde und sich in der Folgezeit durch **Handel und Seefahrt** zu einem blühenden Gemeinwesen entwickelte. Im 11. Jh. wurde Trogir Bischofssitz und erhielt das Stadtrecht. Eine Phase intensivster Bautätigkeit erlebte Trogir vom 13. bis zum 16.

Jahrhundert. Da es vom Ende des 15. Jh.s an immer wieder von den Türken bedroht wurde, errichteten die neuen Herren aus Venedig die Festung Kamerlengo und etliche weitere Bastionen. Die Türkeneinfälle machten der wirtschaftlichen und kulturellen Blütezeit ein Ende. Als die Stadt 1797, nach dem Ende der Republik Venedig, der österreichischen Provinz Dalmatien zugeschlagen wurde, hatte sie ihre einstige Bedeutung längst eingebüßt. Die Habsburger herrschten bis 1918 über das Inselstädtchen – abgesehen von den Jahren zwischen 1806 und 1814, in denen die gesamte Region zu Napoleons Reich gehörte und den Illyrischen Provinzen zugeschlagen wurde. Nach dem Zweiten Weltkrieg entwickelte sich Trogir zur Industriestadt: Unübersehbar ist die Werft am westlichen Stadtrand; eine wichtige Rolle im wirtschaftlichen Leben spielt auch die Kunststoffverarbeitung.

Sehenswertes in Trogir

Landtor

Wer seinen Wagen bereits auf dem Festland abgestellt hat, betritt von Norden, durch das Landtor, die Altstadt. Eine Statue des Stadtpatrons Ivan Ursini schmückt das Tor aus dem 17. Jh.

Städtisches Museum

In der Gradska ulica liegt der Eingang zum Städtischen Museum von Trogir, das im ehemaligen Palast der Familie Garagnin-Fanfogna untergebracht ist. Die kleine, mäßig interessante Sammlung umfasst

Die mittelalterliche Altstadt Trogirs ist bestens erhalten.

u.a. Münzen und Gemälde einheimischer Künstler sowie die typische Einrichtung eines Adelssalons aus dem 19. Jh. Zum Stadtmuseum gehört auch ein Lapidarium mit griechischen und römischen Skulpturen, Steinmetzarbeiten und Fragmenten mittelalterlicher Bauplastik.

? WUSSTEN SIE SCHON ...?

- ... dass die Gradska ulica ein paar Jahre den Namen der beiden deutschen Politiker Kohl und Genscher trug? Der Grund dafür ist Folgender: Die Anerkennung Kroatiens als souveräner Staat im Jahr 1992 durch die Europäische Gemeinschaft wurde vor allem auf die Bemühungen der deutschen Politik nach dem Beginn des Kriegs im früheren Jugoslawien zurückgeführt.

Kathedrale Sveti Lovro

Die mächtige, den Hauptplatz der Stadt beherrschende Kathedrale Sveti Lovro entstand in einer beinahe 500-jährigen Bauzeit zwischen 1123 und 1598. Nicht nur die **Architekturstile Dalmatiens** von der Romanik bis zur Renaissance werden hier in vollendeter Form vorgeführt, mit dem romanischen Hauptportal und der Renaissancekapelle Sveti Ursini besitzt die Kathedrale zudem zwei Meisterwerke mittelalterlicher und frühneuzeitlicher Bauplastik.

500-jährige Bauzeit ►

Taufkapelle

Man betritt die Kirche durch eine gewölbte Vorhalle. Links vom Portal, an der Schmalseite der Vorhalle, liegt die 1467 von Andrija Aleši, einem Schüler von Juraj Dalmatinac, erbaute Taufkapelle. Das Relief über dem Eingang mit der Taufe Christi weist auf die Funktion dieses Raums hin.

✶✶ Hauptportal

Zu den ältesten Teilen der Kirche gehört das Hauptportal. Sein reicher Skulpturenschmuck, der zum größten Teil im 13. Jh. von Meister Radovan und seiner Werkstatt geschaffen wurde, gilt als **Schlüsselwerk der romanischen Plastik** in Dalmatien. Selbstbewusst bezeichnete sich der Bildhauer denn auch in einer 1240 datierten Inschrift am Portalarchitrav als »den Besten seines Handwerks«. Rechts und links des Portals stehen auf zwei Löwen die Ureltern des Menschengeschlechts, Adam und Eva. Das Portalgewände schmücken Apostel- und Heiligenfiguren sowie Allegorien der 12 Monate. Vor allem die Monatsdarstellungen sollte man genauer betrachten, denn sie sind mit vielen realistischen Details aus dem Alltagsleben der Bevölkerung ausgeschmückt. Auch dort, wo die Heilsgeschichte erzählt wird, im oberen Teil des Portals, geschieht dies nicht mit erhabenen Gesten, sondern mit einer erstaunlichen Natürlichkeit und Wirklichkeitsnähe. So nimmt bei der Geburt Christi, die im halbrunden Giebelfeld geschildert wird, die liegende Maria das Tuch vom Gesicht ihres Kindes, um es dem Betrachter zu zeigen.

Im Jahr 1123 wurde der Grundstein von Sveti Lovro gelegt, 1598 die Arbeit am Camapanile abgeschlossen – 475 Jahre nach Baubeginn. →

Innenraum

Beachtung im Inneren der dreischiffigen Basilika verdienen vor allem die achteckige romanische Steinkanzel aus dem späten 13. Jh., die große Ähnlichkeit mit der Domkanzel in ►Split aufweist, das reich geschmückte Ziborium über dem Hauptaltar – wahrscheinlich ebenfalls ein Werk von Meister Radovan –, mehrere Altarbilder, darunter auch von Palma Giovane, sowie das herrliche Chorgestühl, das um die Mitte des 15. Jh.s Ivan Berislavić geschnitzt hat. Zum Kirchenschatz der Kathedrale, der in der Sakristei gezeigt wird, gehören ein gotischer Schrank, wertvolle Stickereien, Reliquienbehälter und ein silbernes Siegel, das die kroatisch-ungarische Königin Elisabeth dem Kapitel von Trogir schenkte.

✶✶ Kapelle Sveti Ivan Ursini

An das nördliche Schiff wurde ab 1468 die Johanneskapelle (Sveti Ivan Ursini) angebaut, ein **einzigartiges Gesamtkunstwerk der Renaissance**, bei dem Architektur und Bildhauerei nahtlos ineinander übergehen. Die Kapelle ist das Gemeinschaftswerk von Andrija Aleši, Niccolò Fiorentino und Ivan Duknović, einem der besten Renaissancebildhauer Dalmatiens, der auch in Italien tätig war. In den Nischen über einem hohen Sockelgeschoss stehen die Figuren der zwölf Apostel, von denen die qualitätvollsten – die des Thomas und Johannes des Täufers – von Ivan Duknović geschaffen wurden. Der von

Trogir *Orientierung*

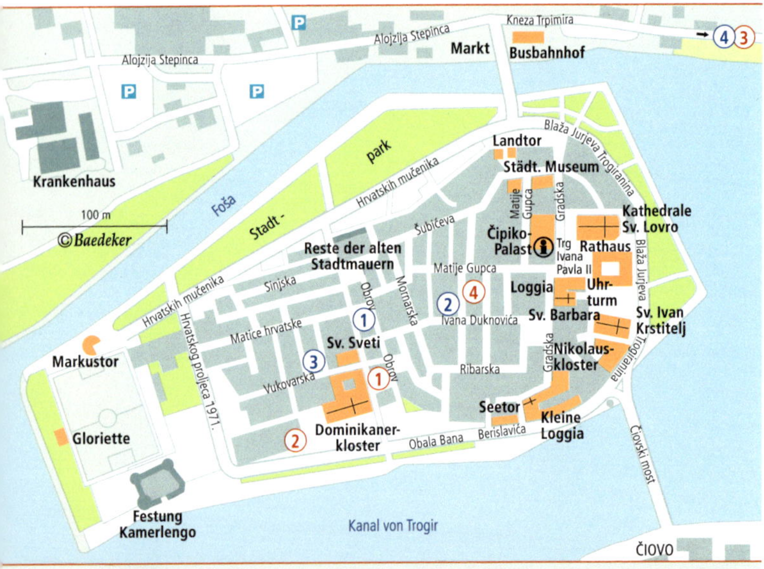

Übernachten
① Hotel Fontana
② Hotel Concordia
③ Appartements Ruža
④ Hotel Tragos

Essen
① Restoran Alka
② Restoran Monika
③ Restoran Kamerlengo
④ Steakhouse

Hier wird über das Geschick der Stadt entschieden: das Rathaus Trogirs.

zwei Engeln flankierte gotische Sarkophag birgt die Gebeine des Bischofs Johannes (Ivan Ursini). In der Lünette des Tonnengewölbes ist die Krönung Marias dargestellt.

Campanile

Die wechselnden Baustile von der späten Romanik bis zur Renaissance sind auch am Glockenturm der Kathedrale sichtbar. Über dem romanisch-gotischen Unterbau wurde Ende des 14., Anfang des 15. Jh.s im gotischen Stil das erste Turmobergeschoss gebaut. Das zweite, 1420 entstandene weist den Stil venezianischer Spätgotik auf und das dritte baute Trifun Bokanović Ende des 16. Jh.s im Stilgemisch von Gotik und Renaissance. Die vier Figuren an der Spitze sind Werke des venezianischen Bildhauers Alessandro Vittoria.

★★ Trg Ivana Pavla II

Auf dem wunderschönen Hauptplatz von Trogir neben der Kathedrale gibt es gleich mehrere Cafés, von denen aus man die umliegenden Sehenswürdigkeiten in Ruhe betrachten kann. Der Platz wurde nach Papst Johannes Paul II. benannt.

★ Čipiko-Palast

Gegenüber vom Dom steht der im 15. Jh. erbaute Čipiko-Palast, ein **Paradebeispiel** eines repräsentativen Patrizierwohnhauses am Übergang von der Gotik zur Renaissance. Im Wesentlichen der venezianischen Gotik verpflichtet sind die hohen Drillingsfenster über dem Haupteingang. Völlig untypisch für diesen Stil sind dagegen die Porträtköpfe in den Zwickeln zwischen den Fenstern, und erst recht das von Niccolò Fiorentino gestaltete, südliche Portal, das mit seinen Medaillons, den Spruchbändern und den kannelierten Pilastern bereits die Sprache der Renaissance spricht. Der vormalige Wohnsitz

TROGIR ERLEBEN

AUSKUNFT

Touristinformation
Ivana Pavla II/I
21220 Trogir
Tel./Fax 021 / 88 56 28
www.tztrogir.hr

VERANSTALTUNGEN

Juli/August: Kultursommer mit musikalischen Veranstaltungen

EINKAUFEN

Direkt vor der Brücke am Landtor wird täglich Markt abgehalten, auf dem man nicht nur Blumen, Obst und Gemüse, sondern auch Schuhe, Kleider, Souvenirs und anderes erstehen kann.

ESSEN

► Erschwinglich

① *Restoran Alka*
Augustina Kažotića 15, Trogir
Tel. 021 / 88 18 56
In dem anheimelnden Altstadtrestaurant wird die dalmatinische Pašticada mit Lorbeerblättern und Rosmarin pikant gewürzt. Lecker ist das Schweinefilet, gefüllt mit hausgemachtem Rahm (Kajmak).

② *Restoran Monika*
Budislavićeva 12, Trogir
Tel. 021 / 88 48 08
Zwei Eingänge führen zu dem schönen, grünen Innenhof mit Brunnen, auf dem viele Qualitätsweine zur Auswahl aufgestellt sind.

④ *Steakhouse*
Hrvatskih žrtava 187, Seget Donji
Tel. mobil 091 / 567 51 36
In der Appartementanlage Medena, ca. 4. km südlich von Trogir, gelegen. In einem Holzhaus im Wild-West-Stil werden sehr schmackhafte Steaks serviert. Mit Streichelzoo und Ethno-Dorf im Außenbereich.

► Preiswert

③ *Restoran Kamerlengo*
Vukovarska 2, Trogir
Tel. 021 / 88 47 72
In dem traditionellen Altstadtrestaurant werden die Speisen auf einem Holzgrill zubereitet.

ÜBERNACHTEN

► Luxus

① *Hotel Fontana Commerce*
Obrov 1, 21220 Trogir
Tel. 021 / 88 57 44, Fax 88 57 55
www.fontana-trogir.com
Das vollklimatisierte Altstadthaus von Trogir bietet viel Komfort und eine Suite für Selbstversorger. Hier ist man mittendrin im historischen Flair der UNESCO-Stadt!

► Komfortabel

④ *Hotel Tragos*
Budislavićeva 3, 21220 Trogir
Tel. 021 / 88 47 29, Fax 88 47 31
www.tragos.hr
Das traditionsreiche Hotel, eine restaurierte barocke Villa des 18. Jahrhunderts, ist direkt im Stadtkern gelegen, verfügt über komfortable, klimatisierte Zimmer und ein schmuckes Restaurant, das sowohl regionale Spezialitäten als auch vegetarische Köstlichkeiten auf der abwechslungsreichen Speisekarte stehen hat.

► Günstig

③ *Appartements Ruža*
Nehajski put 16a
21217 Kaštel Štafilić
Tel. 021 / 23 42 84; Buchung in Deutschland: Tel. 0179 / 117 16 25
www.apartments-ruza.com
Familie Djikić hat viele Jahre in

Deutschland gelebt und vermietet nun Appartements 6 km östlich von Trogir. Grillpartys und frisches Brot zum Frühstück verwöhnen die Gäste. Zum Strand sind es nur 150 m.

② *Hotel Concordia*
Obala bana Berislavića 22
21220 Trogir
Tel. 021 / 88 54 00, Fax 88 54 01
www.concordia-hotel.htnet.hr
Das familiengeführte Hotel befindet sich in perfekter Lage direkt an der Uferpromenade, unweit der Festung Kamerlengo. Teilweise etwas kleine Zimmer, guter Service.

CAMPING

Vranjica Belvedere
Seget Vranjica bb
21218 Seget Donji
Tel. 021 / 89 41 41, Fax 89 41 51
www.vranjica-belvedere.hr
Das Autokamp ist Teil einer riesigen Appartementanlage südlich von Trogir. Ein langer, schmaler Felsenstrand, durchsetzt mit Kies und Sand, lädtzum Baden ein.

der Familie Čipiko, ein spätromanisch-gotischer Palast, liegt wenige Meter südlich (Eingang gegenüber der Loggia).

Loggia, Uhrturm

Die im 15. Jh. an der Südseite des Platzes erbaute Loggia diente verschiedenen Zwecken, vor allem aber war sie **Gerichtsstätte**. Etwa gleichzeitig mit ihr wurde der gedrungen wirkende Uhrturm errichtet, ursprünglich Glockenturm der Renaissance-Votivkirche St. Sebastian. Die Skulpturen von Christus und dem hl. Sebastian an seiner Front sind ebenso Werke des Bildhauers Niccolò Fiorentino wie die Reliefs über dem Gerichtstisch in der Loggia. Auffallend im Stil ist jenes des Bildhauers Ivan Mestrović, das Petar Berislavić darstellt. Der in der kroatischen und ungarischen Literatur als heldenhaft gepriesene Bischof fiel 1520 in Auseinandersetzungen mit den Türken. Um seine Heimat verteidigen zu können, hatte er seine gesamten Besitztümer verkauft. Im benachbarten Hof des Uhrturms sind die Reste der frühmittelalterlichen Marienkirche zu erkennen.

Rathaus

Das dreigeschossige Gebäude an der Ostseite des Trg Ivan Pavla II, ehemals Rektorenpalast, heute das Rathaus von Trogir, entstand an der Stelle eines älteren Bauwerks im 15. Jh., wurde aber im 19. Jh. grundlegend renoviert. Über dem Eingangsportal prangt das **Stadtwappen von Trogir** – eine auf dem Wasser schwimmende, befestigte Stadt mit dem Glockenturm der Kathedrale.

Sveta Barbara, Sv. Ivan Krstitelj

Direkt hinter der Loggia versteckt sich die kleine Kirche Sveta Barbara aus dem 10. Jh., vermutlich die älteste der Stadt.
Das romanische Gotteshaus Johannes des Täufers (Sveti Ivan Krstitelj) aus dem frühen 13. Jh. ist der letzte Überrest des Benediktinerklosters. In der kirchlichen Sammlung sind wertvolle Kunstwerke zu sehen – Gemälde, Kruzifixe und Kodizes, darunter das **berühmte Trogirer Evangelium** aus dem 13. Jahrhundert.

Nikolauskloster Entlang der Uferstraße oder durch die Gradska ulica gelangt man zum Benediktinerinnenkloster Sveti Nikola an der südlichen Stadtmauer. Gegründet wurde das Kloster bereits im 11. Jh.; die Gebäudeteile stammen indes aus unterschiedlichen Zeiten. Allein schon der **stimmungsvolle Innenhof** des Klosters (mit der einzigen noch erhaltenen griechischen Inschrift aus dem 4./3. Jh. v. Chr.) ist einen Besuch wert, jedoch erst recht die von den Ordensfrauen zusammengetragene Kunstsammlung mit Gemälden vom Mittelalter bis zum Barock. Den Namen Kairos verdankt die Sammlung ihrem Spitzenstück, einem griechischen Marmorrelief mit der Figur des Kairos aus dem 1. Jh. v. Chr. Der jugendliche Gott verkörpert den rechten Augenblick bzw. die günstige Gelegenheit und ist als nackter, laufender Jüngling dargestellt. Dem Künstler des klassisch proportionierten, fein gearbeiteten Reliefs diente eine Bronzestatue des griechischen Bildhauers Lysippos (4. Jh. v. Chr.) als Vorbild (Mo. – Sa. 10.00 – 12.00, 16.00 – 18.00 Uhr, wenn geschlossen, im Hof klingeln).

★ Kairos ►

? WUSSTEN SIE SCHON ...?

- ... was die Locke auf der Stirn und der nackte Hinterkopf der jugendlichen Gottheit Kairos bedeuten? Wer den weglaufenden Jüngling, d. h. die günstige Gelegenheit, beim Schopf packen will, der muss rechtzeitig zugreifen.

Seetor, Kleine Loggia Durch das Seetor kommt man wieder auf die Uferpromenade. Gleich links, in der kleinen Loggia und davor, findet der **Fischmarkt** statt.

Dominikanerkloster, Sv. Sveti Der venezianische Glockenturm an der Uferpromenade gehört zum Kloster der Dominikaner, das im 14. Jh. außerhalb der Stadtmauern gegründet wurde. In der schlichten Klosterkirche ließ sich die Familie Sobota von Niccolò Fiorentino ein prächtiges Renaissancegrabmal anfertigen (1469). Folgt man der Augustina Kažotića ein paar Meter stadteinwärts, so steht man vor der kleinen Allerheiligenkirche (Sv. Sveti), in der heute eine Kunstgalerie eingerichtet ist.

Der Rundpavillon, die sogenannte Gloriette

Am südwestlichen Ende der vom Wasser umschlossenen Altstadt sind noch größere Teile der Befestigung aus dem 15. Jh. erhalten geblieben: die **Festung Kamerlengo**, in der die venezianische Militärbesatzung untergebracht war, und weiter nördlich das runde Markustor (Kula Svetog Marka). Zwischen den beiden Bauwerken wurde am Ufer während der französischen

Der Wehrturm von Marina: das wahrscheinlich sicherste Hotel der Welt

Besatzung zu Ehren von Marschall Marmont, dem Militärverwalter Dalmatiens, ein zierlicher klassizistischer Rundpavillon, eine sogenannte Gloriette, errichtet. Weitere Reste der einstigen Stadtbefestigung, Teile der Stadtmauer, lassen sich auf dem Rückweg zum Landtor entlang des Stadtparks am nördlichen Altstadtrand entdecken.

Umgebung von Trogir

Čiovo

Wer nach einem **Privatzimmer** Ausschau hält oder nach einem Besuch von Trogir noch ein **Bad im Meer** nehmen möchte, sollte zur knapp 30 km² großen Insel Čiovo hinüberfahren, die mit Trogir und dem Festland durch Brücken verbunden ist. An den vielen neueren Häusern in Gornji Okrug auf Čiovo, das sich an der weiten Bucht Salun entlangzieht, finden sich überall Hinweise auf Zimmervermietung. An dem schmalen, schattenlosen Kiesstrand in dieser Bucht kann man baden, doch es gibt an der dalmatinischen Küste schönere Strände; meist felsig ist der Einstieg an der westlichen Seite der Insel. Auch der Ort Donji Okrug wird heute hauptsächlich von Ferienhäusern dominiert. Hier findet man passable, flache Kiesstrände. In dem kleinen Dorf Arbanija auf der östlichen Inselhälfte sollte man das gotische Dominikanerkloster Sveti Križ (Heiligkreuz) aus dem 15. Jh. besuchen. Von dem alten Ort Žedno in der Mitte der Insel, nahe der höchsten Erhebung gelegen, genießt man einen weiten Blick über Čiovo. Das mittelalterliche Gotteshaus dort oben ist dem hl. Maurus (Sveti Mauro) geweiht.

Marina

12 km westlich von Trogir liegt an einer tief eingeschnittenen Bucht der beliebte Fremdenverkehrsort Marina. Aus dem 15. und 16. Jh., der Zeit der Türkenüberfälle, sind noch Stadtmauern, das Tor eines

Kastells und ein imposanter, zu einem Hotel umgebauter Wehrturm erhalten. Hier können Skipper in einem **Jachthafen** an Land gehen. Urlauber, die Abgeschiedenheit und eine intakte Natur suchen, finden südlich und westlich von Marina über zum Teil holprige Sträßchen und Karrenwege so manche herrliche Bucht, die von der Zivilisation noch nicht erreicht wurde.

Kaštela

Kaštela, die Straße der Kastelle, nennt sich der ungefähr 16 km lange Küstenabschnitt zwischen Split im Osten und Trogir im Westen. Im Norden wird er von dem Gebirge Kozjak, im Süden von der Bucht von Kaštela (Kaštelanski zaljev) begrenzt. Der Name stammt von dem italienischen Wort für Schloss, Castello. An der alten Landstraße von Trogir nach Split befanden sich ursprünglich 13 befestigte Schlösser, die von weltlichen wie geistlichen Feudalherren aus Split und Trogir im 15. und 16. Jh. erbaut wurden. Sie dienten zunächst der Verteidigung gegen die Türken, wurden nach der Beseitigung dieser Gefahr jedoch zum großen Teil umgebaut. Um sie herum sind zumeist kleine Orte entstanden, die heute zum Ballungsraum Split gehören. Industrieansiedlungen haben das Bild dieses Küstenabschnitts beeinträchtigt.

Sieben Kastelle ►

Sieben Kastelle sind heute noch zu sehen: Kaštel Štafilić, Kaštel Novi, Kaštel Stari, Kaštel Lukšić, Kaštel Kambelovac, Kaštel Gomilica und Kaštel Sućurac. Sehenswert ist vor allem das malerisch auf dem Inselchen Gomile gelegene **Kaštel Gomilica**. Innerhalb seiner Mauern befinden sich 31 Häuser. Benediktinerschwestern erbauten es im Jahre 1529 auf einem Meeresfelsen. Anstelle der Steinbrücke unterhalb des hohen Wehrturms befand sich früher eine hölzerne Zugbrücke. 12 km westlich von Split ist neben dem Kaštel Lukšić die Pfarrkirche aus dem 18. Jh. beachtenswert: In ihr wird ein 1445 von Juraj Dalmatinac (► Berühmte Persönlichkeiten) geschaffener Sarkophag des Spliter Erzbischofs Arnerius aufbewahrt.

Mali Drvenik, Veli Drvenik

Die Inseln Mali Drvenik und Veli Drvenik liegen südwestlich von Trogir, nur wenige Kilometer vom Festland entfernt. Eine **Personenfähre** verkehrt dreimal täglich zwischen Trogir und den beiden Inseln. Zudem steuert von Juni bis September einmal wöchentlich eine Personenfähre von ► Split die Inseln an (mit Zwischenstopp in Trogir). Ruhe und Erholung Suchende ohne Ansprüche an die touristische Infrastruktur sind hier gut aufgehoben, denn die meisten Besucher legen nur mit dem Boot an, um an den Fels- und Kiesbuchten zu baden. Zu Zeiten der Türkenüberfälle waren die Inseln Zufluchtsstätten für die Küstenbewohner. Anstelle der Wälder, die für den Schiffbau gerodet wurden, bedecken heute Felder, Weingärten und Olivenhaine die klimatisch begünstigten Inseln. Veli Drvenik, die näher bei Šolta gelegene und größere Insel, besitzt einen Hauptort gleichen Namens. Die an den Hang einer tiefen Bucht gebauten Häuser sind in üppiges Grün gebettet. Zu Fuß erreicht man die Badebuchten an der Ostküste der Insel.

Ugljan · Pašman

E–G 5/6

Höhe: 0 – 288 m ü. d. M.
Gespanschaft: Zadar
Einwohnerzahl: 7800 (Ugljan), 3600 (Pašman)

Zu den größten Inseln im Archipel von ►Zadar gehören Ugljan und Pašman, die nur durch einen schmalen Kanal vom Festland getrennt sind. Während sich Ugljan weitgehend üppig grün gibt, herrscht auf Pašman eher eine karge Vegetation.

Freizeit/Baden

Preko auf Ugljan besitzt einen für Kinder gut geeigneten, flachen Sandstrand. Wer Felsstrände und Schatten bevorzugt, kann zur gegenüberliegenden kleinen Insel Galovac übersetzen. Badeplätze (auch FKK-Bereich), Sportmöglichkeiten und Bootsanlegestellen gibt es auf der Landzunge Zelena Punta bei Kukljica. Badebuchten findet man auf der Höhe von Kukljica auch auf der anderen, dem Festland abgewandten Seite der Insel, z. B. die Sabušica-Bucht mit Kiesstrand. Auf Pašman laden schöne Sandbuchten zwischen dem gleichnamigen Hauptort und Tkon zum Baden ein.

Ugljan

Landschaftsbild

Felder, Obstbäume, Weinreben und Olivenhaine bestimmen das Bild dieser grünen Insel. Mit einer Fläche von rund 51 km² und 7800 Bewohnern ist Ugljan aber auch eine der am **dichtesten besiedelten** Eilande Dalmatiens. Die kleinen Ortschaften reihen sich an der Inselstraße aneinander, die an der flacheren Ostseite Ugljans verläuft. An der Meerseite ragen dagegen kahle Hügelketten auf.

Das Inselleben gewährt auch mal Zeit für einen Mittagsplausch.

Geschichte Die seit der Jungsteinzeit besiedelte Insel erschien unter ihrem heutigen Namen erstmals 1325 in einer Urkunde. Reste von Wallburgen weisen darauf hin, dass auch die Illyrer die Insel bewohnten. Bereits in römischer Zeit war Ugljan stark besiedelt. Zahlreiche Ruinen antiker Bauten wurden im Nordwesten der Insel gefunden. Während der Zeit der Türkeneinfälle diente die fruchtbare Insel den Bewohnern von Zadar – als sie von der Versorgung aus dem Hinterland abgeschnitten waren – als eine Art »Hausgarten«. Um für den Schiffsverkehr eine Durchfahrt zwischen Ugljan und Pašman zu schaffen, wurde 1883 ein Kanal ausgehoben, den seit 1973 eine Brücke überspannt.

Ugljan (Ort) Der Fischer- und Hafenort an der Nordspitze der Insel hat vor allem eine geruhsame, ursprüngliche Atmosphäre zu bieten. Einzige Sehenswürdigkeit ist der **Franziskanerkonvent** aus dem 15. Jh. mit einer gotischen Klosterkirche. Im Klosterhof befindet sich das Grab des 1536 verstorbenen Bischofs Šime Kožičić, der die glagolitische Buchdruckerei in Rijeka gegründet hat.

Preko Preko ist der Fährhafen von Ugljan und deshalb neben Kukljica der **belebteste Ort** der Insel. Mit einem Hotel, Privatunterkünften, Lebensmittelläden, ein paar Restaurants und einer Tankstelle ist man in Preko auch auf Übernachtungsgäste eingestellt. Auf dem Berg thront die Ruine der mittelalterlichen Festung Sveti Mihovil (St. Michael; 13. Jh.). Eine schmale Straße windet sich von Preko durch das waldreiche Hinterland zur Festung hinauf. Unterwegs eröffnen sich reizvolle Ausblicke auf den Ort mit seinem rosaroten Kirchturm und auf die Klosterinsel Galovac im traumhaften Azurblau des Meeres. Das Panorama auf der Festung ist ein Highlight: Dugi Otok und andere Inseln schlängeln sich wie Reptilien durch die Adria. Zur Insel Galovac pendeln von Preko Personenboote.

Kali 3 km südöstlich von Preko liegt das Dorf Kali. Von der Durchgangsstraße erreicht man zuerst das Zentrum oben am Hang. Ein schöner Blick auf die Hafenbucht bietet sich von der Terrasse des Restaurants Kali bei der barocken Pfarrkirche. Kali ist ein **Zentrum für Fisch- und Muschelzucht**. Ende Juli/Anfang August wird hier die Fischernacht von Kali gefeiert – immer in einer Vollmondnacht!

5 km weiter, auf der Halbinsel bei **Kukljica**, gibt es gute Bademöglichkeiten. Bei der Brücke, die Ugljan mit Pašman verbindet, steht die Votivkirche Gospa od Snijega (Unsere Liebe Frau vom Schnee). Wer die Brücke zwischen Ugljan und

? WUSSTEN SIE SCHON ...?

- ... dass der Name der Kirche in Kukljica »Unsere Liebe Frau vom Schnee« auf eine merkwürdige Wetterkapriole zurückgeht? Tatsächlich hatte es hier einmal im Hochsommer geschneit! In einer feierlichen Prozession wird deshalb alljährlich am 5. August die »wundertätige« Marienstatue aus der Kirche ans Meer getragen.

Pašman mit einem Segelboot unterfahren will, braucht einiges Geschick. Der Wasserspiegel der Adria steigt und sinkt bei Ebbe und Flut spürbar stärker als in früheren Zeiten.

Pašman

Landschaftsbild

Nicht ganz so grün und üppig bewachsen wie Ugljan und bislang auch noch weniger touristisch in Beschlag genommen ist die südöstliche Nachbarinsel Pašman. Wie auf Ugljan liegen die Dörfer auf der flacheren, dem Festland zugewandten Seite, durch die Höhenzüge von der Meerseite abgeschirmt. Die Insel ist für **Trekking und Mountain-Biking** gut geeignet; eine Landkarte mit Fahrrad- und Wanderwegen ist bei den Fremdenverkehrsämtern erhältlich.

Das Kloster bei Tkon war im 12. Jh. Zuflucht aus Biograd vertriebener Mönche.

Die Insel ist seit vorgeschichtlicher Zeit ununterbrochen besiedelt. Zeugnisse der Illyrer (Reste von Wallburgen) sind dabei ebenso gefunden worden wie Relikte römischer Siedlungsplätze. Ab 1050 gehörte Pašman dem Bischof von Biograd, 1126 fiel die Insel an das Erzbistum von Zadar. Die Türken haben weder Pašman noch Ugljan eingenommen. Viele Bewohner von Zadar flüchteten deshalb auf die Inseln.

Selbst der Hauptort von **Pašman** ist nur ein 300 Seelen zählendes Fischerdorf inmitten von Weingärten. Nördlich des schon in römischer Zeit bewohnten Orts, in einem Kiefernwald, versteckt sich der **Campingplatz** Lučine mit Sand- und Kiesstränden in der Nähe.

Kraj

In Kraj, das nicht mehr als eine Ansammlung einiger Häuser darstellt, steht nahe dem Meer, inmitten von Gärten und Wiesen, das **Franziskanerkloster Sveti Dujam** aus dem 14. Jh. Die Mönche bieten weiß gekalkte und klösterlich schlichte, aber geschmackvolle Gästezimmer an. Das Kloster verfügt sogar über einen eigenen Minihafen, und auch eine Bocciabahn haben die Mönche zu ihrer Zerstreuung nicht vergessen. Im Refektorium wurde ein stilvolles Restaurant eingerichtet. In dem kleinen Klostermuseum kann man das Gemälde »Muttergottes auf dem Thron« bewundern, das von jenem unbekannten Meister stammt, der auch das »Kruzifix von Tkon« (s. unten) schuf.

★ **Tkon Benediktinerkloster**

Nordwestlich von Tkon, oberhalb der Straße nach Pašman, sieht man das Benediktinerkloster Sveti Kuzma i Damjan auf dem Berg Ćokovac. Als im Jahre 1125 die Stadt Biograd von den Venezianern zerstört wurde, flüchteten viele ihrer Einwohner auf die Inseln Pašman und Ugljan. Die Benediktinermönche des Klosters Sveti Ivan aus Biograd setzten ihr Mönchsleben in der Abtei bei Tkon fort – ein zauberhafter, von Agaven und Kiefern umwachsener Ort, in dem noch immer eine Hand voll Mönche lebt. Von hier hat man einen **herrlichen Blick** auf den Hafenort Tkon bis hin zum festländischen Biograd. Der festungsartige Charakter des Klosters ist bis heute erhalten. Ein Kleinod ist das Portal der Klosterkirche. Zu den Klosterschätzen zählen drei Renaissancealtäre und mehrere glagolitische Inschriften. Das bemalte Kreuz aus dem Jahre 1418 wird als »Kruzifix von Tkon« bezeichnet.

UGLJAN · PAŠMAN ERLEBEN

AUSKUNFT

23273 Preko
Tel. 023 / 860 12, Fax 866 62
www.preko.hr

23271 Kukljica
Tel. 023 / 37 32 76, Fax 37 38 42
www.kukljica.hr

23212 Tkon
Tel. 023 / 28 52 13, Fax 28 53 04

ANREISE

Zwischen Zadar und Preko (Ugljan) verkehren in kurzen Abständen Autofähren; Fußgänger dürfen auch auf der kleinen vorgelagerten Insel Ošljak von Bord gehen. Ebenfalls regelmäßig verkehren die Autofähren zwischen Biograd und Tkon (Pašman). Zwischen den Inselorten gibt es eine Busverbindung.

VERANSTALTUNGEN

Juli/August: Die Ausstellung »Inseln und Meer« zeigt jedes Jahr Fotokunst aus aller Welt in Kukljica (Ugljan).
August: Traditionelle Schiffsprozession am 5. August zu Ehren der Maria vom Schnee in Kukljica (Ugljan)

ESSEN

▸ Erschwinglich

Zelena Punta
Kukljica (Insel Ugljan)
Tel. 023 / 37 33 38
In der Touristensiedlung befinden sich ein Restaurant mit Tanzterrasse (Juli/August Livemusik), ein Terrassenrestaurant, Fast-Food-Snackbar, Diskothek und Lebensmittelgeschäft.

▸ Preiswert

Restoran Lanterna
Obala bb, Pašman (Insel Pašman)
Bei der Familie Bobić an der Uferpromenade gibt es Fisch, Muscheln und Gemüse aus eigenem Anbau.

ÜBERNACHTEN

▸ Günstig

Zelena Punta
23271 Kukljica
Tel. 023 / 37 33 38, 37 35 45
www.coning-turizam.hr
Touristensiedlung auf einer malerischen Halbinsel, die von schönen Sandstränden gesäumt ist. Villen im dalmatinischen Stil oder einfache Bungalows, die komfortabel ausgestattet sind.

Vis

L/M 11

Höhe: 0 – 587 m ü. d. M. **Einwohnerzahl:** 5000
Gespanschaft: Dalmatien-Split

Da die mitteldalmatinische Insel Vis zu Titos Zeiten bis 1991 militärisches Sperrgebiet war, ist das ruhige Eiland bislang noch vom Massentourismus verschont geblieben. Das Klima ist besonders mild; auch im Spätsommer und im Herbst kann man hier noch mit viel Wärme und Sonnenschein rechnen. Bekannt ist die Insel für ihre hervorragenden, allerdings auch schweren Weine.

Geschichte

Vis (griech: Issa) war die erste griechische Kolonie an der adriatischen Ostküste. Gegründet wurde sie im 4. Jh. v. Chr. von Dionysios, dem Feldherrn und Herrscher von Syrakus. Während Syrakus unterging, blühte die Polis Issa auf und wurde schließlich so mächtig, dass sie nun ihrerseits griechische Kolonien gründete – in Tragurion (Trogir), Salona (Solin bei Split) und auf der benachbarten Insel Korčula. Eine Zeit lang war Vis die bedeutendste Stadt in der hellenischen Epoche Dalmatiens. Obwohl die Römer hier später Thermen, Tempel und ein Forum errichteten, geriet Vis ins Hintertreffen gegenüber der Stadt Salona, die bis in die Spätantike eine dominierende Position an der dalmatinischen Küste einnahm. Im 19. Jh. wurde die bis dahin venezianisch regierte Insel wegen ihrer Lage weit draußen in der Adria für verschiedene Mächte interessant: 1811 lieferten sich Franzosen und Engländer in der Nähe von Vis eine Schlacht, die die Engländer für sich entscheiden konnten. In der berühmten Seeschlacht von Lissa (ital. Name für Vis) schlug die österreichische Flotte unter Admiral Wilhelm von Tegetthoff 1866 die wesentlich stärkere italienische Flotte. Bis zum Jahr 1918 und dem Untergang

Der Tourismus hat von der Insel Vis noch nicht Besitz ergriffen.

VIS ERLEBEN

AUSKUNFT

Touristinformation
Šetalište stare Isse 5
21480 Vis
Tel. 021 / 71 70 17
Fax 021 / 71 70 18
www.tz-vis.hr

ANREISE

Zwischen Vis und Split bestehen von Juni bis September gute Fährverbindungen (zweimal täglich, z. T. mit Zwischenstopp in Hvar). Das Schiff ist etwa 2½ Stunden unterwegs. Außerhalb der Saison ist der Fahrplan etwas ausgedünnt. Ausflugsfahrten nach Vis gibt es von Split, Hvar, Brač.

VERANSTALTUNGEN

Juli bis September: Kultursommer und Fischerabende

ESSEN

► Erschwinglich

Konoba Vatrica
Obala Kralja Krešimira IV 13
Tel. 021 / 71 15 74
Weinreben spenden Schatten über rustikalen Holztischen auf einer Terrasse mit Meeresblick, auf der schmackhafte Fischgerichte aufgetischt werden.

► Preiswert

Konoba Bako
Gundulićeva 1
Komiža
Tel. 021 / 71 37 42
Die urtümliche Konoba hat sich dem Meer verschrieben. Dies verrät nicht nur das rustikale Ambiente, sondern auch das breite Speisenangebot an frischen Fischen und Meeresgetier.

ÜBERNACHTEN

► Komfortabel

Hotel Tamaris
Obala Sv. Jurja
21463 Vis
Tel. 021 / 71 13 50, Fax 71 13 48
www.hotelsvis.com
In dem einfachen Stadthotel des alten Fischerorts kann man die Hafenatmosphäre der Insel genießen.

► Günstig

Hotel Issa
Šetalište Apolonija Zanelle 5
21463 Vis
Tel. 021 / 71 11 24, Fax 71 17 40
www.hotelsvis.com
Das in der Hafenbucht der Ortschaft Vis gelegene, moderne Hotel bietet seinen Gästen soliden Komfort, Kiesel- und Sandstrände in der Nähe.

der Donaumonarchie diente Vis den Österreichern als Stützpunkt, um die süddalmatinische Küste zu kontrollieren. Nach der Kapitulation Italiens im Zweiten Weltkrieg wurde die kleine Insel erneut Marinebasis, diesmal für die Jugoslawische Volksbefreiungsarmee von Tito. Ein halbes Jahr lang hielt sich der Partisanengeneral in einer Höhle im Inneren der Insel verborgen und leitete von dort aus die Kämpfe bis zur Befreiung Belgrads Ende Oktober 1944. Ein Flugplatz wurde gebaut, den v. a. die britische Luftwaffe als Basis nutzte. Nach dem Dornröschenschlaf der Insel in der Nachkriegszeit lebt der Tourismus nun allmählich auf.

Touristische Infrastruktur/ Baden/Tauchen

Die touristische Infrastruktur von Vis ist noch nicht auf einen Massenansturm eingerichtet. Rund um die gleichnamige Stadt finden sich schöne Sand- und Kiesstrände. Zum Übernachten stehen neben den wenigen Hotels auch Privatquartiere zur Verfügung, deren Zahl sich in den vergangenen Jahren ständig erhöht hat. Tauchbasen bieten in Vis und Komiža ihre Dienste an: Dodoro Diving Tours (www.dodoro-diving.com) und Anma Diving Center (www.anma.hr) in Vis sowie Issa Diving Center (www.diving.hr/idc) in Komiža.

Sehenswertes auf Vis und Biševo

✶ Vis (Stadt)

Die kleine Stadt Vis, das antike Issa, liegt am nordöstlichen Ende der Insel in einer tief eingeschnittenen, geschützten Bucht (Viški zaljev), der einige Inselchen vorgelagert sind. Die heutige Stadt entstand im 16./17. Jh. durch die Zusammenlegung zweier Dörfer. Die meisten älteren Gebäude sind aus dieser Zeit und im Renaissance- oder Barockstil erbaut, so auch der Palast Gariboldi, er wurde um die Mitte des 16. Jh.s errichtet, und die Sommerresidenz des kroatischen Dichters Marin Gazarović aus dem 17. Jahrhundert.

Betreten auf eigene Gefahr! – Balkon auf Komiža

Von den Kirchen in Vis ist die **Pfarrkirche der Muttergottes von Špilica** (Gospa od Špilice, 16. Jh.) hervorzuheben. Im Inneren dieser Kirche findet sich ein Gemälde des Künstlers Girolamo da Santacroce (»Madonna mit Heiligen«). St. Cyprianus, ein im 16. Jh. erbautes und später barockisiertes Gotteshaus, besitzt eine reich verzierte Kanzel und schöne Deckenmalereien.

Von den englischen Festungsanlagen und Bastionen aus dem 19. Jh. – sie wurden nach dem Sieg in der Seeschlacht über die napoleonische Marine errichtet – sind nur noch Ruinen erhalten geblieben. Im Haus Baterija ist eine archäologische Sammlung untergebracht, die insbesondere mit den Ausgrabungen über das antike Issa vertraut macht.

Ruinen von Issa

Vom antiken Issa sind beim Weiler Gradina, nordwestlich der Stadt Vis und nahe der kleinen Halbinsel Pirovo, noch Reste von Thermenmosaiken und Mauern erhalten. Auf der kleinen Halbinsel selbst befand sich einst ein römisches Theater. Im 16. Jh. wurde hier ein Franziskanerkloster errichtet. Heute ist der Baukomplex von schönen alten Bäumen umgeben.

Komiža Die in einer weiten Bucht an der Westküste gelegene Stadt Komiža (18 km von Vis entfernt) ist der zweite Hauptort der Insel und verfügt über einen Hafen, der auch von größeren Schiffen angesteuert werden kann. Sehenswert sind hier der Wehrturm am Hafen, das Kloster östlich oberhalb der Stadt und die Renaissancekirche Gospa Gusarica (Muttergottes der Piraten; 16. Jh.). Östlich von Komiža, in Richtung Vis, steht die Barockkirche Gospa Planica (Muttergottes vom Berg), die in Form einer Rotunde angelegt wurde. Bei Komiža erhebt sich der **höchste Berg der Insel**, der 587 m hohe Hum. In der Umgebung des Orts gibt es eine Reihe von Kiesel- und Sandstränden, vor allem in der geschützten Bucht von Komiža selbst.

✶ Tito-Höhle 8 km westlich von Komiža, links der Straße nach Vis, liegt die berühmte Tito-Höhle (Titova špilja). Die nur 80 m lange Höhle war bis 1944 das Hauptquartier der jugoslawischen Partisanenbewegung, offiziell: der Volksbefreiungsarmee. Von hier aus organisierte Tito, unterstützt von den Alliierten, den Widerstand gegen die deutsche Besatzungsmacht.

✶ Biševo/Blaue Grotte Mit Ausflugsbooten kann man in weniger als einer Stunde von Komiža die südwestlich von Vis gelegene, nur 6 km² große Insel Biševo erreichen. Sie ist vor allem für die Blaue Grotte (Modra špilja) bekannt, die erst im 19. Jh. entdeckt und zugänglich gemacht wurde. Die 6 m hohe Grotte aus Kalkstein liegt in der Bucht Balun. Das Licht fällt durch ein 10 m breites, unter dem Meeresspiegel gelegenes Felsentor in die Höhle und sorgt für ein – zumal an sonnigen und einigermaßen windstillen Tagen – prächtiges Farbenspiel, vergleichbar dem in der berühmten »Schwester« auf Capri. Die beste Zeit für eine Besichtigung der Grotte ist der späte Vormittag.

Auf Biševo sind noch die Ruinen einer im 13. Jh. verlassenen Benediktinerabtei mit der Kirche Sveti Silvestar (St. Silvester) zu sehen. Zum Baden laden einige sehr schöne Sandstrände ein.

✶✶ Zadar

F 5

Höhe: 5 m ü. d. M.
Einwohnerzahl: 72 000
Gespanschaft: Zadar

Zadar ist die größte Stadt Norddalmatiens und als Handelsmetropole gleichermaßen von Bedeutung wie als Fremdenverkehrszentrum. Im alten Stadtkern finden sich auf einer ca. 1 km langen und 400 m breiten Landzunge einige der bedeutendsten Kirchenbauten Kroatiens.

Wirtschaft Neben dem Fremdenverkehr spielt die Industrie eine große Rolle im wirtschaftlichen Leben von Zadar. Schiffbau-, Textil-, Nahrungsmittel- und Spirituosenindustrie sind wichtige Arbeitgeber in der Stadt. In der fruchtbaren Hochebene Ravni kotari, die man bei der Anreise von Norden kommend durchquert, werden Obst, Gemüse, Wein sowie die Maraska-Kirschen für den Maraschino-Likör angebaut. An den vielen, zum Teil auch recht eleganten Boutiquen in der Innenstadt ist zu spüren, dass sich Zadar – ähnlich wie Split – zu einem Einkaufszentrum der gehobeneren Art entwickelt hat.

Geschichte

2. Jh. v. Chr.	Römer unterwerfen Zadar.
11. Jh.	Zadar kommt zum Herrschaftsbereich der kroatisch-ungarischen Könige.
1409	Zadar fällt an Venedig.
1797–1918	Die Österreicher herrschen in Zadar.
1918	Zadar wird italienisch und bleibt es bis nach dem Zweiten Weltkrieg.
1991	Die Stadt wird von aufständischen Serben besetzt.

Von den Illyrern zur venezianischen Herrschaft

Bereits in prähistorischer Zeit war Zadar ein wichtiger Hafen des illyrischen Stamms der Liburner. Nach den Römern und den Byzantinern gehörte die Stadt seit Mitte des 11. Jh.s zum Herrschaftsbereich der kroatisch-ungarischen Könige. Die folgenden Jahrhunderte bescherten Zadar eine wirtschaftliche und kulturelle Blüte. Gegen die Einmischungen Venedigs leistete Zadar unter allen Städten der östlichen Adriaküste den heftigsten Widerstand – vergebens: Anfang des 15. Jh.s fiel die Stadt an die Serenissima, die Zadar zum Sitz des Statthalters für Dalmatien und Albanien machte und unter dem Eindruck der Türkengefahr die Befestigungsanlagen ausbauen ließ.

Highlights Zadar

Sveti Donat

Nicht nur an einem der beliebten Klassik-Musikabende in der auffälligen Rotunde dieses Kirchenbaus zieht die ehemalige Hauskapelle der Bischöfe die Besucher in ihren Bann.

▶ Seite 282

»Gruß an die Sonne«/»Meeresorgel«

Diese beiden einzigartigen Installationen des Bildhauers und Architekten Nikola Baši lockern die etwas graue Uferpromenade auf.

▶ Seite 287

Narodni trg

In einer lauschigen Sommernacht auf dem Narodni trg, dem belebtesten Platz der Stadt, südlich mediterrane Stimmung zu genießen, gehört zu den schönsten Erlebnissen in Zadar.

▶ Seite 287

Schlucht der Zrmanja

Auf den Spuren Winnetous können Sie in dem wildromantischen Flussbett im Hinterland von Zadar wandeln, denn hier wurden einige Szenen der Karl-May-Filme gedreht.

▶ Seite 295

Österreichische Herrschaft ► Während der Herrschaft der Habsburger wurde Zadar zu einem Mittelpunkt all jener südslawischen Intellektuellen, die Dalmatien mit Kroatien zu vereinigen bzw. einem noch zu schaffenden, gemeinsamen jugo-(süd-)slawischen Staat anzugliedern trachteten.

Unter italienischer Besatzung ► Wie die anderen Städte Istriens und Dalmatiens wurde Zadar 1918 von den Italienern besetzt. Als einzige Stadt Dalmatiens blieb sie jedoch auch nach dem Vertrag von Rapallo bei Italien und damit eine Enklave im späteren Königreich Jugoslawien. Während des Zweiten Weltkriegs musste Zadar verheerende Luftangriffe über sich ergehen lassen. Obwohl die Volksbefreiungsarmee Ende Oktober 1944 in die Stadt einmarschierte, wurde Zadar offiziell erst nach dem Krieg Jugoslawien zugesprochen.

Titos Staat zerfällt ► Nach dem Zerfall von Titos Staat im Jahr 1991 geriet die Stadt ins Fadenkreuz der serbischen Aufständischen, die nur wenige Kilometer entfernt im Hinterland ihre Artilleriegeschütze in Stellung brachten, sowie der Jugoslawischen Volksarmee, die ihren wichtigen Stützpunkt Zadar nur unwillig räumte. Auch der nahe gelegene Flughafen Zemunik war zeitweise von Serben besetzt.

Sehenswertes in Zadar

✶ Landtor Der historische Stadtkern von Zadar liegt auf einer von mächtigen Befestigungsanlagen umgebenen Halbinsel, geschützt durch Bastionen, Türme und Tore. Die Befestigungen, die heute noch weitgehend erhalten sind, wurden im 15. und vor allem im 16. Jh. von den Vene-

Zadar ist geprägt von alten Kirchen (im Bild Sv. Marija) und Baudenkmälern – und zugleich eine dynamische Metropole, modern, voller Leben und Elan.

Zadar Orientierung

Übernachten
1. Hotel President
2. Hotel Falkensteiner Club Funimation Borik
3. Villa Hrešć
4. Villa Nico

Essen
1. Restoran Foša
2. Restoran Zadar
3. Konoba Na po ure
4. Konoba Martinac
5. Gostionica Dva Ribara
6. Konoba Griblja

zianern errichtet. Besonders stark bewehrt war die Stadt im Süden, wo die Landzunge mit dem Festland verbunden war. Der einzige Stadteingang dort, durch eine Zugbrücke leicht zu verteidigen, war das Landtor (Porta Terraferma oder Porta di Ferma) an der Straße Ante Kuzmanića. Es wurde 1543 von dem bekannten veronesischen Baumeister Michele Sanmicheli errichtet und ist heute das **bedeutendste Renaissancebaudenkmal** in Zadar. Der mittlere Rundbogen des wuchtigen Tors wird von zwei rechteckigen Durchgängen flankiert; darüber erkennt man den venezianischen Löwen und das Wappen von Zadar mit einem der Stadtpatrone, dem hl. Chrysogonus (zu Pferd).

Zitadelle

Ein Abstecher führt an das südliche Ende der Altstadt mit der Zitadelle. Im Jahr 1548 wurde sie ebenfalls von den Venezianern errichtet. Heute wird das Innere der Zitadelle als **Freilichtbühne** genützt. Schräg gegenüber befindet sich das Kastell, das der Überwachung der Hafeneinfahrt diente.

ZADAR ERLEBEN

AUSKUNFT

Touristinformation der Stadt
Ilije Smiljanića bb
23000 Zadar
Tel. 023 / 21 24 12
Fax 023 / 21 17 81
www.tzzadar.hr

Touristinformation der Region
Sv. Leopolda B. Mandića 1
23000 Zadar
Tel./Fax 023 / 31 51 07 oder 31 53 16
www.zadar.hr

VERKEHR

Fähren verbinden die Stadt mit allen wichtigen Zielen in Dalmatien, einschließlich zahlreicher Inseln, mit dem nordkroatischen Hafen Rijeka und mit Italien, vor allem Ancona und Triest bzw. Venedig. Etwa 12 km südöstlich liegt der Verkehrsflughafen von Zadar (Zemunik). Außerdem ist die Hafenstadt Endpunkt der Bahnlinie von Zagreb über Knin an die Küste.

VERANSTALTUNGEN

Anfang Juli: The Garden Festival, Clubmusic für Trendsetter
Juli: »Zadar der Träume« – internationales Festival des neuen Theaters
Ende Juli: Traditionelle Wahl des Inselkönigs von Iž; »Vollmond-Nacht« mit traditionellen Köstlichkeiten an der Riva
Juli/August: Musikabende in der Kirche Sveti Donat.

EINKAUFEN

Zahlreiche Geschäfte säumen die Straßen der Altstadt von Zadar. Ein besonderes Erlebnis sind die Märkte. In der Fischmarkthalle an der Hafenseite wird ganz früh morgens schon bis zum Mittag der Fang des Tages angeboten. Obst und Gemüse gibt es gleich nebenan auf dem bunten Markt.

ESSEN

► Fein & teuer

① *Restoran Foša*
Kralja Zvonimira 2
Tel. 023 / 31 44 21
Das beliebte Restaurant im Bootshafen am alten Stadttor ist ein guter Tipp für verträumte Seelen. In der romantischen Freiluftatmosphäre schmeckt der Fisch besonders gut.

► Erschwinglich

② *Restoran Zadar*
Brne krnauratića 4
Tel. 023 / 25 18 59
Bei der Kirche Sv. Krševan gelegen lädt dieses freundliche, großräumige Lokal mit einer umfangreichen lokalen und internationalen Speisekarte zu angemessenen Preisen ein.

③ *Konoba Na po ure*
Špire Brusine 8 Tel. 023 / 31 20 04
Die Spezialität der kleinen Konoba in der Altstadt ist der marinierte Rinderbraten Pašticada.

Obst und Gemüse gibt es erntefrisch auf dem bunten Markt.

④ *Konoba Martinac*
Aleksandra Paravije 7
Tel. mobil 091 / 579 98 83
Antike Ausstattung sowie exklusive Küche machen diese Konoba zu einem Geheimtipp. Zu empfehlen sind die süßen Nachspeisen Rožata und Stošijin san.

⑥ *Konoba Griblja*
Trg Ruševac 18, Sukošan
Tel. 023 / 39 37 00
Authentisches Steingemäuer und alte Holzdielen schaffen Ambiente. Die Küche lässt alte kulinarische Traditionen aufleben.

► Preiswert

⑤ *Gostionica Dva Ribara*
Blaža Jurjeva 1
Tel. 023 / 21 34 45
Gemütliche Tische in kleinem Gässchen hat die Gostionica zu bieten, auf der es sich vorzüglich dalmatinisch und klassisch-kroatisch speisen lässt.

ÜBERNACHTEN

► Luxus

① *Hotel President*
Vladana Desnice 16
23000 Zadar
Tel. 023 / 33 36 96, Fax 33 35 95
www.hotel-president.hr
Das Nobelhotel am Stadtrand von Zadar überzeugt mit seiner feudalen Atmosphäre.

② *Hotel Falkensteiner Club Funimation Borik*
Majstora Radovana 7
Tel. 023 / 20 66 36, Fax 33 20 65
www.falkensteiner.com/borik
Familienfreundlicher Ferienclub, direkt am Meer mit großer Strandpromenade. Breites Sportangebot. Ruhige, stilvolle Unterkunft im Garden Wing Adriana.

► Komfortabel

③ *Villa Hrešć*
Obala kneza Trpimira 28
23000 Zadar
Tel. 023 / 33 75 70
Fax 023 / 33 43 36
www.villa-hresc.hr
Das attraktive Apartment-Hotel, in einer altertümlichen Villa untergebracht, spiegelt in seiner modernen Ausstattung und individuellen Einrichtung mediterranes Ambiente wider. Neben unmittelbarer Küstennähe verspricht das Hotel Entspannungs- und Ausflugsmöglichkeiten.

④ *Villa Nico*
Krešimirova obala 138
23000 Zadar/Diklo
Tel. 023 / 33 11 98 Fax 33 19 60
www.hotel-villanico.com
Die vollklimatisierte Pension mit Restaurant und Bar liegt direkt am Meer und ist komfortabel eingerichtet. Mit Fitnesszentrum.

CAMPING

Autokamp Nordsee
Pakoštane
Tel. und Fax 023 / 38 14 38
www.autocamp-nordsee.com
Der Name deutet es bereits an: Der sonnige Campingplatz steht unter deutscher Leitung. Das Wiesenterrain ist schön bepflanzt und liegt an einem langen Fels- und Kiesstrand.

Autokamp Zaton
Zaton
Tel. 023 / 28 02 15, Fax 28 03 10
www.zaton.hr
Das 2008 vom ADAC ausgezeichnete Camp gehört zu der Hotelsiedlung in der Nähe des historischen Städtchens Nin. Mitte Juni findet hier jährlich ein internationales Campertreffen statt.

★ **Römisches Forum**

Die Straße hinter dem Landtor (zunächst Spire Brusine, dann Madjievaca) führt direkt auf das ehemalige römische Forum von Zadar und weiter zu den beiden Kirchen Sveti Donat und Sveta Stošija. Das in der römischen Kaiserzeit angelegte Forum erstreckt sich mit einer Länge von 90 m und einer Breite von 40 m parallel zum Ufer, von diesem heute durch die Parkanlagen und die Uferstraße getrennt. Auch wenn die Gebäude des Forums – darunter eine großzügig bemessene Basilika – nicht mehr existieren, so vermitteln doch seine Ausmaße und die erhaltenen Säulentrommeln und Kapitelle, Inschriften und die Reste eines Tempels einen Eindruck von der einstigen Größe dieses Platzes. Praktisch unverändert sind der Treppenzugang zum ehemaligen Portikus und das Pflaster des Forums. Die 14 m hohe, korinthische Säule an der Westseite diente noch im 19. Jh. als Pranger.

★★ **Sveti Donat**

Direkt neben dem römischen Forum steht die markante Rotunde von Sveti Donat, einer der **außergewöhnlichsten Kirchenbauten** Dalmatiens. Die im 9. Jh. als Hauskapelle der Bischöfe erbaute, vorromanische Kirche gilt als repräsentativstes Baudenkmal der altkroatischen Architektur. Bautypologisch ist sie sowohl mit den karolingischen Pfalzkapellen (z. B. Aachen) als auch mit der byzantinischen Architektur verwandt. Von außen verleihen ihr die drei blendbogen-

Zadar Kathedrale Sv. Stosija • Kirche Sv. Donat

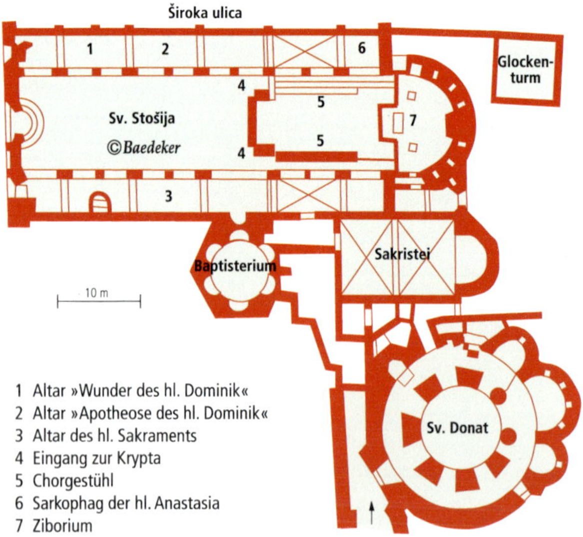

1 Altar »Wunder des hl. Dominik«
2 Altar »Apotheose des hl. Dominik«
3 Altar des hl. Sakraments
4 Eingang zur Krypta
5 Chorgestühl
6 Sarkophag der hl. Anastasia
7 Ziborium

Die Rundkirche Sveti Donat – einer der außergewöhnlichsten Kirchenbauten Dalmatiens.

gegliederten Apsiden ein besonderes Erscheinungsbild; im Inneren des Gotteshauses wird der 26 m hohe Hauptraum im Erdgeschoss von einem breiten Umgang, im Obergeschoss von einer Galerie gefasst. In der mittleren Apside stand einst der Altar. Im Erdgeschoss sind römische Säulentrommeln und andere antike Steinfragmente in das Mauerwerk integriert. Ihren Namen erhielt die Kirche von Bischof Donat(us), der im 8./9. Jh. in Zadar wirkte.

★★ Sveta Stošija

Mit der Donatskirche verbunden ist die Domkirche Sveta Stošija (St. Anastasia), die im 12./13. Jh. im romanischen Stil erbaut und Anfang des 14. Jh.s vollendet wurde. Die prächtige Hauptfassade der dreischiffigen Basilika ist mit ihren beiden herrlichen Fensterrosen und den charakteristischen, über die ganze obere Fassadenhälfte hinweggeführten Blendarkaden den Domen in Pisa und Lucca verpflichtet. Drei rundbogige, reich geschmückte Gewändeportale, das mittlere mit einem gotischen Relief und einer Widmungsinschrift des Erzbischofs Ivan Butovan aus dem Jahr 1324 im Giebelfeld, führen ins Innere der Kirche. Das breite Mittelschiff, das durch Arkaden, eine Galeriezone und schlichte, rundbogige Obergadenfenster gegliedert wird, mündet in den erhöhten Chor, unter dem sich die dreischiffige, frühromanische Krypta befindet. Beachten sollte man im linken nördlichen Seitenschiff den Altar des hl. Dominikus mit einem Relief an der Altarmensa (17. Jh.). Der zweite Altar zeigt ein Allerheiligenbild des venezianischen Malers Jacopo Palma d. J. (um 1580). Eben-

◄ Innenraum

falls im nördlichen Seitenschiff befindet sich der Altar mit dem Marmorsarkophag, den Bischof Donatus im 9. Jh. für die Reliquien der hl. Anastasia anfertigen ließ. Das Relief an der Vorderseite des Altars zeigt die Heilige auf der Totenbahre. Die Front des Hauptaltars schmücken frühromanische Platten mit Flechtwerkornamentik; das Ziborium über dem Altar stammt aus dem Jahr 1332. Das schöne gotische Chorgestühl schnitzte zu Beginn des 15. Jh.s der venezianische Künstler Matteo Moronzon. Im Zeitalter des Barock wurde im rechten südlichen Seitenschiff der hohe, figurenreiche Marmoraltar des hl. Sakraments (1719) eingebaut. Der 56 m hohe Glockenturm wurde ab dem 15. Jh. hinzugefügt und erst im 19. Jh. vollendet. Vom Turm hat man einen wunderschönen Rundblick auf Zadar.

Turm ►

Baptisterium

Von Dom und Sakristei führen zwei Portale in einen Innenhof, der wiederum an die Donatskirche grenzt. Hier befand sich bis zum Zweiten Weltkrieg das Baptisterium, dessen Grundmauern inzwischen rekonstruiert worden sind. Das Gebäude aus dem 6. Jh. war die **älteste Kirche** der Stadt.

✶ Sveta Marija

Gegenüber der Donatskirche, an der Südseite des Forums, steht die Marienkirche mit dem Benediktinerinnenkloster. Die dreischiffige Basilika wurde 1091 geweiht; ihre Renaissancefassade stammt aus dem beginnenden 16. Jh. Eine spätbarocke Stuckornamentik (1744)

Die Kathedrale Sv. Stošija zählt zu den bedeutendsten Kirchen Kroatiens.

überzieht die Wände des Mittelschiffs. Im angrenzenden Kloster ist eine **Dauerausstellung kirchlicher Kunst** unter dem Titel »Gold und Silber von Zadar« untergebracht, die einen guten Überblick über das Kunsthandwerk der Stadt vom 7. bzw. 8. Jh. bis zum 18. Jh. gibt. Besonders zahlreich sind unter den Exponaten Reliquiare vertreten. Die Mehrzahl der Gemälde stammt von venezianischen Meistern, darunter auch Heiligenbilder aus der Werkstatt Vittore Carpaccios. Den Zweiten Weltkrieg überstanden die Schätze nur, weil eine der Klosterfrauen sie im Untergeschoss des Glockenturms einmauern ließ.

! *Baedeker* TIPP

Musikabende in Sveti Donat

Wegen der außergewöhnlichen Akustik finden in dem massigen Bauwerk von Sveti Donat den ganzen Sommer über fast täglich Musikabende statt. Das Konzertprogramm mit Musik vom Mittelalter bis zur Gegenwart bietet sehr viel Abwechslung. Die Vorstellungen beginnen in der Regel um 21.00 Uhr. Karten gibt es im Nationaltheater (Tel. 023 / 31 45 52) oder an der Abendkasse. Infos: www.donat-festival.com

Die dortigen Exponate lassen die Geschichte Zadars und Dalmatiens von der Jungsteinzeit bis ins Mittelalter Revue passieren. Einzigartig ist die **Sammlung altkroatischer Exponate** aus dem 8. und 9. Jahrhundert. Zadar war damals das ökonomische und kulturelle Zentrum des kroatischen Staats. In dieser Abteilung sind Grabbeigaben aus Stätten in der Umgebung der Stadt zu sehen. Aufmerksamkeit verdienen auch die Exponate aus dem Mittelalter, insbesondere das steinerne Ziborium aus dem Jahr 1035 sowie Steinreliefs aus den Kirchen der Stadt, die die charakteristische Flechtwerkornamentik aufweisen (Mo. – Sa. 9.00 – 12.00, 17.00 – 20.00, So. 9.00 – 12.00 Uhr). ⌚

Museum des antiken Glases

2000 in der Region gefundene Exponate sind hier ausgestellt. Sie stammen aus der Epoche zwischen dem 1. Jh. v. Chr. und dem 5. Jh. n. Chr. Das 2009 eröffnete Museum gilt als **einzigartig in der Welt**. Im Sommer führen Glasbläser die schwierige Technik vor, man kann es auch selbst probieren (Poljana zemaljskog odbora 1, Mo. – Fr. 9.00 – 21.00, Sa. u. So. 9.00 – 13.00 Uhr; Glasbläser im 2. Stock, Mitte Juni – Mitte Okt. 10.00 – 13.00, 19.00 – 21.00 Uhr).

Sveti Ilija

Die serbisch-orthodoxe Eliaskirche wurde 1773 im Stil des Spätbarock anstelle eines mittelalterlichen Vorgängerbaus errichtet, der im 16. Jh. den griechischen Kaufleuten überlassen worden war, die im Sold von Venedig standen. 1754 hatte die serbische Minderheit die Kirche übernommen und den Glockenturm angebaut. Heute beherbergt sie eine **reiche Ikonensammlung** aus dem 16./17. Jahrhundert.

Sveti Frane/ Franziskanerkloster

Die Franziskanerkirche und das Franziskanerkloster, nahe der Landspitze am Ende der Halbinsel gelegen, wurden im 13. Jh. im gotischen Stil errichtet, später jedoch vielfach umgebaut, verändert und renoviert, sodass inzwischen Stilmerkmale aus vielen Epochen ver-

Das Seetor in Zadar

sammelt sind. Die dreijochige **Renaissancekapelle** mit reich verzierten Arkaden, wahrscheinlich ein Werk Niccolò Fiorentinos, verdient besondere Beachtung. Auf dem mittleren Altar der Kapelle befindet sich ein Bild des hl. Franziskus, gemalt von Giustinian Pitteri (um 1770). In der Schatzkammer sind wertvolle Kunstwerke untergebracht, darunter Gemälde, liturgische Geräte und Holzkreuze. Interessantestes Exponat der Sammlung ist ein bemaltes Kruzifix aus dem 12. Jahrhundert.

★ **Sveti Krševan**

Vom Römischen Forum ist es in nördliche Richtung nicht weit zur romanischen Kirche Sveti Krševan (Chrysogonuskirche), deren Fassade auf einen hübschen Platz blickt. Das dreischiffige Bauwerk entstand im 12. Jh. an der Stelle einer Kapelle. Längsseiten und mittlere Apsis weisen eine reiche Gliederung durch Bögen und Säulen, Blendarkaden und Zwerggalerien auf. In der Kirche wurde 1403 Ladislaus von Neapel zum ungarisch-kroatischen König gekrönt. Die innere Mittelschiffwand wird von antiken bzw. antikisierenden Säulen mit korinthischen Kapitellen getragen. Der Altar mit den Marmorstatuen der Schutzheiligen Zadars – Chrysogonus, Simeon, Anastasia und

Zoilus – ist ein barockes Kunstwerk. Auch Decken und Wände wurden im 18. Jh. barock gestaltet. Der wehrhafte Glockenturm entstand um die Mitte des 16. Jh.s, blieb jedoch unvollendet.

See- oder Hafentor

Wie das Landtor, so ist auch das 1573 erbaute See- oder Hafentor am nördlichen Ende der Altstadt mit dem Markuslöwen geschmückt. An der Innenseite des Stadteingangs wurden Teile eines römischen Triumphbogens verwendet. Auch in dieses Renaissancebauwerk sind Teile des Stadtwappens eingemeißelt. Eine Tafel erinnert an die Schlacht bei Lepanto im Jahr 1571, bei der eine christliche Flotte die Türken besiegte.

*** Narodni trg**

Für den Spaziergang zum Narodni trg wählt man am besten eines der Parallelsträßchen zur modernen Hauptachse von Zadar, der Široka ulica. Der Volksplatz (Narodni trg) ist seit der Renaissance **Mittelpunkt des öffentlichen Lebens** in der Stadt. Auch heute noch macht der Platz seinem Namen alle Ehre: Vor allem am Abend gehört der Narodni trg der Bevölkerung von Zadar; hier sitzen die Jugendlichen auf den Treppen der Loggia, die Älteren im Café, und wer keinen Sitzplatz hat, plaudert im Stehen.

! *Baedeker* TIPP

Wind, Wellen und Orgelmusik

Die betonierte Uferpromenade hat Farbe bekommen: Mehr als 300 kreisförmig angeordnete Solarzellen glitzern in der Bodeninstallation »Gruß an die Sonne« (Pozdrav suncu). Nur wenige Schritte entfernt ertönt die Meeresorgel (Morske orgulje): 35 Plastikrohre erzeugen durch das Zusammenspiel von Wind und Wellen harmonische Klänge am Ufer.

Eingerahmt wird der Narodni trg von dem **Palazzo Ghirardini-Marci** (15. Jh.) mit spätgotischen Fenstern, der Stadtwache mit ihrem Uhrturm (1562), der Städtischen Loggia und dem Rathaus, das 1936 während der italienischen Besetzung erbaut wurde. In der repräsentativen Architektur der **Stadtloggia**, die in ihrer heutigen Form 1565 nach Plänen von Michele Sanmichele errichtet wurde, spiegelt sich der Bürgerstolz der Stadt. Die dreigeteilte Fassade – drei nachträglich verglaste Renaissancebögen, flankiert von wuchtigen Doppelsäulen auf Postamenten – verweist auf römische Triumphbögen. In der **Stadtwache** ist heute das Ethnografische Museum untergebracht. Hier finden sich Trachten, Haushaltsgegenstände, Handarbeiten oder Instrumente aus verschiedenen Zeiten. Außer dem Ghirardini-Palast kann man in der Umgebung des Narodni trg noch weitere schöne Patrizier-Paläste aus dem 15. und 16. Jh. entdecken.

Sveti Šimun

Eine weitere außergewöhnliche Kirche befindet sich an der Ecke Kotromanić-/Smiljanić-Straße: die Simeonskirche, deren ältester Teil, die Südseite, vermutlich aus dem 14. Jh. stammt. Ihr heutiges Erscheinungsbild verdankt sie vor allem den Umbauten im Zeitalter des Barock. Weithin bekannt ist das Gotteshaus aber wegen des spät-

*

◂ Sarkophag des hl. Simeon

romanischen Sarkophags des hl. Simeon, den 1377 italienische und kroatische Gold- bzw. Silberschmiede im Auftrag von Elisabeth, der Gemahlin des ungarisch-kroatischen Königs Ludwig I. von Anjou, fertigten. An der Vorderseite des knapp 2 m langen Schreins sind Ornamente, an den Seiten Wappen der Anjou zu sehen. Eines der Reliefs zeigt den Einzug von König Ludwig in Zadar, ein Ereignis, das erst kurz vor der Entstehung des Kunstwerks stattfand. Auf dem Deckel des Schreins ist der hl. Simeon als Liegefigur verewigt.

Fünf-Brunnen-Platz

Von Sveti Šimun sind es nur ein paar wenige Meter bis zum **Trg pet bunara** (Fünf-Brunnen-Platz). Die fünf Brunnen, die ihm den Namen gaben, wurden um 1574 über dem zugeschütteten Wehrgraben der mittelalterlichen Stadtbefestigung erbaut. Sie versorgten die Stadt bis ins 19. Jh. mit Wasser. Der fünfeckige Turm aus dem 13. Jh., Bablja Kula genannt, ist das einzige Relikt der mittelalterlichen Befestigungsanlagen. Gleichzeitig mit den Brunnen entstand die fünfeckige Bastion. Sie wurde Ende des 19. Jh.s in einen kleinen Park umgewandelt, den man vom Fünf-Brunnen-Platz aus betritt.

✶ Nin

Wiege der kroatischen Kultur

Das kleine Städtchen Nin, 17 km nordwestlich von Zadar, ist gewissermaßen die Wiege der kroatischen Kultur. Auf das Engste ist die Geschichte des Orts, der auf einer kleinen Insel in einer seichten Bucht liegt und durch zwei Brücken mit dem Festland verbunden ist, mit den Anfängen der kroatischen Staatlichkeit verknüpft. Der wichtigste Fund aus dieser Zeit war das sechseckige, steinerne, mit Flechtwerkornamenten verzierte **Višeslav-Taufbecken**. Es stammt aus einer Zeit (9. Jh.), als fränkische Missionare die slawischen Bewohner dieser Gegend zum Christentum bekehrten. Das Original des Taufbeckens kann man im Museum Kroatischer Archäologischer Denkmäler in ► Split besichtigen; in Nin selbst befindet sich eine Kopie in der Archäologischen Sammlung am Trg Kraljevac. Der Bischof von Nin führte als Erster die slawische Liturgie in Kroatien ein. Aber auch in weltlicher Hinsicht kann Nins Bedeutung in dieser frühmittelalterlichen Ära kaum hoch genug eingeschätzt werden: Bis zum Ende des 11. Jh.s hatten die kroatischen Herrscher keine feste Hauptstadt und Nin war häufig ihr Aufenthaltsort.

? WUSSTEN SIE SCHON ...?

- Laut mündlicher Überlieferung sollen die kroatischen Könige nach ihrer Krönung auf den Hügel von Sveti Nikola gegangen sein, um mit dem Schwert in alle Himmelsrichtungen zu zeigen. Auf diese Weise symbolisierten sie ihre Macht: »Wo das Schwert hinzeigt, ist mein Königreich.«

✶ Sveti Križ

In Nin gibt es zwei außergewöhnliche Kirchen zu besichtigen. Die bestens erhaltene, vorromanische Sveti Križ (Heilig-Kreuz-Kirche) ist eines der schönsten Beispiele **altkroatischer Baukunst**. Umstritten

Romanisches Kirchlein mit Spähturm: Sveti Nikola bei Nin

ist ihr genaues Alter: 9. oder 11. Jahrhundert. Die Kirche mit einem kreuzförmigen Grundriss hatte den Rang einer Kathedrale, da Nin im frühen Mittelalter bereits Bischofssitz war.

Sveti Anzelmo

Die Pfarrkirche Sveti Anzelmo (St. Anselmus) ist ein vielfach veränderter Kirchenbau: Einige Teile stammen aus dem frühen Mittelalter, die Fassade wurde Ende des 18. Jh.s vollendet. Die Schatzkammer birgt wertvolle Goldschmiedearbeiten und Schnitzereien in romanischem und gotischem Stil. Der größte Teil wurde in einheimischen Werkstätten gefertigt, einige Arbeiten stammen von karolingischen Künstlern (8./9. Jh.), darunter das Reliquiar mit dem Schulterblatt des hl. Anselmus. Bedeutend ist das Handreliquiar des Heiligen, Anfang des 14. Jh.s von einem einheimischen Goldschmied geschaffen.

Denkmal von Grgur Ninski

In unmittelbarer Nähe der beiden Kirchen steht das Denkmal des wohl bedeutendsten kroatischen Bischofs, Grgur Ninski. Nach der Gründung des Bistums Nin war Grgur der dritte Bischof in der Stadt, deren kirchliches Oberhaupt seit 879 zugleich Oberhaupt aller kroatischen Christen war. Grgur fungierte auch als Berater und Kanzler des legendären kroatischen Königs Tomislav.

Römischer Tempel

Am nördlichen Stadtrand von Nin kann man die eindrucksvollen Baureste des **größten römischen Tempels** Dalmatiens aus dem ersten nachchristlichen Jahrhundert besichtigen. Er war 36 m breit, 45 m lang und mit vielen Statuen römischer Imperatoren geschmückt. Bisher sind nur ca. zehn Prozent der Stadt archäologisch erforscht.

Salzgärten

Die Salzgärten von Nin, die bereits von den Römern betrieben wurden, kann man besichtigen (teils ein Biotop mit seltenen Tieren).

Sveti Nikola

Außerhalb von Nin steht auf einem alten Grabhügel das romanische Kirchlein Sveti Nikola mit einem Spähturm, der während der venezianisch-türkischen Kriege (17. Jh.) angebaut wurde.

Winnetou 1 (1963): Old Shatterhand am Marterpfahl oberhalb der Zrmanja-Schlucht bei Obrovac. Wird sein blaues Hemd in Blut getränkt oder kommt er noch mal davon?

VON SANTA FE ZUM SILBERSEE

Die Augen des vorwiegend jugendlichen Publikums strahlen, während der Kinosaal mit wehmütigem Westernsound in Stimmung gebracht wird. Pierre Brice kommt ins Bild. Er reitet auf seinem schwarzen Pferd durch die Landschaft, vorbei an blauen Seen und an Inseln. Der Filmtitel »Winnetou, Teil 3« erscheint.

Dann stehen die Namen der Filmemacher, Horst Wendland und Harald Reinl, auf der Leinwand, quer über dem Panoramabild des **Zrmanja-Canyons**. Kurz vor der Brücke zur Insel Pag, wo sich zu beiden Seiten der Straße karstige Felder ausbreiten, trifft der französische Hauptdarsteller andere Häuptlinge. Scheinbar schwenkt die Kamera zu einer Büffelherde; die Büffelszenen stammen jedoch aus einem anderen Wildwestfilm, nämlich aus »Die letzte Jagd« von Richard Brooks (1955). Mit einer wilden Knallerei der Banditen, die in der Nähe der Küste unweit von Zadar – im **Bokanjačko blato** – in Szene gesetzt wird, wurden sie geschickt zusammengeschnitten. Mit ein paar Styropor-Kakteen wurde die »jugoslawische Prärie« in ein glaubwürdiges Arizona umdekoriert. Es folgen Bilder von Mali Alan, oben im Velebit-Gebirge, wo Hollywood-Star Lex Barker als Old Shatterhand seinen Blutsbruder fragt: »Will sich Winnetou mir offenbaren?«

Überfall in Trogir

Winnetou und Old Shatterhand reiten los, auf eine weiße Stadt zu, für deren Aufnahmen ein Dorf in Andalusien diente, und dann – man staune und zweifle nicht! – hinein nach Trogir! Mit ihren Pferden preschen sie durch die schmalen Gassen der Stadt und am Bürgermeisterpalast vorbei. Mit Archivaufnahmen von Lachsen und Bären aus Kanada geht es weiter zu den **Plitwitzer Seen**, deren Wasser märchenhaft schillert. Die Wasserfälle des Nationalparks, u. a. der 78 m hohe Slap Plitvice unterhalb des Eingangs Nr. 1, rieseln in traumhaften Facetten,

Winnetou und Old Shatterhand alias Pierre Brice und Lex Barker paddeln im »Tal der Toten« (1968) respektive auf der Krka unterhalb der Roški-Fälle.

und Winnetou entkommt den Gaunern in den blauen Tiefen mit Hilfe des berühmten Strohhalmtricks. Wieder greifen die Banditen in farbenfrohen Szenen mit Flößen das Pueblo an – vergebens, wie immer. Dabei kann man den Zrmanja-Canyon in all seinen faszinierenden Perspektiven vom Flussbett aus bewundern. Später gibt der Banditenboss Rollins in den **Felsen von Mali Alan** seinen tödlichen Schuss auf die »edle Rothaut« ab. Der Drehort ist ein legendäres Landschaftsmotiv der Karl-May-Filme, unter den Filmexperten als »Grüne Wiese« bekannt, und taucht nur in dieser Sterbeszene auf. Er befindet sich an der meerzugewandten Seite des Gipfels Tulove grede. Eine schmale Straße windet sich den Berg hinauf, am Wegesrand warnen Schilder vor Landminen. Im jugoslawischen Krieg gab es hier erbitterte Kämpfe.

Winnetou in den ewigen Jagdgründen

Winnetou gibt sein Leben »in die Hände Manitous zurück« und Millionen Fans weinen ins Taschentuch. Oberhalb der Küstenstraße bei **Rovanjska** (zwischen Maslenica und Paklenica) wird er zu Grabe getragen. Einige Tage lang hatten die Filmemacher auf einen der sagenhaften Sonnenuntergänge der Adria gewartet. Die tintenblauen Meeresbuchten der Adria wurden in den Filmen zu Wildwest-Landschaften umfunktioniert. Und wen wundert es, dass Winnetou wenige Wochen später in dem Karl-May-Film »Old Surehand« wieder auf der Leinwand erschien, diesmal unterstützt von Stewart Granger, der sich bei **Radmanove mlinice** im Hinterland von Omiš über die türkisblaue Cetina paddeln lässt. Weitere markante Motive in dem Film sind die Einsiedlerhöhle von Old Wabble, bei der es sich in der Außenaufnahme um einen alten Bunker in der Paklenica-Schlucht handelt, und ein kaum zu übersehender Felsen am Eingang der Schlucht, unter dem Surehand vor einer Stein- und Staublawine Schutz sucht. Außerdem verrät der rote Staub an O'Brians Stiefeln nicht nur, wo er im Film sein Gold gefunden hat, sondern auch, dass es sich dabei um das rote Bauxit aus der Umgebung von Obrovac handelt.

Dreharbeiten zu »Winnetou und Old Shatterhand im Tal der Toten« in der Schlucht von Paklenica (1968)

Drehort Krka

Dort, wo heute das Ausflugsboot am Roški slap im Nationalpark Krka wendet, paddeln in dem Filmstreifen »Winnetou und Shatterhand im Tal der Toten« die beiden Helden die Wasserfälle entlang. Erst im letzten Film der Serie gab man diesem Landschaftsmotiv die Ehre, während der Krka-Fluss mehrmals zuvor in Karl-May-Filmen aufgetaucht war. In »Winnetou 1« treffen wir am Fluss Old Shatterhand und Nscho-tschi (Marie Versini) beim Angeln, von Santer belauscht. In dem Film »Old Shatterhand« wurde das Apachenlager in der Krka-Bucht im heutigen Nationalpark gegenüber dem Nos Kalik aufgebaut. Für die Dreharbeiten wurde der Platz gerodet und das weiße Gestein rötlich gefärbt. Paloma (Daliah Lavi) badet in dem See unterhalb des Skradinski buk. (Die Szenen im kalten Wasser wurden von einem Stuntgirl gedoubelt.) Die dritte Ausflugsetappe im Nationalpark führt zum Krka-Kloster. Oberhalb des Krka-Canyons mit seinen steilen Wänden erwartet Winnetou seinen Adoptivsohn Tujunga zum Jagen.

Unter Geiern

Von Split aus über Klis und Sinj erreicht man die wohl beeindruckendste Prärielandschaft der Karl-May-Filme. Das menschenleere Gebiet diente in den späteren Filmen als Ersatzprärie für die Western-Gefilde nördlich von Rijeka. In dem weiten, trockenen Tal (Sho polje) auf der Rückseite des Stausees Perucko jezero wurden u. a. die Schlussszenen mit dem Planwagen-Treck von »Unter Geiern« gedreht. (Leider besteht auch hier infolge des letzten Kriegs Minengefahr.) Die »Geier« ritten aber auch durch die große **Paklenica-Schlucht**, die neben dem Zrmanja-Canyon und dem »Silbersee« zu den mythischen Motiven der Karl-May-Filme zählt. In der wilden Gebirgslandschaft der Paklenica-Schlucht bei Starigrad im Velebit-Gebirge lässt sich nachempfinden, warum die wundervolle Felsenkulisse die Filmmacher begeisterte. Besonders gut kann man das bei einem von der Nationalpark-Verwaltung angebotenen Ausritt oder einer Trekking-Tour erleben. Die Paklenica-Schlucht stand auch Pate für den »Geister-Canyon« im ersten Karl-

May-Film »Der Schatz im Silbersee«. Bevor der Wanderpfad in die Berge führt, lockt hier Winnetou die Utahs in die Falle. Unübertroffen jedoch ist das Motiv der Schlusssequenz, in der die Utahs vom Silbersee aus in langer Schlange einen Berghang hinaufreiten.

Die Kasse klingelt

Der 1962 von der deutsch-jugoslawischen Rialto-Filmkooperation in Szene gesetzte »Schatz im Silbersee« wurde zum Kassenschlager und löste die romantische Winnetou-Welle aus. Ein Grund war die fantastische Silbersee-Kulisse, der **Kalođerovac** – der letzte See im Nationalpark Plitvice, bevor sich das kristallklare Nass aller 16 Seen und des großen Wasserfalls im Fluss Korana vereinen. Im Film wirken der tiefblaue See und die grünen Berghänge besonders effektvoll. Die bizarren Traumwelten der kroatischen Landschaften boten für die klassische Besetzung mit Pierre Brice und Lex Barker das ideale Wildwest-Fantasialand. Hier konnte und kann man sich wunderbar in die Rollen des Apachenhäuptlings Winnetou und Old Shatterhands hineindenken. Für den ersten deutschen Wildwest-Streifen wurden hohe Gagen gezahlt. Der billigste Schauspieler im Film war allerdings der See! Er brauchte sich nicht zu schminken und keine Perücken aufzusetzen. Vom Aussichtsplateau beim Parkeingang Nr. 1 kann man ihn gut überblicken. Der von hohen Felsen umgebene See ist ebenso wie die Schatzhöhle an seinem Ufer ein beliebtes Postkartenmotiv. Die natürliche Höhle kann man über die auch im Film zu sehende Steintreppe noch heute besichtigen. Bei dem Wasserfall, der den Hintergrund des Schlusskampfes mit den Tramps bildet, handelt es sich um eine der bekanntesten Attraktionen des Nationalparks: den **Slap Plitvice**, von dem alle Darsteller bei den Dreharbeiten gut durchnässt wurden. Auch in »Winnetou 2« reitet Pierre Brice an dem Wasserfall vorbei; in »Winnetou 3« dient er als »Bärenfluss« mit »Donnerfall«.

Wer demnächst also mal wieder einen Winnetou-Streifen im Fernsehen sieht, kann nebenbei gleich den Urlaub für nächstes Jahr planen.

Von Zadar über Novigrad nach Obrovac

Novigradsko-more Auf der Fahrt von Zadar nordwestwärts nach Obrovac und zu den Schluchten des Zrmanja-Flusses lohnt sich ein Umweg entlang der Meeresseen von Novigrad und Karin. Sie sind durch schmale Mündungen mit dem Velebit-Kanal und der Adria verbunden. Die Landschaft um das Novigradsko more präsentiert sich äußerst reizvoll. Von den Hügeln, auf denen die Landstraße verläuft, führen Wege hinunter zum Wasser, wo eine Felseninsel mit der Kapelle Sveti Duh (12./13. Jh.) in der Hafenbucht von Posedarje herausragt. Im Hintergrund erhebt sich das Velebit-Gebirge mit dem wildromantischen Bergriesen Tulove grede. Steil unten in einer fjordartigen Bucht schmiegt sich Novigrad an die Hänge.

Novigrad Eine breite Treppe am Anfang von Novigrad führt hinauf zur Pfarrkirche Sveta Maria mit einem wunderschönen Glockentürmchen, das mit seinen geschwungenen Formen an die Klöster Griechenlands erinnert. Ein Fußweg führt weiter steil aufwärts zu einer **Burgruine**, von der man einen atemberaubenden Ausblick auf den marineblauen Fjord genießt, der sich S-förmig durch das tiefe Tal zieht. Die Burg wurde von der Fürstenfamilie Gusii-Kurjakovii im 13. Jh. erbaut. Von 1386 bis zu ihrem Tod 1387 waren hier Elizabeta Kotromani, die Witwe König Ludwigs I., sowie ihre Tochter, die Frau des Königs Sigismund von Luxemburg, eingekerkert. Elizabeta wurde hier ermordet. Eine goldene Planita – ein geistliches Gewand –, die sie während ihrer Haft stickte, wird in der Pfarrkirche Sveta Maria aufbewahrt. Mediterran verwunschen ist die Stimmung in den alten Gassen des Orts und am Bootskai, wo man die vielen Fischer bei ihrem Treiben beobachten kann.

Himmel und Meer, dazwischen eine Stadt: Biograd

Obrovac

Entlang des Karinsko more ziehen sich seichte Sumpfgebiete mit rötlicher Sumpfvegetation. Wegen des hohen Salzgehalts des Meerwassersees wurden in türkischer Zeit an der Südseite des Sees Salinen angelegt. Mit Blick zum Tulove grede führt die Straße über ein Plateau nach Obrovac. Unterwegs trifft man auf das vollkommen neu erbaute Dorf Kruševo, das in der Nähe des gleichnamigen, durch serbische Angriffe im letzten Krieg zerstörten Dorfs errichtet wurde. In Obrovac wohnten vor dem Krieg viele Serben, die nach dem kroatischen Sieg die Region verlassen mussten. Aus den umliegenden zerstörten Dörfern wurden viele Kroaten in der Stadt angesiedelt. Früher besaß Obrovac einen der schönsten Busbahnhöfe im Land. Doch aufgrund des neuen Grenzverlaufs hat Obrovac seine einstige Bedeutung als Verkehrsknotenpunkt verloren.
Am Trg Grgura Ninskog im Zentrum der Stadt gibt es zwei Cafés, die zu einer Mittagspause einladen. Von dort führt eine Straße zur **Festung** hinauf, die den Ort überragt. Den Türken diente sie einst als Piratennest, von dem aus sie ihre Angriffe auf venezianische Galeeren und die Inseln Pag, Rab und Krk planten. Man hat hier einen tollen Ausblick auf die Schlucht der Zrmanja, die in das Novigrader Meer mündet und bis Obrovac schiffbar ist.

✶ Schlucht der Zrmanja

Im Süden des markanten Karstfelsens Tulove grede hat sich die Zrmanja ihr wildromantisches Flussbett gebahnt. In den 1960er-Jahren wurden in der 10 km langen Schlucht von Obrovac bis zur Flussmündung bei Novigrad viele Sequenzen der Winnetou-Filme gedreht (►Baedeker Special S. 290). Aufgrund der Minengefahr sollte man jedoch nicht allein durch die Gegend wandern und lieber an organisierten Ausflügen teilnehmen.

Umgebungsziele südlich von Zadar

Bibinje

Südöstlich von Zadar liegen am Festland mehrere beliebte Ferienorte mit Stränden, Jachthäfen und Hotels bzw. Privatunterkünften. Einer davon ist Bibinje. Das weitläufige Touristenstädtchen, wenige Kilometer von Zadar entfernt, besteht aus einem alten Ortskern und einem neueren Zentrum mit einigen Einkaufsmöglichkeiten. Dort befindet sich auch der Gemüsemarkt, auf dem die Einwohner ihre reichen Erträge aus den eigenen Gärten verkaufen. Bibinje befindet sich auf fruchtbarem Boden. Deshalb ist der Ort wegen seiner **schönen Gartenanlagen** bekannt.

✶ Biograd

Einer besonderen Erwähnung wert ist das Städtchen Biograd (5000 Einw.), knapp 30 km von Zadar entfernt. Biograd war bereits in römischer Zeit besiedelt. Im Frühmittelalter gewann der Ort an Bedeutung: Der kroatische König Petar Krešimir gründete hier im 11. Jh. ein Bistum und ließ ein Benediktinerinnenkloster sowie eine Kirche erbauen, die beide nicht mehr erhalten sind. 1102 wurde in Biograd der ungarische König Koloman zum kroatischen König gekrönt.

Auch die Handelsmacht Venedig griff im Mittelalter nach dem Städtchen, zerstörte es und baute es danach wieder auf.
Eine Promenade, ausgedehnte Kiefernwälder und schöne Buchten, Sand- und Kiesstrände machen den Ort heute bei Touristen sehr beliebt. Auch die große, verhältnismäßig neue Marina beschert Biograd zahlreiche Touristen. Abgesehen von den Resten einer römischen Villa und einer barocken Pfarrkirche aus dem 17. Jh., besitzt der Badeort keine überragenden Sehenswürdigkeiten. Das **Stadtmuseum** an der Promenade verdient allerdings einen Besuch: Die interessantesten Exponate des Museums wurden aus einem im 16. Jh. gesunkenen Handelsschiff geborgen, das auf dem Weg von Venetien nach Konstantinopel auf das nahe gelegene Riff Gnalić auflief. Die Ausstellungsstücke vermitteln eine Vorstellung vom damaligen Handel: Neben Handelsgut der Hanse, z. B. Kron- und Wandleuchter deutscher Herkunft, konnten Lederbrillen, Nähnadeln in Leinenbündeln, Fässlein mit Bleikarbonat, kostbare Seide und Damast, Zinnstangen, die in schmalen Holzkisten mit dem Siegel des venezianischen Löwen verpackt waren, und vieles mehr aus dem Meer geborgen werden.

Pakoštane

8 km östlich von Biograd, zwischen Küste und dem Vransko jezero (Vraner See), erstreckt sich der Ort Pakoštane. Betonierte Liegeflächen bilden den »Hausstrand«. In dem Dorf gibt es eine Touristensiedlung mit Appartements. Am heutigen Hafen befand sich in der Antike eine der drei römischen Anlegestellen, die in der Umgebung von Biograd entdeckt wurden. In dem kleinen, geschlossenen Ortskern wird die Kirche von zwei alten Säulenkapitellen mit zwei altertümlichen Steinreliefs eingerahmt. An der Promenade gelangt man zum Fischmarkt in einer Bucht mit fünf kleinen Inseln. Auf einer davon steht eine Kapelle mit einer Pinie. Von Pakoštane gelangt man in den **Naturpark Vraner See**. Eine ca. 50 km lange Radroute um den See besteht aus mehreren Teilstrecken (wegen der Höhenunterschiede ist die Tour nur geübten Radfahrern zu empfehlen). Der schönste und anstrengendste Teil beginnt in Vranje und führt am Ornithologischen Reservat an der Nordseite des Sees entlang. Vom Aussichtspunkt Kamenjak hat man einen schönen Blick über den ganzen See. Ein Asphaltweg in der Nähe von Pakoštane an der Südseite wird auch für weniger Geübte empfohlen. Mountainbikes und geführte Touren vermittelt Agena-Tours (Tel. 023 / 38 81 00) www.agena-tours.hr.

✶ Vransko jezero

Der größte See Kroatiens hat eine Gesamtfläche von immerhin 30 km^2 bei einer maximalen Tiefe von knapp vier Metern. Fische wie Wels, Karpfen, Schleie und Meeräschen werden in dem See außerordentlich groß und erreichen ein überdurchschnittliches Gewicht. Auch Aale gibt es im Vraner See. Seine Oberfläche liegt über Meereshöhe, sein Boden jedoch unter dem Meeresspiegel. Besonders schön präsentiert sich der See nach Regen: Dann nimmt er nämlich samt seiner Umgebung eine intensiv grüne Farbe mit Gelbtönen an. Am nördlichen Ufer des Sees befinden sich ein Campingplatz und eine Ranch mit Reitstall. Zwischen diesen beiden Örtlichkeiten stand in den 1960er-Jahren das Sioux-Camp für die Karl-May-Verfilmungen (►Baedeker Special S. 290).

Vrana

Der Ort Vrana im Norden des Vransko jezero war einst Sitz einer osmanischen Karawanserei namens Maškovića han, die von dem einheimischen Baumeister Jusuf Mašković um 1644/1645 erbaut wurde. Ein seltenes und wertvolles Denkmal **türkischer Architektur** in Dalmatien! Bereits im Jahr 1538 fiel Vrana an die Türken und war ein wichtiger Stützpunkt der Osmanen in diesem Gebiet. Im Mittelalter wurde es zeitweilig von den Orden der Templer und Johanniter verwaltet.

Inseln im Archipel von Zadar

Natur, Dörfer, Buchten – und viel Ruhe

Vor der Küste von Zadar liegt eine Vielzahl kleiner Inseln, von denen Silba, Olib, Premuda, Ist, Molat, Rivanj, Iž und Sestrunj zu den größeren gehören. Insbesondere die Tatsache, dass sie größtenteils nicht mit dem Auto zu erreichen sind, macht sie für Erholung suchende Bootstouristen zu beliebten Urlaubszielen. Silba und Olib liegen an der Fährschifflinie Pula–Mali Lošinj–Zadar. Alle anderen Inseln werden von Personenschiffen ab Zadar angefahren. Auf Ist und Iž gibt es Jachthäfen. Die überwiegend flachen, mit Macchia überzogenen Inseln bieten kaum Sehenswürdigkeiten, aber viel Ruhe, ursprüngliche Natur, kleine Dörfer und schöne Badebuchten mit Fels-, Sand- oder Kiesstränden. Eine ganz besondere, feierliche Tradition pflegt man auf Iž: Jedes Jahr Ende Juli wählt das Inselvolk in Veli Iž seinen neuen »Inselkönig«. Am »Wahltag« fahren am linken Ufer der Bucht drei altkroatische Schiffe in den Hafen. Deren Besatzung besteht aus ca. 50 Männern und Frauen, in Trachten gekleidet. In der stillen und von Fackeln beleuchteten Bucht herrscht dann eine geradezu mystische Stimmung mit Chorgesängen und Glockengeläut, in der sich der alte König verabschiedet und der neue gewählt wird. Jeder König hat einen bestimmten Auftrag, der aus dem Königsfonds finanziert wird. Natürlich hat man alles schon vorher abgesprochen. Sponsoren und Veranstalter wissen längst, wer der neue König sein wird. Das Inselvolk weiß es nicht und hat seinen Spaß daran.

◄ Wahl des Inselkönigs auf Iž

> **! *Baedeker* TIPP**
>
> **Töpferei in Veli Iž**
>
> Einen Besuch der einzigen Töpferwerkstatt in ganz Dalmatien sollte man nicht versäumen. Die Töpferstücke sind einzigartige Souvenirs. Sie wirken grobschlächtig und außerordentlich originell zugleich. Schon vor 2000 Jahren wurden hier aus demselben Töpfermaterial die Keramikstücke in eben demselben Stil gefertigt. Die Kartoffelbrater, Eierwärmer, Stövchen und Gewürzfässchen sind rustikal und authentisch wie in der Antike. Ganz besonders urtümlich sind die Handwärmer für die Olivenernte: Auf Iž wachsen sage und schreibe knapp 80 000 Olivenbäume!

REGISTER

VERZEICHNIS DER KARTEN & GRAFISCHEN DARSTELLUNGEN

BILDNACHWEIS

Braun S. 116
dpa S. 26, 29, 47, 120
DuMont Bildarchiv/Freyer S. 10, 22, 60, 94, 95 (oben), 165, 170, 196, 202, 216, 221, 229 (oben rechts), 235, 266, hintere Umschlagaußenseite
DuMont Bildarchiv/Kammerhof S. 1, 3 (unten), 11 (unten), 11 (oben), 12 (oben), 13, 18, 32, 48/49, 56, 59, 63, 74, 85, 90/91, 93 (oben rechts), 93 (oben links), 98 (oben), 101 (unten), 102, 103 (oben), 103 (unten), 106, 111, 120, 124, 138, 149, 154, 186, 189, 204, 205, 210, 245, 251 (oben links), 251 (unten links), 258, 271, 280, 283, 284, 286, vordere Umschlaginnenseite
DuMont Bildarchiv/Madračević S. 200, 229 (oben links)
Freyer S. 6 (oben), 31, 36, 40, 43, 49, 51, 73, 91, 92, 93 (unten), 95 (unten rechts), 99, 101 (Mitte), 103 (Mitte), 104/105, 150, 158, 163, 171, 190, 192, 213, 224, 230, 241, 251 (unten rechts), 259, 263, 269
Hackenberg S. 7 (oben), 7 (unten), 14, 96, 118, 142, 184, 215, 278
Huber/Fantuz S. 168
Huber/Leimer S. 67
Huber/Simeone S. 172/173
Hug S. 3 (oben), 4 (oben), 4 (unten), 9, 12 (unten), 12 (Mitte), 15, 30, 33, 39, 40, 52, 98 (unten links), 125, 128, 132, 133, 136, 152, 156, 159, 160, 167, 177, 182, 191, 208, 253, 256, 267, 273, 275
»Kaiser Roms im Münzporträt. 55 Aurei der Sammlung Götz Grabert« (Stuttgart o. J., S. 102 Abb. 48) S. 44, 105, 251 (unten Mitte)
Karl-May-Filmarchiv Wien S. 290, 291, 293
Kroatische Zentrale für Tourismus S. 54
Kroatische Zentrale für Tourismus/Fabijanić S. 98 (unten rechts), 228, 252
Kroatische Zentrale für Tourismus/Kopač S. 251 (oben rechts)
laif/Amme S. 219
laif/Celentano S. 21, 238
laif/Dombrowski S. 141
laif/Meazza S. 261
Langguth Weinservice S. 62
Mauritius/Sanader S. 195
Mielke S. 5 (unten), 8/9, 16, 17, 82
Transit/Hirth S. 34/35, 95 (unten links), 101 (oben), 109, 110, 112, 127, 134, 199, 289, 294
Transit/Nowak S. 11 (Mitte), 130, 146, 147, 246
Walter S. 211
Wandmacher (Archiv Wais & Partner) S. 5 (oben), 6 (unten), 71
Wirths PR S. 248
Wurth S. 229 (unten links), 233

Titelbild: DuMont Bildarchiv/Hans Madej
Hafen von Rovinj

IMPRESSUM

Ausstattung:
182 Abbildungen, 21 Karten und grafische Darstellungen, eine große Reisekarte
Text:
Andreas Braun, Odin Hug, Helmut Linde, Gabriele Walter, Andrea Wurth, Reinhard Zakrzewski (Klima, anteilig)
Beratung beim Special »Von Santa Fe zum Silbersee«: Erich Hammerler vom Karl-May-Filmarchiv Wien
Aktualisierung:
Veronika Wengert
Bearbeitung:
Baedeker Redaktion (Isolde Bacher)
Kartografie:
Christoph Gallus, Hohberg; MAIRDUMONT/Falk Verlag, Ostfildern (Reisekarte)
3D-Illustrationen:
jangled nerves, Stuttgart
Gestalterisches Konzept:
independent Medien-Design, München (Kathrin Schemel)

Sprachführer in Zusammenarbeit mit Ernst Klett Sprachen GmbH, Stuttgart, Redaktion PONS Wörterbücher

Chefredaktion:
Rainer Eisenschmid, Baedeker Ostfildern

4. Auflage 2011

Urheberschaft:
Karl Baedeker Verlag, Ostfildern

Nutzungsrecht:
MAIRDUMONT GmbH & Co KG; Ostfildern

Printed in China
Gedruckt auf 100% chlorfrei gebleichtem Papier

i atmosfair

Reisen bereichert und verbindet Menschen und Kulturen. Jedoch wer reist, erzeugt auch CO_2. Dabei trägt der Flugverkehr mit bis zu 10% zur globalen Erwärmung bei. Wer das Klima schützen will, sollte sich somit nach Möglichkeit für die schonendere Reiseform entscheiden (wie z. B. die Bahn). Wenn keine Alternative zum Fliegen besteht, kann man mit atmosfair handeln und klimafördernde Projekte unterstützen.

atmosfair ist eine gemeinnützige Klimaschutzorganisation unter der Schirmherrschaft von Klaus Töpfer. Die Idee: Flugpassagiere spenden einen kilometerabhängigen Beitrag für die von ihnen verursachten

nachdenken • klimabewusst reisen
atmosfair

Emissionen und finanzieren damit Projekte in Entwicklungsländern, die dort den Ausstoß von Klimagasen verringern helfen. Dazu berechnet man mit dem Emissionsrechner auf **www.atmosfair.de** wieviel CO_2 der Flug produziert und was es kostet, eine vergleichbare Menge Klimagase einzusparen (z.B. Berlin – London – Berlin 13 Euro). atmosfair garantiert die sorgfältige Verwendung Ihres Beitrags. Auch der Karl Baedeker Verlag fliegt mit *atmosfair*. Unterstützen auch Sie unser Klima. Alle Informationen dazu auf www.atmosfair.de.

BAEDEKER VERLAGSPROGRAMM

- Ägypten
- Algarve
- Allgäu
- Amsterdam
- Andalusien
- Argentinien
- Athen
- Australien
- Australien • Osten
- Bali
- Baltikum
- Barcelona
- Bayerischer Wald
- Belgien
- Berlin • Potsdam
- Bodensee
- Brasilien
- Bretagne
- Brüssel
- Budapest
- Bulgarien
- Burgund
- Chicago • Große Seen
- China
- Costa Blanca
- Costa Brava
- Dänemark
- Deutsche Nordseeküste
- Deutschland
- Deutschland • Osten
- Djerba • Südtunesien
- Dominik. Republik
- Dresden
- Dubai • VAE
- Elba
- Elsass • Vogesen
- Finnland
- Florenz
- Florida
- Franken
- Frankfurt am Main
- Frankreich
- Frankreich • Norden
- Fuerteventura
- Gardasee
- Golf von Neapel
- Gomera
- Gran Canaria
- Griechenland
- Griechische Inseln
- Großbritannien
- Hamburg
- Harz
- Hongkong • Macao
- Indien
- Irland
- Island
- Israel
- Istanbul
- Istrien • Kvarner Bucht
- Italien
- Italien • Norden
- Italien • Süden
- Italienische Adria
- Italienische Riviera
- Japan
- Jordanien
- Kalifornien
- Kanada • Osten
- Kanada • Westen
- Kanalinseln
- Kapstadt • Garden Route
- Kenia
- Köln
- Kopenhagen
- Korfu • Ionische Inseln
- Korsika
- Kos
- Kreta
- Kroatische Adriaküste • Dalmatien
- Kuba
- La Palma
- Lanzarote
- Leipzig • Halle
- Lissabon
- Loire
- London
- Madeira
- Madrid
- Malediven
- Mallorca
- Malta • Gozo • Comino
- Marokko
- Mecklenburg-Vorpommern
- Menorca
- Mexiko
- Moskau
- München

- Namibia
- Neuseeland
- New York
- Niederlande
- Norwegen
- Oberbayern
- Oberital. Seen • Lombardei • Mailand
- Österreich
- Paris
- Peking
- Piemont
- Polen
- Polnische Ostseeküste • Danzig • Masuren
- Portugal
- Prag
- Provence • Côte d'Azur
- Rhodos
- Rom
- Rügen • Hiddensee
- Ruhrgebiet
- Rumänien
- Russland (Europäischer Teil)
- Sachsen
- Salzburger Land
- St. Petersburg
- Sardinien
- Schottland
- Schwäbische Alb
- Schwarzwald
- Schweden
- Schweiz
- Sizilien
- Skandinavien
- Slowenien
- Spanien
- Spanien • Norden • Jakobsweg
- Sri Lanka
- Stuttgart
- Südafrika
- Südengland
- Südschweden • Stockholm
- Südtirol
- Sylt
- Teneriffa
- Tessin
- Thailand
- Thüringen
- Toskana
- Tschechien
- Tunesien
- Türkei
- Türkische Mittelmeerküste
- Umbrien
- Ungarn
- USA
- USA • Nordosten
- USA • Nordwesten
- USA • Südwesten
- Usedom
- Venedig
- Vietnam
- Weimar
- Wien
- Zürich
- Zypern

BAEDEKER ENGLISH

- Andalusia
- Austria
- Bali
- Barcelona
- Berlin
- Brazil
- Budapest
- Cape Town • Garden Route
- China
- Cologne
- Dresden
- Dubai
- Egypt
- Florence
- Florida
- France
- Gran Canaria
- Greece
- Iceland
- India
- Ireland
- Italy
- Japan
- London
- Mexico
- Morocco
- New York
- Norway
- Paris
- Portugal
- Prague
- Rome
- South Africa
- Spain
- Thailand
- Tuscany
- Venice
- Vienna
- Vietnam

LIEBE LESERINNEN, LIEBE LESER,

ein herzliches Dankeschön, dass Sie sich für einen Baedeker Allianz Reiseführer entschieden haben. Er wird Sie zuverlässig auf Ihrer Reise begleiten und Sie nicht im Stich lassen.
Natürlich beschreibt er die wichtigen Sehenswürdigkeiten, aber er empfiehlt auch interessante Veranstaltungen, nennt Hotels für den großen und kleinen Geldbeutel, gibt Tipps für Restaurants, Shopping und für vieles mehr, was eine Reise zum Erlebnis macht. Dafür haben die Autoren und die Redaktion Sorge getragen. Sie sind für Sie regelmäßig nach Kroatien gereist und haben all ihre Erfahrungen und Kenntnisse in diesen Reiseführer gepackt.

Trotzdem: Die Erfahrung zeigt, dass Fehler und Änderungen nach Drucklegung, für die der Verlag keine Haftung übernehmen kann, nicht ausgeschlossen werden können. Für Kritik, Berichtigungen und Verbesserungsvorschläge sind wir Ihnen außerordentlich dankbar. Schreiben Sie uns, mailen Sie uns oder rufen Sie an:

▶ **Verlag Karl Baedeker GmbH**
Redaktion
Postfach 3162
D-73751 Ostfildern
Tel. (0711) 4502-262, Fax -343
E-Mail: info@baedeker.com

Besuchen Sie uns auch im Internet unter www. baedeker.com. Hier finden Sie jeden Monat den aktuellen Reisetipp der Redaktion und das gesamte Verlagsprogramm. Hier können Sie auch lesen, wer Karl Baedeker war und wie er seinen ersten Reiseführer geschrieben hat. Mit seinen über 180 Jahren ist der Karl Baedeker Verlag der älteste Reiseführer-Verlag der Welt.

www.baedeker.com

ZU GEWINNEN: STADTREISE NACH LONDON

Unter allen Einsendungen verlost der Verlag am Jahresende – unter Ausschluss des Rechtswegs – eine Städtekurzreise für zwei Personen nach London.
Freuen Sie sich auf ein spannendes Wochenende in London. Natürlich ist ein Baedeker Allianz Reiseführer London auch dabei!